高等医药院校课程改革新形态教材

供高等职业教育各专业使用

体育与健康

（第2版）

主　编　张玲玲

副主编　韩智超　薛　昆

编　委　（按姓氏汉语拼音排序）

董志振　广西医科大学玉林校区

韩智超　广州卫生职业技术学院

黄丽群　惠州卫生职业技术学院

李　恩　雅安职业技术学院

李志良　惠州工程职业学院

谭明雅　长沙卫生职业学院

薛　昆　山东医学高等专科学校

张玲玲　惠州卫生职业技术学院

朱时懿　长沙卫生职业学院

科学出版社

北　京

内 容 简 介

本教材为高等医药院校课程改革新形态教材，共12章，第1～5章为理论部分，第6～12章为实践部分。本教材全面、系统地讲解了体育与健康知识，不仅介绍了体育运动项目，还介绍了运动生理、运动心理、运动营养保健、运动损伤、休闲体育等内容。本教材注重体育与健康的有机结合，使学生在加强身体锻炼的同时，可以学到一些体育保健知识和健康教育知识，使体育教学内容既包括身体锻炼的手段，又包括健康锻炼的基础理论和健康生活的科学方法，为学生体育课程学习和自我身体锻炼提供科学的指导，也为学生的素质教育奠定一定的理论基础。

本教材可供高等职业教育各专业使用。

图书在版编目（CIP）数据

体育与健康 / 张玲玲主编 . —2 版 . —北京：科学出版社，2024.6
高等医药院校课程改革新形态教材
ISBN 978-7-03-078391-2

Ⅰ . ①体…　Ⅱ . ①张…　Ⅲ . ①体育 – 高等职业教育 – 教材②健康教育 – 高等职业教育 – 教材　Ⅳ . ① G807.4 ② G717.9

中国国家版本馆 CIP 数据核字（2024）第 076821 号

责任编辑：张立丽 / 责任校对：周思梦
责任印制：师艳茹 / 封面设计：涿州锦晖

科学出版社 出版
北京东黄城根北街16号
邮政编码：100717
http://www.sciencep.com
三河市春园印刷有限公司印刷
科学出版社发行　各地新华书店经销
*
2017年8月第　一　版　开本：850×1168　1/16
2024年6月第　二　版　印张：13
2025年9月第十二次印刷　字数：395 000

定价：65.00元

（如有印装质量问题，我社负责调换）

前　言

党的二十大报告指出："人民健康是民族昌盛和国家强盛的重要标志。把保障人民健康放在优先发展的战略位置，完善人民健康促进政策。"贯彻落实党的二十大决策部署，积极推动健康事业发展，离不开人才队伍建设。党的二十大报告指出："培养造就大批德才兼备的高素质人才，是国家和民族长远发展大计。"教材是教学内容的重要载体，是教学的重要依据、培养人才的重要保障。本次教材修订旨在贯彻党的二十大精神和党的教育方针，落实立德树人根本任务，坚持为党育人、为国育才。

《国务院办公厅关于强化学校体育促进学生身心健康全面发展的意见》（国办发〔2016〕27号）、《高等学校体育工作基本标准》（教体艺〔2014〕4号）等一系列文件的颁布更是给高校体育工作既描绘了蓝图，又指明了方向。《中共中央国务院关于深化教育改革全面推进素质教育的决定》明确指出"学校教育要树立健康第一的指导思想，切实加强体育工作"。为了不断推进体育课程的改革和发展，提高体育课程的教学质量，编者在认真总结近些年体育教学改革经验的基础上编写了《体育与健康》。《体育与健康》第2版根据高职院校体育课的实际情况，从结构上对教学内容进行了全新的规划和调整，力求精简、新颖、实用。

本教材坚持以人为本，突出学生的主体地位和健康主题，以开展素质教育、培养学生的体育意识和体育能力为主线，注重理论和实践相结合，将"健康第一"的思想贯穿始终。本教材共12章内容，全面而系统地讲解了体育与健康知识，不仅介绍了体育运动项目，还介绍了运动生理、运动心理、运动营养保健、运动损伤、休闲体育等内容。同时，本教材注重体育与健康的有机结合，使学生在加强身体锻炼的同时，还可以学到一些体育保健知识和健康教育知识，使体育教学内容既包括身体锻炼的手段，又包括健康锻炼的基础理论和健康生活的科学方法，为学生体育课程学习和自我身体锻炼提供科学的指导，也为学生的素质教育奠定一定的理论基础。

本教材注重科学性、知识性、系统性、实用性、趣味性，融体育与健康教育、健身、健美、休闲、娱乐、竞技为一体，图文并茂，简明易懂，适合用作学校体育课程教材，也可供相关专业人员和广大体育爱好者学习参考。

本教材在编写过程中，参考了大量体育专业方面的教材及有关资料、技术标准等，在此不一一列举，谨致以衷心的谢意！

限于编者水平，加之时间仓促，教材中难免存在疏漏和不足之处，恳请专家、同仁、读者批评指正。

编　者

2024年3月

配 套 资 源

欢迎登录“中科云教育”平台，**免费**数字化课程等你来！

本系列教材配有数字化资源，持续更新，欢迎选用！

“中科云教育”平台数字化课程登录路径

电脑端

- 第一步：打开网址 http://www.coursegate.cn/short/9PAD6.action
- 第二步：注册、登录
- 第三步：点击上方导航栏“课程”，在右侧搜索栏搜索对应课程，开始学习

手机端

- 第一步：打开微信“扫一扫”，扫描下方二维码
- 第二步：注册、登录
- 第三步：用微信扫描上方二维码，进入课程，开始学习

PPT 课件：请在数字化课程里下载！

目 录

第1章 绪论

学习目标

1. 掌握体育与健康的概念和功能。
2. 熟悉体育锻炼对身体健康的影响和健康的真正含义。
3. 了解体育与健康的内在联系。

第1节 体育

一、体育概述

(一)体育的概念

体育是根据生产和生活的需要，遵循人体生长发育规律和身体活动规律，以身体练习为基本手段，为增强体质，提高运动技术水平，进行思想品德教育，丰富社会文化生活而进行的一种有目的、有意识、有组织的社会活动，是伴随人类社会的发展而逐步建立和发展起来的一个专门的科学领域。体育的概念有广义和狭义之分。

广义的体育也称体育运动，是指以身体练习为基本形式和手段，以增强人的体质，促进人的全面发展，丰富社会文化生活和促进精神文明为目的的一种有意识、有组织的社会活动。它是社会文化教育的组成部分，一定程度上受社会政治、经济的制约，也为社会政治、经济服务。

狭义的体育是指发展身体，增强体质，传授锻炼身体的知识、技能，培养道德和意志品质的教育过程；是对人体进行培育和塑造的过程；是教育的重要组成部分；是培养全面发展的人的一个重要方面。

体育的概念无论是广义的还是狭义的，都强调以各种运动为基本手段。它是发展身体、增强体质、增进健康、挖掘人体的内在潜力、陶冶情趣、促进人全面发展的过程。

(二)体育的分类

体育可分为学校体育、大众体育和竞技体育。

1. 学校体育 是指在学校的教育环境中，以身体运动为基本手段并结合卫生保健等其他手段对受教育者施加影响，促进其身心健康发展，是有目的、有计划、有组织的教育活动。它既是教育的有机组成部分，又是国民体育的基础；既是教育和体育的结合，又是国家体育事业发展的重点环节。学校体育的基本组织形式或实现其目的的基本途径主要是体育课和课外体育活动。其具体目标是促进学生身体的生长发育、增进健康，让学生掌握一定的锻炼身体的知识和方法；培养学生的运动兴趣、能力、习惯及良好的品行，发展学生的个性。学校体育是狭义体育的一种，突出地体现了体育的教育属性。

2. 大众体育 是身体锻炼和身体娱乐的合称。身体锻炼是指运用各种身体运动结合自然力和卫生措施，以健身、防病、治病等为目的的身体活动。它是体育自然属性的充分体现，是人们对体育自然属性的充分反映和运用。其特点是广泛的群众性、内容与方法的多样性和组织形式的灵活性。身体娱乐是指在余暇时间或特定的时间内以愉悦身心，发展兴趣、爱好，培养审美能力为目的而进行的身体活动。它是体育娱乐属性的充分体现，业余性的特征比较突出。

3. 竞技体育 通常也称竞技运动，是指为了战胜对手、取得优异运动成绩而最大限度地发挥和提高个人、集体在体格、体能、心理及运动能力方面的潜力所进行的科学、系统的训练和竞赛。竞技运动现已发展成为一种职业。其特点主要是激烈的对抗和竞争性、高度的技艺性、国际性和娱乐性。

二、体育的功能

体育的功能就是体育对社会、对人本身的意义和作用，具有多样性、发展性、层次性和两重性等特征。随着社会的进步和体育科学的不断发展，体育自身的规律及与其他各种社会现象之间的关系不断地被揭示，体育的功能也在进一步地被认识、被利用，并在实践中向纵深发展。就其本质功能来说，增强体质就是体育最基本的功能，可归纳为健身、教育、娱乐、政治、经济五个方面。

（一）健身功能

健身功能是体育的本质功能，主要体现在增强人的体质方面。

1. 改善和提高中枢神经系统的功能 经常参加体育运动，可以改善大脑的供血、供氧状况，使人头脑清醒，思维敏捷，大脑皮质的兴奋性增强，对内外刺激的反应更加迅速、准确，从而提高工作效率。

2. 促进生长发育、提高运动能力 经常参加体育锻炼可以促进人体正常生长发育，使骨骼变粗，骨密质变厚，使骨骼更加坚实，抗压力增强。使肌纤维变粗，肌肉横断面积增大，肌肉的力量、速度、耐力及关节的牢固性、灵活性增强，从而提高劳动效能和运动能力。

3. 调节、改善人的心理情绪，提高适应能力 经常参加体育锻炼能改善神经系统的功能，使神经的强度、均衡性、灵活性得到提高，使大脑的兴奋与抑制过程合理交替，缓解神经系统的过度紧张，提高人体对外部环境的适应能力和抵抗疾病的能力，达到增强体质的目的。

（二）教育功能

体育是教育的有机组成部分，是培养全面发展人才的重要手段之一。

1. 体育中的身体教育 身体教育就是指对身体的锻炼和训练，又称为“育体”。经常从事体育运动能使青少年生长发育健全，体型健美、姿态端正、动作矫健；能促进中年人身体健康，消除由于现代生活节奏过快、压力过大所形成的不良心理反应；对老年人可以防病治病，延缓衰老，延年益寿。从事身体锻炼的过程，就是发展身体，增强体质，即“育体”的过程。

2. 体育中的思想品德教育 体育教育可以培养人的良好的思想品德，激发爱国热情和奋发向上的精神。体育本身就是一个有章可循的社会活动，它是在一定的“执法人”即教师、教练或裁判员的直接监督下有组织地进行活动，培养青年一代遵守社会生活准则，树立良好的道德观念，增强团结合作精神和责任感。团队成员在比赛中默契配合、遵守比赛规则也是培养他们集体主义精神和学习如何处理人际关系的过程。

3. 体育中的心理品质的培养 体育运动可以促使人体克服来自生理、心理等各方面的障碍，培养奋发向上、顽强拼搏、坚韧不拔的意志品质。紧张而激烈的竞赛一方面是对心理素质的严峻考验，另一方面对克服生理和心理障碍有着积极的作用。

4. 体育中的智能教育 体育本身是一种文化，蕴含着丰富的科学知识。通过体育教学和身体锻炼，学生可学习和掌握一定的体育知识、技能和技巧，并使学生的思维能力、记忆力、观察力、想象力等构成智力的各种能力得到发展。因此，体育在传授知识，培养技能、技巧，增强体质的过程中，还包含着培养、开发和提高智力的教育因素。

（三）娱乐功能

体育具有游戏性、大众性、艺术性、科学性、竞争性，能满足社会不同人的各种需要，起到丰富社会文化生活、愉悦人们身心的作用。

1. 体育的欣赏（观赏）功能 精彩的体育比赛具备德、智、体、美的高度统一性，如赛场上起伏跌宕的戏剧性、稍纵即逝的机遇性、激烈的对抗性和胜负的悬念性。随着运动技艺日益向高、尖、新、难的方向发展，运动员将时间与空间、健与美、韵律与节奏等方面巧妙地结合起来，使人们在观看比赛的同时能得到美的享受。

2. 体育的直接参与活动功能 人们直接参与体育活动，特别是参与自己喜爱和擅长的运动项目时，能够在完成各种复杂练习的过程中，松弛神经，调节心理，体验到一种非常美妙的快感。这种心理状态可以激发人的自尊心、自信心、自豪感，满足人们与同伴交往、合作的需要。人们参与不同的运动项目会有不同的情感体验。

3. 体育的休闲娱乐功能 在社会经济快速发展和物质产品不断丰富的今天，体育的娱乐性为人们的文化生活提供了健康、理想的健身方式。人们通过体育活动可以愉悦身心、消除疲劳，充分享受生活的乐趣。因此，休闲体育、娱乐体育风靡于都市和乡镇，羽毛球、网球、游泳、武术、舞蹈、保龄球及高尔夫球等多种体育项目成为现代人休闲娱乐的主题，人们从中感受到运动的乐趣，既健体又健心，同时还陶冶了情操。

（四）政治功能

体育具有为国争光、提高民族威望、振奋民族精神、促进民族团结的政治功能。

1. 体育的外交功能 世界各国尽管政治制度不同，语言与民族文化不同，但通过体育比赛，能够相互学习和交流，加强国家间的理解与联系，协调国际关系与缓和国际冲突，对维护世界和平起着十分重要的作用。

2. 提高国家荣誉和国家地位的功能 随着竞技体育的发展，竞技场被称为“没有炮火的金牌争夺战场”，金牌的数量成为国家力量、地位、政治、经济、精神状态的标志，比赛的胜负甚至会影响一个国家的国民情绪和国际地位。2008年，在北京举办的第二十九届夏季奥林匹克运动会上，中国共获得51枚金牌，居金牌榜榜首，是奥运历史上首个登上金牌榜首的亚洲国家，这极大地提高了我国的国际威望，振奋了民族精神，鼓舞了国人士气，标志着中国已成为世界体育强国。

（五）经济功能

体育与经济结合，特别是与市场经济结合，对发展生产力，促进商业、贸易、企业生产水平的提高，起到了巨大的作用。体育是推动经济持续增长的重要力量，随着国内体育事业的不断发展，国际体育经营和管理公司纷至沓来，国内的体育产业也在不断拓展。伴随体育社会化、娱乐化和终身化程度的不断提高，为满足体育人口不断扩大的需要，各种运动器材、体育场地设施、体育用品的批量生产、建设和供应，乃至体育健身、体育娱乐都在迅速发展，对推动中国经济继续保持增长将发挥越来越大的作用。

第2节 健 康

一、健康概述

（一）健康的概念

1948年，世界卫生组织（World Health Organization，WHO）提出健康的定义：健康是身体、精神和社会生活的完满状态。1990年，WHO关于健康的概念有了新的发展，把道德修养纳入了健康范畴，提出：健康包括躯体健康、心理健康、社会适应良好及道德健康四个方面。

（二）健康的内容

健康的内容包括躯体健康、心理健康、社会适应良好和道德健康四个方面。

1. 躯体健康 就是人体生理健康，从外表看是体格健壮、精力充沛。常用的生理指标有脉搏、血压、肺活量等。但是，不同的年龄、性别、地域、民族及不同职业，躯体健康的指标都有所不同。

2. 心理健康 心理健康的标志是：①人格应是完整的，自我感觉是良好的，情绪是稳定的，而且积极情绪多于消极情绪，有较好的自控能力，自尊、自信、自爱，有自知之明。②在自己所处的环境方面能保持正常的人际关系，能受人们的尊敬、信任和欢迎。③对未来的生活有明确的目标，有理想和事业上的追求，而且能切合实际地不断进取。

3. 社会适应良好 是指能够建立良好的人际关系，有适应各种复杂环境及其变化的能力，能为他人所理解，所接受。

4. 道德健康 是指能够控制自己，接受社会公认的行为准则，并以此来约束自己的言行。有辨别真假、善恶、荣辱、美丑等是非观念的能力。在社会生活中，每个人的文化水平、认知能力、道德修养不尽相同，自然会影响大家的沟通、交流与合作。所以，道德健康对于维持人与人之间和谐、友好的关系，改善社会风气，激励和发扬人类文明，促进人们的身心健康关系重大。人类的道德规范产生于人类的社会生活，一个在社会生活中遵循道德规范的人是道德健康的。

二、影响健康的因素

健康是许多因素相互制约、相互作用的结果。根据健康的整体观念，影响健康的因素归结为遗传因素、心理因素、环境因素、营养因素、体育锻炼因素、卫生服务因素、行为与生活方式因素七大类。

（一）遗传因素

人们是否达到健康目标，在一定程度上取决于遗传因素。遗传因素会影响人的身体健康和正常成长，会导致许多疾病，如血友病、色盲和其他家族遗传疾病等。

（二）心理因素

人的心理活动对人体健康的影响已越来越引起人们的重视。人的心理活动是客观存在的，是人的大脑对社会客观现实的反映。积极的情绪对健康有良好的促进作用，大脑功能得以改善，既可增强机体免疫功能，又可提高机体防病和治病的能力，使人感到精力充沛。而消极的情绪则与疾病的发生和发展有密切的关系。常常处于闷闷不乐、忧虑、紧张的精神状态，会导致躯体生命系统整体功能的失调而引起各种疾病并损害健康。

（三）环境因素

环境因素包括自然环境因素和社会环境因素，它们会对人体的健康产生直接或间接的影响。自然环境中的日光、空气和水等是人类赖以生存和发展的必要条件，为人的生存与体质发展提供了必要的物质基础，但也可能危害人体健康，如长期处于污染的环境里，会导致许多致病微生物（病毒、细菌和真菌）直接侵入人体，引发各种不可预知的疾病。社会环境因素是由社会经济条件、劳动条件和生活方式等因素组成的。良好的社会环境是人类健康的根本保证，创造一个优美、文明、健康、清洁的生活和工作环境，对健康非常有益。

（四）营养因素

营养与健康有着密切的关系。一方面合理的营养是正常生长发育的基础，也是增进健康、防治疾病的有效手段之一。另一方面营养摄入不足或不全面，会导致各种营养缺乏病，如缺铁性贫血、维生素A或维生素B缺乏症等。如果营养摄入过度或失调又会导致心血管疾病、糖尿病、肥胖症等。因此，必须重视科学而合理的营养，使日常饮食尽量符合营养科学、合理的要求，保证身体健康的需要。

（五）体育锻炼因素

体育是一种复杂的社会现象。它是以身体与智力活动为基本手段，根据人体生长发育、技能形成和技能提高等规律，形成促进全面发育，增强体质，提高运动能力，改善生活方式与提高生活质量的一种有意识、有目的、有组织的社会活动。体育锻炼能提高人体循环系统、呼吸系统和运动系统的功能，能够促进血液循环，提高心脏功能。体育锻炼对促进健康具有广泛的作用，特别是在改善生活方式、提高生活质量、促进心理健康方面，展示了其独特的作用和魅力。

（六）卫生服务因素

卫生服务是卫生医疗机构和专业人员为了达到防治疾病、促进健康的目的，运用卫生资源和医疗保健手段向个人、群体和社会提供必要服务的过程。卫生服务的医疗设施和制度，直接关系到生理和心理健康问题。因此，卫生服务的提供与利用对人的健康起着至关重要的作用。

（七）行为与生活方式因素

行为与生活方式是指在一定环境下人们长期受一定文化、民族、经济、社会、风俗、规范，特别是家庭影响而形成的一系列生活意识和生活习惯的统称。

不良生活方式和有害健康的行为习惯已经成为危害人们健康的因素，如经常暴饮暴食、营养不合理，容易造成营养过度而导致肥胖，使血液中胆固醇含量过高，诱发心脑血管疾病和糖尿病；如抽烟、酗酒、吸毒，会严重损害神经系统的正常功能；过分控制饮食、忽视健康教育等都是严重制约健康的主要因素。因此，要获得理想健康，主要在于如何改善个体的生活行为和生活方式，促进生活质量的提高，最终实现身体健康整体的完美。

第3节　学校体育与健康教育

一、学校的体育教育

学校的体育教育是指在一定时期内，学校体育经过教育实践所要达到的预期结果。它是学校体育指导思想的具体体现，是开展学校体育工作的出发点，也是评价学校体育工作效果的重要依据。

（一）学校体育教育的目的

培养学生对体育的兴趣、习惯和能力，为终身体育奠定基础。终身体育的指导思想是我国学校体育的主导潮流，终身体育既是现代社会发展的要求，也是体育的最终目标。

1. 增强学生体质，促进学生健康　大学生仍处于生长发育的时期，应该有目的、有计划地通过各种体育活动促进他们身体的正常发育，使学生在身体形态、生理机能、身体素质和身体基本活动能力等方面都得到全面发展，增强学生对自然环境的适应能力和对疾病的抵抗能力。

2. 传授体育文化，使学生具有一定的体育文化素养　学校体育本质上是系统地向学生传授体育运动、卫生保健、健康生活的知识及运动技能和健身方法。一定的体育知识、原理和方法，不仅可以提高学生的体育认识及参加体育活动的积极性和自觉性，而且还可以为他们参与体育活动提供科学的指导，这些原理和方法将使学生终身受益。

3. 促进学生全面发展，培养健全人格　促进学生个性全面发展也是学校体育的重要目标之一。要结合体育的特点，在各种形式的体育活动中对学生进行品德教育，使学生的个性和人格得到健康发展。通过体育教育提高学生的社会责任感和使命感，培养他们热爱集体、遵纪守法、团结合作、勇敢顽强、开拓创新的品质，为将来适应社会生活奠定良好的基础。

4. 发展学生的运动才能，提高学生的运动技术水平　学校是各种运动人才的摇篮，学校要善于发现有运动天赋和运动才能的学生，并在课余时间对他们进行运动训练，以提高他们的运动技术水平。

链 接 以党的二十大精神为引领，做好体育教育工作

2035年远景目标：建成文化强国、教育强国、人才强国、体育强国、健康中国。教育是国之大计、党之大计。培养什么人、怎样培养人、为谁培养人是教育的根本问题。用社会主义核心价值观铸魂育人，完善思想政治工作体系，推进大中小学思想政治教育一体化建设。深入开展社会主义核心价值观宣传教育，深化爱国主义、集体主义、社会主义教育，着力培养担当民族复兴大任的时代新人。

（二）学校体育教育的要求

学校教育要树立健康第一的指导思想，切实加强体育工作。学生通过体育课程的学习，应在以下五个方面得到发展。

1. 增强体能，熟练掌握和灵活应用基本的体育与健康知识和运动技能。
2. 培养对运动的兴趣和爱好，形成坚持锻炼的习惯。
3. 具有良好的心理素质，培养人际关系的能力与吃苦耐劳精神。
4. 提高对个人健康和群体健康的责任感，养成健康的生活方式。
5. 发扬体育精神，形成积极进取、乐观开朗的生活态度。

学生通过体育课程的学习，不但要在体能、体育与健康知识和运动技能等方面有所获益，而且要使自己养成坚持体育锻炼的习惯和健康的生活方式，并具有积极进取、乐观开朗的生活态度。

二、学校的健康教育

健康教育是指有计划地通过传播和教育等手段，动员全社会各类人群参与，使人人拥有维护健康的意愿、知识、技能和行为的教育活动。通过体育教育可以消除或减少影响健康的因素，降低发病率、伤残率和死亡率，提高人们的生活质量。

（一）学校健康教育的目的

1. 了解健康新概念，树立健康意识 健康教育的首要任务就是要宣传健康的新概念，帮助学生树立强烈的现代健康意识，不要认为无病就是健康，不要认为头疼发热无关紧要，要培养定期体检的习惯，要树立健康的新概念，使学生认识到健康的重要性。

2. 加强卫生知识教育，提高自我保健能力 了解与健康有关的知识，是促使行为改变的基本条件，因而，加强对学生的卫生知识教育，提高学生的自我保健能力，是健康教育的必然要求。

3. 改善生活方式，形成健康行为 生活方式是指个人和社会的行为模式。生活方式虽然受到自然环境和社会环境的影响，但又是可以由个人选择及控制的。心脑血管疾病和癌症已成为人类因病死亡的主要原因，而不良行为和不健康的生活方式在其中起着巨大的作用。

4. 重视环境因素，保护生态环境 环境污染会造成生态环境的持续恶化，已成为影响人类健康的一大因素。因而要建立有益于健康的生活环境，并教育学生积极保护生态环境。

（二）学校健康教育的要求

学校体育课程要开展有计划、有目的、有评价的教育教学内容，教育指导学生树立保持健康的愿望，促使学生形成健康的生活方式，以消除或降低危险因素的影响，创造健康的环境。学校的健康教育要促进学生树立高尚的人生观，形成科学、文明和健康的生活方式，为社会环境、生产和生活条件日益向有益于健康的方向转化做出应有的贡献。

三、学校体育与健康教育相结合

1. 体育教育（身体教育）是以身体练习为基本手段，以增强体质，促进“身、心、社”健康发展为目的的有计划、有组织的教育过程，是教育的重要组成部分。健康教育是通过健康信息的传播和对健康行为的干预，帮助人们掌握卫生保健知识的技能，树立健康观念。

2. 学校体育教育对一个人学会健康锻炼方法、养成健身锻炼习惯、树立健身锻炼意识、形成健康生活方式会起到极大的促进作用。教学中需要将健康教育的理念融于体育教学之中，这体现在教学模式、教学方法、教学手段等各个教学环节。因此，实施体育教育和健康教育可起到良好的健康促进作用。但是，由于体育教育和健康教育的目的、任务不同，两者是不可以相互替代的。

3. 体育与健康教育是伴随人的终生教育、健康愉快生活所不可缺少的重要组成内容。体育与健康教育不是指学生在校期间的教育活动，而是着重解决学生在校期间的体育与健康教育能否使其终身受益的问题。因此，学校的体育与健康教育将成为学生终身体育与健康教育的基础阶段，也是最重要、最关键的阶段。

链 接　《国务院办公厅关于强化学校体育促进学生身心健康全面发展的意见》（节选）

科学安排课程内容，在学生掌握基本运动技能的基础上，根据学校自身情况，开展运动项目教学，提高学生专项运动能力。大力推动足球、篮球、排球等集体项目，积极推进田径、游泳、体操等基础项目及冰雪运动等特色项目，广泛开展乒乓球、羽毛球、武术等优势项目。进一步挖掘整理民族民间体育，充实和丰富体育课程内容。

自 测 题

1. 简述体育与健康的概念。
2. 体育的五大功能是什么？

（张玲玲）

第2章 学生体质健康标准评价

学习目标

1. 掌握《国家学生体质健康标准》测试方法。
2. 熟悉《国家学生体质健康标准》评分标准。
3. 了解《国家学生体质健康标准》评价指标。

第1节　健康体质的评价指标与分值

一、《国家学生体质健康标准》评价指标与分值

《国家学生体质健康标准》将测试对象划分为以下组别：小学、初中、高中按每个年级为一组，其中小学为6组，初中为3组，高中为3组。大学一、二年级为一组，三、四年级为一组。

表2-1为摘录的《国家学生体质健康标准》关于初中、高中、大学评价指标与分值。

表2-1 《国家学生体质健康标准》评价指标与分值（摘录）

评价指标（测试项目）	分值	权重（%）
体重指数（BMI）	15	15
肺活量	15	15
50m跑	20	20
坐位体前屈	10	10
1000m跑（男）、800m跑（女）	20	20
1分钟仰卧起坐（女）、引体向上（男）	10	10
立定跳远	10	10

注：BMI=体重/身高的平方（体重的单位为kg，身高的单位为m）。本标准的学年总分由标准分与附加分之和构成，满分为120分。标准分由各单项指标得分与权重乘积之和组成，满分为100分。附加分根据实测成绩确定，即对成绩超过100分的加分指标进行加分，满分为20分；大学的加分指标为男生引体向上和1000m跑，女生1分钟仰卧起坐和800m跑，各指标加分幅度均为10分。

二、《国家学生体质健康标准》评分表

《国家学生体质健康标准》对小学一年级到大学各年级均设置了不同阶段的评分标准，在此仅列出大学阶段评分标准表（表2-2～表2-6）。

表2-2 BMI单项评分表（单位：kg/m^2）

等级	单项得分（分）	男	女
正常	100	17.9～23.9	17.2～23.9
低体重	80	≤17.8	≤17.1
超重		24.0～27.9	24.0～27.9
肥胖	60	≥28.0	≥28.0

表2-3　大学一年级至四年级男生身高体重标准（体重单位：kg）

身高段（cm）	营养不良（50分）	较低体重（60分）	正常体重（100分）	超重（60分）	肥胖（50分）
144.0～144.9	＜41.5	41.5～46.3	46.4～51.9	52.0～53.7	≥53.8
145.0～145.9	＜41.8	41.8～46.7	46.8～52.6	52.7～54.5	≥54.6
146.0～146.9	＜42.1	42.1～47.1	47.2～53.1	53.2～55.1	≥55.2
147.0～147.9	＜42.4	42.4～47.5	47.6～53.7	53.8～55.7	≥55.8
148.0～148.9	＜42.6	42.6～47.9	48.0～54.2	54.3～56.3	≥56.4
149.0～149.9	＜42.9	42.9～48.3	48.4～54.8	54.9～56.6	≥56.7
150.0～150.9	＜43.2	43.2～48.8	48.9～55.4	55.5～57.6	≥57.7
151.0～151.9	＜43.5	43.5～49.2	49.3～56.0	56.1～58.2	≥58.3
152.0～152.9	＜43.9	43.9～49.7	49.8～56.5	56.6～58.7	≥58.8
153.0～153.9	＜44.2	44.2～50.1	50.2～57.0	57.1～59.3	≥59.4
154.0～154.9	＜44.7	44.7～50.6	50.7～57.5	57.6～59.8	≥59.9
155.0～155.9	＜45.2	45.2～51.1	51.2～58.0	58.1～60.7	≥60.8
156.0～156.9	＜45.6	45.6～51.6	51.7～58.7	58.8～61.0	≥61.1
157.0～157.9	＜46.1	46.1～52.1	52.2～59.2	59.3～61.5	≥61.6
158.0～158.9	＜46.6	46.6～52.6	52.7～59.8	59.9～62.2	≥62.3
159.0～159.9	＜46.9	46.9～53.1	53.2～60.3	60.4～62.7	≥62.8
160.0～160.9	＜47.4	47.4～53.6	53.7～60.9	61.0～63.4	≥63.5
161.0～161.9	＜48.1	48.1～54.3	54.4～61.6	61.7～64.1	≥64.2
162.0～162.9	＜48.5	48.5～54.8	54.9～62.2	62.3～64.8	≥64.9
163.0～163.9	＜49.0	49.0～55.3	55.4～62.8	62.9～65.3	≥65.4
164.0～164.9	＜49.5	49.5～55.9	56.0～63.4	63.5～65.9	≥66.0
165.0～165.9	＜49.9	49.9～56.4	56.5～64.1	64.2～66.6	≥66.7
166.0～166.9	＜50.4	50.4～56.9	57.0～64.6	64.7～67.0	≥67.1
167.0～167.9	＜50.8	50.8～57.3	57.4～65.0	65.1～67.5	≥67.6
168.0～168.9	＜51.1	51.1～57.7	57.8～65.5	65.6～68.1	≥68.2
169.0～169.9	＜51.6	51.6～58.2	58.3～66.0	66.1～68.6	≥68.7
170.0～170.9	＜52.1	52.1～58.7	58.8～66.5	66.6～69.1	≥69.2
171.0～171.9	＜52.5	52.5～59.2	59.3～67.2	67.3～69.8	≥69.9
172.0～172.9	＜53.0	53.0～59.8	59.9～67.8	67.9～70.4	≥70.5
173.0～173.9	＜53.5	53.5～60.3	60.4～68.4	68.5～71.1	≥71.2
174.0～174.9	＜53.8	53.8～61.0	61.1～69.3	69.4～72.0	≥72.1
175.0～175.9	＜54.5	54.5～61.5	61.6～69.9	70.0～72.7	≥72.8
176.0～176.9	＜55.3	55.3～62.2	62.3～70.9	71.0～73.8	≥73.9
177.0～177.9	＜55.8	55.8～62.7	62.8～71.6	71.7～74.5	≥74.6
178.0～178.9	＜56.2	56.2～63.3	63.4～72.3	72.4～75.3	≥75.4
179.0～179.9	＜56.7	56.7～63.8	63.9～72.8	72.9～75.8	≥75.9
180.0～180.9	＜57.1	57.1～64.3	64.4～73.5	73.6～76.5	≥76.6
181.0～181.9	＜57.7	57.7～64.9	65.0～74.2	74.3～77.3	≥77.4

续表

身高段（cm）	营养不良（50分）	较低体重（60分）	正常体重（100分）	超重（60分）	肥胖（50分）
182.0～182.9	＜58.2	58.2～65.6	65.7～74.9	75.0～77.8	≥77.9
183.0～183.9	＜58.8	58.8～66.2	66.3～75.7	75.8～78.8	≥78.9
184.0～184.9	＜59.3	59.3～66.8	66.9～76.3	76.4～79.4	≥79.5
185.0～185.9	＜59.9	59.9～67.4	67.5～77.0	77.1～80.2	≥80.3
186.0～186.9	＜60.4	60.4～68.1	68.2～77.8	77.9～81.1	≥81.2
187.0～187.9	＜60.9	60.9～68.7	68.8～78.6	78.7～81.9	≥82.0
188.0～188.9	＜61.4	61.4～69.2	69.3～79.3	79.4～82.6	≥82.7
189.0～189.9	＜61.8	61.8～69.8	69.9～79.9	80.0～83.2	≥83.3
190.0～190.9	＜62.4	62.4～70.4	70.5～80.5	80.6～83.6	≥83.7

表2-4 大学一年级至四年级女生身高标准体重（体重单位：kg）

身高段（cm）	营养不良（50分）	较低体重（60分）	正常体重（100分）	超重（60分）	肥胖（50分）
140.0～140.9	＜36.5	36.5～42.4	42.5～50.6	50.7～53.3	≥53.4
141.0～141.9	＜36.6	36.6～42.9	43.0～51.3	51.4～54.1	≥54.2
142.0～142.9	＜36.8	36.8～43.2	43.3～51.9	52.0～54.7	≥54.8
143.0～143.9	＜37.0	37.0～43.5	43.6～52.3	52.4～55.2	≥55.3
144.0～144.9	＜37.2	37.2～43.7	43.8～52.7	52.8～55.6	≥55.7
145.0～145.9	＜37.5	37.5～44.0	44.1～53.1	53.2～56.1	≥56.2
146.0～146.9	＜37.9	37.9～44.4	44.5～53.7	53.8～56.7	≥56.8
147.0～147.9	＜38.5	38.5～45.0	45.1～54.3	54.4～57.3	≥57.4
148.0～148.9	＜39.1	39.1～45.7	45.8～55.0	55.1～58.0	≥58.1
149.0～149.9	＜39.5	39.5～46.2	46.3～55.6	55.7～58.7	≥58.8
150.0～150.9	＜39.9	39.9～46.6	46.7～56.2	56.3～59.3	≥59.4
151.0～151.9	＜40.3	40.3～47.1	47.2～56.7	56.8～59.8	≥59.9
152.0～152.9	＜40.8	40.8～47.6	47.7～57.4	57.5～60.5	≥60.6
153.0～153.9	＜41.4	41.4～48.2	48.3～57.9	58.0～61.1	≥61.2
154.0～154.9	＜41.9	41.9～48.8	48.9～58.6	58.7～61.9	≥62.0
155.0～155.9	＜42.3	42.3～49.1	49.2～59.1	59.2～62.4	≥62.5
156.0～156.9	＜42.9	42.9～49.7	49.8～59.7	59.8～63.0	≥63.1
157.0～157.9	＜43.5	43.5～50.3	50.4～60.4	60.5～63.6	≥63.7
158.0～158.9	＜44.0	44.0～50.8	50.9～61.2	61.3～64.5	≥64.6
159.0～159.9	＜44.5	44.5～51.4	51.5～61.7	61.8～65.1	≥65.2
160.0～160.9	＜45.0	45.0～52.1	52.2～62.3	62.4～65.6	≥65.7
161.0～161.9	＜45.4	45.4～52.5	52.6～62.8	62.9～66.2	≥66.3
162.0～162.9	＜45.9	45.9～53.1	53.2～63.4	63.5～66.8	≥66.9
163.0～163.9	＜46.4	46.4～53.6	53.7～63.9	64.0～67.3	≥67.4
164.0～164.9	＜46.8	46.8～54.2	54.3～64.5	64.6～67.9	≥68.0
165.0～165.9	＜47.4	47.4～54.8	54.9～65.0	65.1～68.3	≥68.4
166.0～166.9	＜48.0	48.0～55.4	55.5～65.5	65.6～68.9	≥69.0

续表

身高段（cm）	营养不良（50分）	较低体重（60分）	正常体重（100分）	超重（60分）	肥胖（50分）
167.0～167.9	＜48.5	48.5～56.0	56.1～66.2	66.3～69.5	≥69.6
168.0～168.9	＜49.0	49.0～56.4	56.5～66.7	66.8～70.1	≥70.2
169.0～169.9	＜49.4	49.4～56.8	56.9～67.3	67.4～70.7	≥70.8
170.0～170.9	＜49.9	49.9～57.3	57.4～67.9	68.0～71.4	≥71.5
171.0～171.9	＜50.2	50.2～57.8	57.9～68.5	68.6～72.1	≥72.2
172.0～172.9	＜50.7	50.7～58.4	58.5～69.1	69.2～72.7	≥72.8
173.0～173.9	＜51.0	51.0～58.8	58.9～69.6	69.7～73.1	≥73.2
174.0～174.9	＜51.3	51.3～59.3	59.4～70.2	70.3～73.6	≥73.7
175.0～175.9	＜51.9	51.9～59.9	60.0～70.8	70.9～74.4	≥74.5
176.0～176.9	＜52.4	52.4～60.4	60.5～71.5	71.6～75.1	≥75.2
177.0～177.9	＜52.8	52.8～61.0	61.1～72.1	72.2～75.7	≥75.8
178.0～178.9	＜53.2	53.2～61.5	61.6～72.6	72.7～76.2	≥76.3
179.0～179.9	＜53.6	53.6～62.0	62.1～73.2	73.3～76.7	≥76.8
180.0～180.9	＜54.1	54.1～62.5	62.6～73.7	73.8～77.0	≥77.1
181.0～181.9	＜54.5	54.5～63.1	63.2～74.3	74.4～77.8	≥77.9
182.0～182.9	＜55.1	55.1～63.8	63.9～75.0	75.1～79.4	≥79.5
183.0～183.9	＜55.6	55.6～64.5	64.6～75.7	75.8～80.4	≥80.5
184.0～184.9	＜56.1	56.1～65.3	65.4～76.6	76.7～81.2	≥81.3
185.0～185.9	＜56.8	56.8～66.1	66.2～77.5	77.6～82.4	≥82.5
186.0～186.9	＜57.3	57.3～66.9	67.0～78.6	78.7～83.3	≥83.4

表2-5 大学男生各测试项目评分标准

等级	单项得分	肺活量（ml）		体前屈（cm）		立定跳远（cm）		50m（s）		1000m（min·s）		引体向上（次）	
		大一大二	大三大四	大一大二	大三大四	大一大二	大三大四	大一大二	大三大四	大一大二	大三大四	大一大二	大三大四
优秀	100	5040	5140	24.9	25.1	273	275	6.7	6.6	3′17″	3′15″	19	20
	95	4920	5020	23.1	23.3	268	270	6.8	6.7	3′22″	3′20″	18	19
	90	4800	4900	21.3	21.5	263	265	6.9	6.8	3′27″	3′25″	17	18
良好	85	4550	4650	19.5	19.9	256	258	7.0	6.9	3′34″	3′32″	16	17
	80	4300	4400	17.7	18.2	248	250	7.1	7.0	3′42″	3′40″	15	16
及格	78	4180	4280	16.3	16.8	244	246	7.3	7.2	3′47″	3′45″	—	—
	76	4060	4160	14.9	15.4	240	242	7.5	7.4	3′52″	3′50″	14	15
	74	3940	4040	13.5	14.0	236	238	7.7	7.6	3′57″	3′55″	—	—
	72	3820	3920	12.1	12.6	232	234	7.9	7.8	4′02″	4′00″	13	14
	70	3700	3800	10.7	11.2	228	230	8.1	8.0	4′07″	4′05″	—	—
	68	3580	3680	9.3	9.8	224	226	8.3	8.2	4′12″	4′10″	12	13
	66	3460	3560	7.9	8.4	220	222	8.5	8.4	4′17″	4′15″	—	—
	64	3340	3440	6.5	7.0	216	218	8.7	8.6	4′22″	4′20″	11	12
	62	3220	3320	5.1	5.6	212	214	8.9	8.8	4′27″	4′25″	—	—
	60	3100	3200	3.7	4.2	208	210	9.1	9.0	4′32″	4′30″	10	11

续表

等级	单项得分	肺活量（ml）		体前屈（cm）		立定跳远（cm）		50m（s）		1000m（min·s）		引体向上（次）	
		大一大二	大三大四	大一大二	大三大四	大一大二	大三大四	大一大二	大三大四	大一大二	大三大四	大一大二	大三大四
不及格	50	2940	3030	2.7	3.2	203	205	9.3	9.2	4′52″	4′50″	9	10
	40	2780	2860	1.7	2.2	198	200	9.5	9.4	5′12″	5′10″	8	9
	30	2620	2690	0.7	1.2	193	195	9.7	9.6	5′32″	5′30″	7	8
	20	2460	2520	–0.3	0.2	188	190	9.9	9.8	5′52″	5′50″	6	7
	10	2300	2350	–1.3	–0.8	183	185	10.1	10	6′12″	6′10″	5	6

表2-6 大学女生各测试项目评分标准

等级	单项得分	肺活量（ml）		体前屈（cm）		立定跳远（cm）		50m（s）		800m（min·s）		仰卧起坐（次）	
		大一大二	大三大四	大一大二	大三大四	大一大二	大三大四	大一大二	大三大四	大一大二	大三大四	大一大二	大三大四
优秀	100	3400	3450	25.8	26.3	207	208	7.5	7.4	3′18″	3′16″	56	57
	95	3350	3400	24.0	24.4	201	202	7.6	7.5	3′24″	3′22″	54	55
	90	3300	3350	22.2	22.4	195	196	7.7	7.6	3′30″	3′28″	52	53
良好	85	3150	3200	20.6	21.0	188	189	8.0	7.9	3′37″	3′35″	49	50
	80	3000	3050	19.0	19.5	181	182	8.3	8.2	3′44″	3′42″	46	47
及格	78	2900	2950	17.7	18.2	178	179	8.5	8.4	3′49″	3′47″	44	45
	76	2800	2850	16.4	16.9	175	176	8.7	8.6	3′54″	3′52″	42	43
	74	2700	2750	15.1	15.6	172	173	8.9	8.8	3′59″	3′57″	40	41
	72	2600	2650	13.8	14.3	169	170	9.1	9.0	4′04″	4′02″	38	39
	70	2500	2550	12.5	13.0	166	167	9.3	9.2	4′09″	4′07″	36	37
	68	2400	2450	11.2	11.7	163	164	9.5	9.4	4′14″	4′12″	34	35
	66	2300	2350	9.9	10.4	160	161	9.7	9.6	4′19″	4′17″	32	33
	64	2200	2250	8.6	9.1	157	158	9.9	9.8	4′24″	4′22″	30	31
	62	2100	2150	7.3	7.8	154	155	10.1	10.0	4′29″	4′27″	28	29
	60	2000	2050	6.0	6.5	151	152	10.3	10.2	4′34″	4′32″	26	27
不及格	50	1960	2010	5.2	5.7	146	147	10.5	10.4	4′44″	4′42″	24	25
	40	1920	1970	4.4	4.9	141	142	10.7	10.6	4′54″	4′52″	22	23
	30	1880	1930	3.6	4.1	136	137	10.9	10.8	5′04″	5′02″	20	21
	20	1840	1890	2.8	3.3	131	132	11.1	11.0	5′14″	5′12″	18	19
	10	1800	1850	2.0	2.5	126	127	11.3	11.2	5′24″	5′22″	16	17

第2节 《国家学生体质健康标准》的测试项目与测试方法

《国家学生体质健康标准》对大学阶段学生体质健康测试项目做出了明确的规定（表2-7）。

表2-7 《国家学生体质健康标准》测试项目表（摘录）

组别	评价指标（测试项目）	备注
大学各年级	BMI	必测
	肺活量	必测
	50m跑	必测
	坐位体前屈	必测
	立定跳远	必测
	1000m跑（男）、800m跑（女）	必测
	1分钟仰卧起坐（女）、引体向上（男）	必测

《国家学生体质健康标准》对测试项目做出规定的同时，也对测试方法做出了明确的规定，本教材按身体形态和运动能力分类，简要介绍普通高等院校测试项目的测试方法。

一、身体形态（身高、体重）

按《国家学生体质健康标准》测试项目的规定，大学生的身高、体重属于身体形态项目，其测试方法如下所述。

（一）身高测试

1. 测试目的 通过对学生身高的测试（与体重测试相配合），评定学生的身体匀称度和学生生长发育的水平及营养状况。

2. 场地器材 身高测量计。使用前应校对0点，用钢尺测量基准板平面至立柱前面红色刻线的高度是否为10.0cm，误差不得大于0.1cm。同时应检查立柱是否垂直，连接处是否连接紧密，有无晃动，零件有无松脱等情况，若有应及时加以纠正。

3. 测试方法 受试者赤足，立正姿势站在身高计的底板上（上肢自然下垂，足跟并拢，足尖分开成60°角）。足跟、骶骨部及肩胛间区与立柱相接触，躯干自然挺直，头部正直，耳屏上缘与眼眶下缘呈水平位。测试人员站在受试者右侧，将水平压板轻轻沿立柱下滑，轻压于受试者头顶。测试人员读数时双眼应与压板水平面等高。以厘米为单位，精确到小数点后一位。测试误差不得超过0.5cm。

4. 注意事项

（1）身高测量计应选择平坦靠墙的地方放置，立柱的刻度尺应面向光源。

（2）严格掌握“三点靠立柱”“两点呈水平”的测量姿势要求，测试人员读数时两眼一定与压板等高，两眼高于压板时要下蹲，低于压板时应垫高。

（3）水平压板与头部接触时，松紧要适度，头发蓬松者要压实，头顶的发辫、发结要放开，饰物要取下。

（4）读数完毕，立即将水平压板轻轻推向安全高度，以防碰坏。

（5）测量身高前，受试者应避免进行剧烈体育活动和体力劳动。

（二）体重测试

1. 测试目的 通过对学生体重的测试（与身高测试相配合），评定学生的身体匀称度和学生生长发育的水平及营养状况。

2. 场地器材 使用电子体重计。使用前需检验其准确度和灵敏度。准确度要求误差不超过0.1%，即每100kg误差小于0.1kg。

3. 测试方法 测试时，体重计应放在平坦地面上，调整0点至刻度尺水平位。受试者赤足，男性受试者身着短裤；女性受试者身着短裤、短袖衫，站在电子体重计中央测试。读数以千克为单位，精确到小数点后一位，记录员复述后记录读数。测试误差不超过0.1%。

4. 注意事项

（1）测量体重前受试者不得进行剧烈体育活动或体力劳动。

（2）受试者站在电子体重计中央，上、下动作要轻。

（3）每次使用电子体重计时均需校正，避免差错。

二、身体机能

（一）肺活量测试

1. 测试目的 通过对学生肺活量的测试，评价学生的肺通气功能状况。

2. 场地器材 电子肺活量计。

3. 测试方法 房间通风良好，使用干燥的一次性口嘴。电子肺活量计主机放置于平稳桌面上，按工作键液晶屏显示“0”即表示机器进入工作状态，预热5分钟后测试为佳。

受试者面对仪器站立，手持吹气口嘴用中等速度和力度吹气，试吹1～2次，首先看仪表有无反应，还要确认口嘴或鼻处是否漏气，调整口嘴和鼻夹（或自己捏鼻孔），学会深吸气（避免耸肩提气，应该像闻花香似的慢吸气）。受试者进行一两次较平日深一些的呼吸动作后，深吸一口气，屏住气向口嘴处慢慢呼出至不能再呼出为止，防止此时从口嘴处吸气，测试中不得中途二次吸气。

吹气完毕后，液晶屏上最终显示的数字即为肺活量毫升数。每位受试者测3次，每次间隔15秒，记录3次数值，选取最大值作为测试结果。以毫升为单位，不保留小数。

4. 注意事项

（1）电子肺活量计的计量部位的通畅和干燥是仪器准确的关键，吹气筒的导管必须在上方，以免口水或杂物堵住气道。

（2）每测试10人及测试完毕后用干棉球及时清理和擦干气筒内部。严禁用水、乙醇等任何液体冲洗气筒内部。

（3）导气管存放时不能弯折。

（4）定期校对仪器。

（二）800m跑（女）、1000m跑（男）测试

1. 测试目的 测试学生耐力素质的发展水平，特别是心血管、呼吸系统的机能及肌肉耐力。

2. 场地器材 400m、300m、200m田径场跑道，地质不限。也可使用其他不规则场地，但必须丈量准确，地面平坦，发令旗一面，配备秒表若干块。

3. 测试方法 受试者至少两人一组进行测试，站立式起跑。当听到“跑”的口令后开始起跑。计时员看到旗动开表计时，当受试者的躯干部到达终点线垂直面时停表。以分、秒为单位记录测试成绩，不计小数。

4. 注意事项

（1）如果在非800m或1000m标准场地上进行测试，测试人员应向受试者报告剩余圈数，以免跑错距离。

（2）测试人员应告知受试者在跑完后应保持站立并缓慢走动，不要立刻坐下，以免发生意外。

（3）受试者不得穿皮鞋、塑料凉鞋、钉鞋参加测试。

（4）对分、秒进行换算时要细心，防止差错。

三、身体素质

（一）50m跑测试

1. 测试目的 通过对学生50m跑的测试，评价学生的速度和灵敏素质状况。

2. 场地器材 50m直线跑道若干条，地面平坦，地质不限，跑道线要清楚。发令旗一面，口哨一个，秒表若干块。秒表使用前，应用标准秒表校正，每分钟误差不得超过0.2秒。标准秒表选定以北京时间为准，每小时误差不超过0.3秒。

3. 测试方法 受试者至少两人一组测试。站立式起跑，受试者听到“跑”的口令后开始起跑。发令员在发出口令的同时要摆动发令旗。计时员看到旗动开表计时，受试者躯干部到达终点线的垂直面时停表。以秒为单位记录测试成绩，精确到小数点后一位，小数点后第二位数按非0进1原则进位，如10.11秒按10.2秒记录。

4. 注意事项

（1）受试者最好穿运动鞋或平底布鞋，赤足亦可。但不得穿钉鞋、皮鞋、塑料凉鞋。

（2）发现有抢跑者，要立即召回重跑。

（3）如遇起风时一律顺风跑。

（二）立定跳远测试

1. 测试目的 通过对学生立定跳远的测试，评价学生下肢爆发力及身体协调能力的发展水平。

2. 场地器材 沙坑、皮尺。沙面应与地面平齐，如无沙坑，可在土质松软的平地上进行。起跳线至沙坑近端不得少于30cm。起跳地面要平坦，不得有坑凹。

3. 测试方法 受试者两脚自然分开站立，站在起跳线后，脚尖不得踩线（最好用线绳作为起跳线）。两脚原地同时起跳，不得有垫步或连跳动作。丈量起跳线后缘至最近着地点的垂直距离。每人试跳3次，记录其中成绩最好的一次。以厘米为单位，不计小数。

4. 注意事项

（1）发现犯规时，此次成绩无效。3次试跳均无成绩者，应允许再跳，直至取得成绩为止。

（2）可以赤足，但不得穿钉鞋、皮鞋、塑料凉鞋参加测试。

（三）坐位体前屈测试

1. 测试目的 通过对学生坐位体前屈的测试（在静止状态下的躯干、腰、髋等关节可能达到的活动幅度），评价学生身体关节、韧带和肌肉的伸展性、弹性及学生身体柔韧素质的发展水平。

2. 场地器材 坐位体前屈测试计。

3. 测试方法 受试者两腿伸直，两脚平蹬测试纵板坐在平地上，两脚分开10～15cm，上体前屈，两臂伸直，用两手中指尖逐渐向前推动游标直到不能前推为止。测试计的脚蹬纵板内沿平面为0点，向内为负值，向前为正值。记录以厘米为单位，保留一位小数。测试两次，取最好成绩。

4. 注意事项

（1）身体前屈，两臂向前推游标时两腿不能弯曲。

（2）受试者应匀速向前推动游标，不得突然发力。

（四）仰卧起坐测试

1. 测试目的 通过对学生仰卧起坐的测试，评价学生的腹肌耐力水平。

2. 场地器材 垫子若干块（或代用品），铺放平坦。

3. 测试方法 受试者仰卧于垫子上，两腿稍分开，屈膝成90°左右，两手指交叉贴于脑后（可由另一同伴压住其踝关节，以固定其下肢）。受试者坐起时两肘触及或超过双膝为完成一次，仰卧时两肩胛必须触垫，测试人员发出“开始”口令的同时开表计时，记录1min内完成的次数。1min到时，受试者虽已坐起但肘关节未达到双膝者不计该次数，精确到个位。

4. 注意事项

（1）如发现受试者借用肘部撑垫或臀部起落的力量起坐时，该次不计数。

（2）测试过程中，观测人员应向受试者报数。

（3）受试者双脚必须放于垫上。

（五）引体向上

1. 测试目的 测试学生的上肢肌肉力量和耐力的发展水平。

2. 场地器材 高单杠或高横杠，杠粗以手能握住为准。

3. 测试方法 受试者跳起，双手正握杠，两手与肩同宽成直臂垂悬。静止后，两臂同时用力引体（身体不能有附加动作），上拉到下颌超过横杠上线为完成一次。

4. 注意事项

（1）受试者应双手正握单杠，待身体静止后开始测试。

（2）引体向上时，身体不得做大的摆动，也不得借助其他附加动作撑起。

（3）两次引体向上的间隔时间超过10s终止测试。

链 接 教育部关于印发《国家学生体质健康标准（2014年修订）》的通知

《国家学生体质健康标准》是为了贯彻落实健康第一的指导思想，切实加强学校体育工作，促进学生积极参加体育锻炼，养成良好的锻炼习惯，提高体质健康水平制定。为建立健全国家学生体质健康监测评价机制，激励学生积极参加身体锻炼，引导学校深化体育教学改革，推动各地加强学校体育工作，促进青少年身心健康、体魄强健、全面发展，在认真总结各地实施现行《国家学生体质健康标准》的基础上，结合新时期青少年体质健康状况和学校体育工作实际，我部组织对现行《国家学生体质健康标准》进行了修订。

自 测 题

1. 为什么要实施《国家学生体质健康标准》？
2. 如何进行坐位体前屈测试？

（韩智超）

第3章 体育运动与营养

学习目标

1. 掌握营养的概念。
2. 熟悉营养素的来源及在机体中的作用。
3. 了解健康运动营养补充的重要性。

第1节 营 养 素

一、营养的基本含义

营养是指人体从外界摄取适当有益物质以谋求养身的行为，是人体摄取和利用食物的综合过程，包括对食物中养料的摄入、消化、吸收和排泄等过程。总之，人体为了维持生长、发育、代谢、修补等生命活动而摄取和利用食物中养料的生物学全过程称为营养。

二、合理的营养

合理的营养是保持人体健康和运动能力的物质基础。人体在运动时，机体的新陈代谢旺盛，热能和各营养素的消耗增加，体内的激素效应与酶反应随之活跃，加之酸性代谢产物堆积、失水、电解质紊乱等因素，使机体的内环境发生了变化，这一切变化需要在运动后得到迅速地恢复，这就要靠营养物质来补偿和调整。如果没有科学合理的营养作为保证，将造成体力下降、精力减弱、抵抗疾病的能力降低，导致体质下降。

三、营养素的分类

人体为了维持正常生命活动和从事劳动，必须每日不断地摄取食物和饮水，食物和饮水中含有人体必需的有机物和无机物，这种对身体有益的有机物和无机物称为营养素。人体所必需的营养素有蛋白质、糖类（又称碳水化合物）、脂类、维生素、矿物质、膳食纤维和水等。

（一）蛋白质

氨基酸是组成蛋白质的基本单位，由碳、氢、氧、氮四种元素构成。大部分蛋白质均由300个以上的氨基酸组成。人体是以20种氨基酸为原料组合成不同种类的蛋白质，供机体正常生长和发育需要。蛋白质是一切细胞和组织结构的重要成分，是生命的物质基础。蛋白质在体内参与构成许多生理活性物质，具有多种生理功能，如酶的催化作用、激素的生理调节作用。

（二）糖类

碳水化合物由碳、氢、氧三种元素组成。碳水化合物是为生命活动提供能源的主要营养素，它广泛存在于米、面、薯类、大豆、各种杂粮中，是人类最重要、最经济的食物来源。这类食物每日提供的热量应占总热量的60%～65%。碳水化合物被机体摄入后，经生化反应一般均会分解为单糖，因此亦称之为糖类。除供能外，碳水化合物还可促进其他营养素的代谢，与蛋白质、脂肪结合成糖蛋白、糖脂，参与构成抗体、酶、激素、细胞膜、神经组织、核糖核酸等具有重要功能的物质。

糖类是人体主要的能量物质，1g糖类在体内氧化可产生4kcal（16.7kJ）的能量。它在机体的热量供给上有许多优点，如比脂肪和蛋白质易消化吸收、产热快、耗氧少、对运动有利，在无氧情况下也能分解产热，这对于进行大强度运动有特殊意义。糖类是大脑的主要能量来源，血糖水平正常才能保证大脑的功能，血糖低于正常水平，会发生头晕、晕厥等低血糖症状。

（三）脂类

脂类是脂肪和类脂的总称。脂肪是由碳、氢和氧元素组成的有机化学物。它既是人体组织的重要构成部分，又是提供热量的主要物质之一。食物中的脂肪在肠胃中被消化，被机体吸收后大部分再度转变为脂肪。脂肪主要分布在人体皮下组织、大网膜、肠系膜和肾脏周围等处。体内脂肪的含量常随营养状况、能量消耗等因素而变动。脂肪是储存和供给能量的主要营养素。每克脂肪所提供的热量为同等重量碳水化合物或蛋白质的2倍。机体细胞膜、神经组织、激素的构成均离不开脂肪。脂肪还具有保暖隔热，支持保护内脏、关节等各种组织，促进脂溶性维生素吸收等作用。由于人体对脂肪的实际需要量不高，因而在脂肪营养失调中的主要问题是摄入脂肪过多。人体摄入脂肪过多会导致多余的热量转化为脂肪储存于体内，使机体肥胖，容易诱发各种疾病。类脂包括磷脂、糖脂、固醇类等，是细胞膜、机体组织器官，尤其是神经组织的重要组成成分。

（四）维生素

维生素对维持人体生长发育和生理功能起重要作用，可促进酶的活力或为辅酶之一。维生素可分为两类，一类为脂溶性维生素，它们可在体内储存，不需要每日提供，但过量会引起中毒；另一类为水溶性维生素，这一类占大多数，它们不在体内储存，需每日由食物提供，由于代谢快一般不易引发中毒。

人体所需的维生素有10多种。维生素大多不能在体内合成或合成量甚微，在体内的储存量一般也很少，必须从食物中摄取。因此，合理地选择、正确地加工和烹调食物，对保证人体获得必需的维生素是很重要的。若维生素摄入量不足，会影响正常代谢和生理功能，严重的会发生维生素缺乏症，引发各类疾病。

（五）矿物质

矿物质是人体重要的组成物质，人体必需的矿物质有钙、磷、钾、钠、氯等宏量元素，还有铁、铜、碘、锌、锰、氟、硒等微量元素。矿物质对人体十分重要，各种元素都有其独特的功能：构成骨骼的主要成分；维持神经、肌肉正常生理功能；组成酶的成分；维持渗透压，保持酸碱平衡。

矿物质缺乏与疾病相关。例如，缺钙与佝偻病；缺铁与贫血；缺锌与生长发育落后；缺碘与生长迟缓、智力滞后等，均应引起足够的重视。但摄入过多也对人体有害，因此必须适量。人体对矿物质的需求，多数在正常膳食条件下都能得到满足。

（六）膳食纤维

膳食纤维是一种不能被人体消化系统中的酶消化、分解、吸收的营养素，主要来自植物的细胞壁，包含纤维素、半纤维素、树脂、果胶及木质素等。膳食纤维是健康饮食中不可缺少的，在保持消化系统的健康上扮演着重要的角色，同时摄取足够的膳食纤维也可以预防心血管疾病、癌症、糖尿病及其他疾病。膳食纤维可以清洁消化壁和增强消化功能，同时可稀释和加速食物中的致癌物质和有毒物质的移除，保护脆弱的消化道和预防结肠癌。膳食纤维可减缓消化速度和加速排泄胆固醇，所以可促使血液中的血糖和胆固醇控制在最理想的水平。适量食用粗杂粮和蔬菜、水果，不吃过分精制的食物，一般均能满足机体的需要。

（七）水

水是生命的源泉，人体对水的需求仅次于氧气。水是维持生命必需的物质，机体的物质代谢、生理活动均离不开水的参与。水是机体中含量最多的组成成分，约占成人体重的60%。机体内的代谢过程均是在体液环境中进行的，而体液是由水、电解质、低分子有机化合物和蛋白质等组成的。水是良好的溶剂，营养物质的消化、吸收、生物氧化及排泄都离不开水。人体的需水量取决于排出水量，每日摄入的水量应与机体经过各种途径排出的水量保持动态平衡。1500ml是成年人一般情况下每天对水的最低生理需要量，为安全计每日每千克体重供水40ml为宜；高温、运动等出汗多的情况下，摄入水量应相应增加。水有利于体内许多化学反应的进行，同时在生物体内还起到运输物质的作用。水对于维持生物体温度的稳定起到很大作用。

第2节　运动与营养

一、运动与营养的关系

营养与人体的关系十分密切，它是保证人体生长发育、保持健康、提高生理功能、防治疾病，以及提高智力的重要因素。营养失调不仅会导致人体质衰弱，而且还可引起疾病甚至危及生命。

体育运动与营养是维持和促进人体健康的重要因素。营养是构成机体组织的物质基础，体育运动可促进人体对营养物质的吸收，同时是增强人体生理机能的有效手段。两者科学地配合，可有效地促进生长发育、促进健康，是获得良好身体素质和预防疾病所不可或缺的重要因素。

（一）运动与糖类

糖类是人体内来源最广泛、最经济而且分解最完全的供能物质。人体摄入的糖类大部分首先转化为葡萄糖，再由血液运送到肝脏，在肝脏内葡萄糖可以转化为脂肪、糖原或运输到其他组织，如肌肉等。在肌纤维中，葡萄糖分子以糖苷键形式组成肌糖原，肌糖原是肌纤维收缩的直接能量来源。当人体运动时，肌糖原在肌肉中分解，以很高的速率释放能量。

运动与糖类的贮备有密切关系，人体所需要的能量60%左右由膳食中的糖类供给。长时间剧烈运动时，血糖供应不足或消耗过多会诱发低血糖症状。可见，根据不同运动的需要，适当地补充糖类，对维持血糖稳定起着重要作用。

（二）运动与蛋白质

蛋白质是供给人体氮元素的唯一来源，它是构成细胞的主要成分，占细胞内固体成分的80%以上，约占人体体重的18%。生命的产生、存在与消亡都是与蛋白质相关的。蛋白质是由碳、氢、氧、氮等元素组成的高分子化合物，它不但是人体的主要组成成分之一，而且也是人体内部进行各种代谢活动的物质基础。

蛋白质主要从动物性食物（肉、蛋、奶）中获取，这些食物中的蛋白质称为完全蛋白质，它包含几乎所有的基本氨基酸。其次是从植物性食物（蔬菜、粮食、水果）中获取，其中的蛋白质称为不完全蛋白质，它缺少部分的基本氨基酸。

每天补充足量的蛋白质是十分必要的。但是氨基酸不会在体内储存，大部分会很快降解，这就需要每次摄入的蛋白质，必须含有定量、比例合适的各种氨基酸。蛋白质对运动能力的发挥和提高有着十分重要的作用。具体体现在以下几个方面：能够增加肌肉蛋白质的合成，增加肌肉力量；可以预防运动性贫血；对体内胰岛素的分泌有良好、稳定的刺激效果，从而保持稳定的精神和体力状态；提高中枢神经系统的兴奋性，在长时间运动时，可以作为细胞的部分能源，提供运动中5%～15%的能量。一般来说，经常从事体育锻炼的人，蛋白质的需要量比普通人高，正常膳食中蛋白质含量应占总量的12%～15%，为1.2～2.0g/kg体重。

不同运动项目的运动员所需蛋白质量也不尽相同。经常从事耐力型项目的人所需蛋白质量以1.2～1.5g/kg体重为宜；经常从事速度型运动项目的人蛋白质摄入量以1.6～1.8g/kg体重为宜。

蛋白质的摄入是不是越多越好呢？其实不然，摄入过多的蛋白质，不仅对肌肉增长和提高肌肉的运动能力没有好处，反而会对正常代谢和健康产生不良影响，导致肥胖，肝、肾负担加重，易疲劳和降低运动能力。

若所从事训练和比赛强度比较大，激烈竞争所产生的压力或运动后食欲下降等，会造成难以保持平衡饮食，此时可以通过选用营养补充品，弥补蛋白质摄入的不足。

（三）运动与脂肪

脂肪是长时间低强度运动时主要的能量来源，脂类为运动提供的能量主要来自脂肪酸的氧化。在一次长时间低强度的运动中，脂肪的氧化可提供总耗能的50%～60%。长期进行体育运动可降低脂肪细胞平均体积，提高脂肪代谢的活性。

脂肪代谢对运动能力的重要性在于它具有“节约”组织中糖原的能力。在进行长时间、高强度的运动时，糖原储备可以通过脂肪氧化的方式保存或“节省”下来，这就使得运动员运动到最后阶段，运动强度超过身体的有氧代谢能力时，能有更多的糖原可供利用，因此，脂肪能提高机体耐力。

运动时脂肪供能的另一好处是，长期进行有氧运动，可促进脂肪的氧化，降低血液中胆固醇和三酰甘油（甘油三酯）含量，使高密度脂蛋白含量增高，从而减少冠状动脉疾病的发生，降低导致心脏病的风险。

（四）运动与水

水是生命之源，是人体必不可少的生命元素。正常人每天需摄入2～3L水，其需水量随着年龄、体重、气温、劳动强度、运动强度和持续时间的变化而变化。

参加体育运动时，肌肉运动会产生大量的热量，这些热量会促使皮肤血流量增大，汗腺会分泌大量汗液。运动员出汗的特点是出汗率高、出汗量大、失水量多。例如，在天热的环境里踢足球，运动员1小时汗液的丢失量高达2～7L。运动中若不注意科学合理地补充水分，会造成机体内的水失衡。

脱水会严重影响人的运动能力。脱水对运动员的影响不仅在于体温升高和心血管负担加重，还可导致肾脏损害，因此，运动中合理补充水分是十分重要的。

（五）运动与维生素

维生素是维持人体正常生理功能和新陈代谢活动所必需的低分子有机化合物，虽然人体对它的需要量很小，但它对人体生命活动所起的作用却是必不可少的。

多数维生素不能在人体内合成，或合成的量不能满足人的需要，因此，每天的饮食中含有一定量的各种维生素是非常必要的。体育运动可促进人体的能量代谢，在能量消耗增加的情况下，某些维生素的需要量也会增加。运动后（中等强度以上）造成机体维生素需要量增加的原因：运动训练使胃肠对维生素的吸收功能下降；运动引起汗液、尿液及粪便中维生素排出量增加；运动使维生素在体内的周转率加速，能量代谢率增加等。由此可见，参加体育运动，不应忽视多种维生素的补充。运动后补充维生素的主要理由是促进恢复，延缓疲劳发生，提升体力和体能，保证身体健康。

（六）运动与无机盐

人体所需要的无机盐有60多种，它们是构成人体组织细胞和维持人体正常生理功能所不可缺少的营养成分。

无机盐是人体所需微量矿物质元素的总称，人体所需无机盐主要从每天的饮食与饮水中获得。正常地食用各种食物，特别是蔬菜和水果，就能保证获得足够数量的基本无机盐。

二、不同运动项目的能量补充

（一）跑步

短跑时间短、强度大，要求有较好的爆发力。在膳食中要有丰富的动物性蛋白质，以增大肌肉体积，提高肌肉质量。另外，在膳食中增加磷和糖类的含量，可为脑组织提供营养。还应在膳食中增加矿物质如钙、镁、铁及维生素B_1的含量，以改善肌肉收缩质量。

长跑要求有较高的心肺功能及全身的抗疲劳能力。长跑虽强度较小，但时间较长，体力消耗较大。膳食中要增加糖类、铁、钙、磷、钠、维生素C、维生素B_1和维生素E的含量，有利于提高有氧耐力。

（二）体操

健美操、竞技体操、艺术体操动作复杂而多样，对神经系统有较高的要求。因此，膳食应注重蛋白质、高热量、低脂肪，适量维生素、矿物质，突出铁、钙、磷的含量。

（三）球类

球类项目对力量、速度、耐力、灵敏度、柔韧性等素质有较高的要求。食物要含丰富的蛋白质、糖类及维生素B_1、维生素C、维生素E、维生素A。球的体积越小，对运动者的视力要求越高。所以，食物中维生素A的含量应更高些。足球运动时间较长且在室外，矿物质、水分丢失较多，应注意及时补充。

（四）游泳

游泳作为水中项目，机体散热较多、较快，冬泳更是如此。游泳锻炼要求一定的力量与耐力素质，要求膳食含有丰富的蛋白质、糖类和适量脂肪。老年人及在水温较低时，出于抗寒需要，可适当增加脂肪摄入。维生素摄入应以维生素B_1、维生素C、维生素E为主。另外要增加碘的含量，以适应低温环境甲状腺素分泌增多的需要。

（五）棋牌类

棋牌类是以脑力活动为主的项目。当血糖降低时，脑耗氧量下降，工作能力下降，随之产生一系列不适症状，所以棋牌类项目对糖类有着特殊的需求。此外，膳食中要增加蛋白质和维生素B_1、维生素C、维生素E、维生素A的供给，提高钙、磷、铁的含量。另外膳食中应减少脂肪摄入，以降低机体耗氧，保证脑组织的氧供应。

三、不同运动阶段的营养需求

（一）运动前

空腹或刚进食完就开始运动对人体健康都是非常不利的。在运动之前最好食用少量食物，但至少要在开始运动之前半小时，这样不但可以避免因为体育活动而导致的消化功能紊乱，同时还可以增强运动效果。晨练者早餐一定要避免食用难以消化的食物，如多汁的菜、油炸食品等，最好食用奶制品、谷类、水果、饮料。

（二）运动中

肌肉运动会导致身体大量出汗，因此及时补充水分是非常必要的。成年人一般每天需要喝1500ml水，而运动时就必须依照运动量的大小给身体及时“补水”。如果是少于1小时的体育活动，需要每15分钟喝150～300ml水；如果运动时间持续1～3小时，最好及时给身体补充糖分，以免出现低血糖，可以选择甜的饮料。运动中一定要避免喝冰水，因为在剧烈运动时喝冰水很有可能引起消化系统方面的问题。

（三）运动后

运动后的进食要科学搭配，以满足人体各方面的需求，这样才能够令身体的支出与摄入达到平衡，从而达到运动的真正目的。在运动结束后马上补充碳水化合物、果汁或蔬菜汁、牛奶（依照运动时间长短适量补充）。平时的食谱一定要搭配均衡，应包括新鲜的蔬菜、水果、奶制品、含淀粉的食物（面包、米饭、马铃薯），同时要保证每天至少有一餐有肉或鱼。

链 接　教育部印发通知部署开展2022年“师生健康中国健康”主题健康教育活动

《“健康中国2030”规划纲要》《教育部等五部门关于全面加强和改进新时代学校卫生与健康教育工作的意见》要求，牢固树立健康第一的教育理念，构建新时代、现代化、高质量学校健康教育体系，培养师生健康意识、观念和生活方式，提高师生健康素养。把健康教育融入学校教育教学各环节，围绕综合防控近视、推进急救教育、普及健康知识、增加体育锻炼、合理营养膳食、促进心理健康、开展防病教育、营造健康环境等活动内容，把开展主题健康教育活动纳入工作规划，明确工作重点、工作目标和责任分工，确保活动见实效、出成果。

自 测 题

1. 人体有几种必需的营养素？
2. 不同运动阶段的营养如何补充？

（李　恩）

第4章 体育锻炼与运动损伤

学习目标

1. 掌握运动损伤的预防和急救处理方式。
2. 熟悉体育锻炼的原则。
3. 了解运动损伤的发生原因。

第1节　体育锻炼的特点与原则

一、体育锻炼的特点

体育锻炼又称身体锻炼，是指运用各种身体练习方法，并结合自然力和卫生因素以发展身体、增进健康、增强体质、调节精神、丰富文化生活为目的的身体活动。体育锻炼的特点如下。

1. 以健身康乐为目的，追求锻炼的实效性　体育锻炼不在于创造运动成绩，而在于从个人实际出发，追求身体健康、精神愉悦和提高对环境的适应能力，以及对疾病的抵抗能力，从而提高学习和工作效率。

2. 组织形式灵活，内容方法多样　体育锻炼是在业余时间进行的，项目多样，内容丰富，可根据自我要求选择锻炼内容和锻炼方式。

3. 因人制宜，个别对待　根据个人的实际情况，安排适当的运动负荷，是体育锻炼日见成效的关键。“运动处方”则是个人体育锻炼与测评的良好方法。它是在教师或医生的监督和指导下，避免因不合理运动而损害健康，争取最佳锻炼效果的一种锻炼方案。

二、体育锻炼的原则

（一）体育锻炼原则的概念

体育锻炼原则是体育锻炼基本规律的反映，也是参加者安排锻炼计划、选择训练内容、运用锻炼方法所要遵循的原则。

（二）体育锻炼的五大原则

1. 安全性原则　是指在进行体育锻炼时，要始终注意保护自己，做到安全第一。

2. 自觉性原则　是指参加体育锻炼者，对行为目标的追求所采取的一种自觉、主动的态度。明确了体育锻炼的目的，才能形成体育锻炼的兴趣，进而把体育锻炼作为生活中不可缺少的一部分，自觉参加体育锻炼，并在体育锻炼中获得愉悦的情感体验。

3. 经常性原则　是指长期不间断地、系统地、持之以恒地进行体育锻炼，使之成为日常生活中不可缺少的内容。

4. 针对性原则　是指要根据每个人的年龄、性别、身体条件、锻炼基础等不同情况，选择不同的练习内容、练习方法、运动强度、运动时间等，做到区别对待，使体育锻炼更具有针对性。

5. 渐进性原则 是指在安排锻炼的内容、方法、运动负荷等方面要根据人体身心发展规律、机体适应性规律和超量负荷原理，使人体在不断适应的同时，机体功能逐步改善和提高。

第 2 节 体育锻炼的内容与方法

一、体育锻炼的内容

体育锻炼的内容多种多样，丰富多彩，当体育锻炼的目的确定以后，科学地选择体育锻炼的内容就要考虑个人的特点和实际情况。体育锻炼最基本、最常用的是按照目的进行分类，具体可分为以下几种。

（一）健身运动

健身运动主要是指一般健康者（包括体弱无病者）为强健身体而从事的体育锻炼。通过练习，增强身体各器官、系统的功能，提升身体素质，提高基本活动能力。健身运动可根据个人特点和爱好，选用各种锻炼手段，既可以采用各种竞技体育项目，也可以采用日常生活中一些有锻炼价值的项目。例如，散步、体操、跑步、游泳、骑自行车、滑冰、跳跃、武术、舞蹈、划船、球类运动等。

（二）健美运动

健美运动是在健身的基础上，为增加身体美感而进行的身体锻炼，不仅可以增进健康，而且还可以培养与提高审美观和身体的表现力。健美锻炼的针对性较强，如为发展肌肉力量，可采用杠铃和器械体操练习；为了形成良好的体形与姿势，可采用艺术体操、健美操、各种舞蹈和基本体操中的一些力量练习。

（三）医疗体育

医疗体育又称康复体育，是指患者为了治愈某些疾病而进行的身体锻炼。医疗体育的内容应根据疾病性质采取相应的手段。一般采用动作轻缓、运动负荷较小的散步、慢跑、太极拳、气功、按摩、保健操等。为提高康复效果，缩短疗程，常与药物治疗相结合，在医生指导下，按运动处方进行定量锻炼。

（四）矫正体育

矫正体育是指某些人为了弥补身体缺陷或克服功能障碍而进行的身体锻炼。练习内容应针对身体的特殊性进行专门的安排。例如，轻度驼背可做脊柱弯曲矫正操；近视可做眼保健操等。

（五）娱乐体育

娱乐体育是指为了调节精神，丰富文化生活，吸引人们愉快、健康地度过闲暇时间而开展的娱乐性的体育活动。例如，下棋、户外运动、高尔夫球、旅游、游戏、钓鱼、爬山、台球、野营等。

（六）防卫体育

防卫体育是指为提高防身和应变能力而进行的身体锻炼。这种锻炼既可强身，又有较强的实用价值。例如，摔跤、拳术、擒拿及攀登、爬越和各种反应性、灵敏性、自我保护性的专门练习。

二、体育锻炼的方法

体育锻炼的方法是指人们为了增强体质、增进健康、娱乐身心而专门进行某项健身运动所采用的练习手段。体育锻炼的方法多种多样，可根据体育锻炼者个人的兴趣、爱好、年龄、居住环境、行为习惯，科学地选择锻炼方法，这对实现体育锻炼的目的有着极其重要的意义。比较常用的体育锻炼方法有以下5种。

（一）重复锻炼法

重复锻炼法是指根据体育锻炼任务的需要，在相对固定的条件下，反复练习同一内容，练习时没有严格的间隙时间控制的锻炼方法。重复的次数和时间是决定健身效果的关键，重复的次数越多，身体对运动反应的负荷量就越大，如果重复次数超过身体所能承受的负荷量，就会对机体造成伤害，因此，运用重复锻炼方法的关键就是掌握好负荷量的有效价值范围，并反复调节重复次数。在重复锻炼过程中，对负荷量如何控制和怎样重复才能达到理想的效果，应根据实际情况而定。

（二）持续锻炼法

持续锻炼法是指锻炼者在相对较长的时间内，用不大的练习强度，无间歇地、持续地进行身体锻炼的方法。持续锻炼法的运动技术比较简单，需要时间相对长，一般至少需要20～30分钟，锻炼强度小，一般心率控制在最大心率的50%～60%，锻炼过程中一般无间歇时间，锻炼密度相对较大。因此运用这种方法进行锻炼，对身体持续锻炼的时间较长，锻炼效益高，有利于心血管和呼吸系统机能的稳步提高，能有效地发展有氧代谢能力。

（三）间歇锻炼法

间歇锻炼法是指在体育锻炼过程中，对多次体育锻炼的间歇时间做出严格规定，使机体得到必要休息，但在还没有完全恢复的情况下就进行下一组锻炼的方法。间歇时间的长短，主要以负荷量的有效价值范围为准。实践表明，一般心率降至110～130次/分时，就应开始下一组锻炼。间歇时，不要静止休息，应边活动边休息，如慢走、放松手脚、伸伸腰腿或深呼吸等，因为轻微活动可使肌肉对血管产生按摩作用，帮助血液回流和排除代谢所产生的废物。总之，通过适当的间歇，把负荷量调节到负荷有效价值范围内，以追求良好的锻炼效果。

（四）变换锻炼法

变换锻炼法是指在锻炼过程中，有目的地在变换环境条件的情况下进行身体锻炼的方法。例如，变换练习的自然环境、运动负荷、场地设施、限制条件等。它可以广泛地运用于各运动项目的身体、技术和战术锻炼。锻炼条件的变化，可使锻炼者的大脑皮质不断地产生新的刺激，提高兴奋性，激发锻炼者的兴趣，从而提高机体对负荷的承受能力，提高锻炼效果。

（五）负重锻炼法

负重锻炼法是指使用杠铃、哑铃、沙袋等重物进行身体运动来锻炼身体、增强体力的方法。负重的方法，既适用于普通人为增强体质而锻炼身体，又适用于各类运动员进行身体锻炼，还适用于患者进行康复治疗。一般人为增强体质进行负重锻炼时，应该采用最大摄氧量和最大心排血量以下的负荷，因为过大的负荷可能给心血管和呼吸系统带来不良的影响。为了保证这种锻炼方法对身体的良好作用，在运动负荷有效价值范围内可以多次重复或连续练习。

三、确定运动负荷的方法

运动负荷包括负荷强度和负荷量，无论以哪种体育方式进行运动，适宜的运动负荷都是非常关键的。下面介绍一些确定运动负荷的方法。

（一）运动时即刻心率测定法

在一组或一次运动后，立即测定自己的心率，以此来确定运动负荷的大小，一般认为：60%～90%最大摄氧量为大负荷运动；40%～60%最大摄氧量为中等负荷运动；30%～40%最大摄氧量为低负荷运动。体弱或是初次参加运动的人一般选择低负荷强度的体育运动；身体健康、有一定运动基础的人可以选择中等负荷强度的体育运动；体质强壮、运动水平较高的人采用大、中等负荷相结合的体育运动，效果会更好。

（二）基础心率测定法

在运动前及运动后的第二天分别测定自己的基础心率（早晨醒后立即测定自己的心率3次，取平均值），然后进行比较。对于经常进行体育锻炼的人，他的基础心率应该是稳定的，或略有起伏；刚参加体育锻炼的人，运动后的基础心率会略有加快，但幅度不应过大。

（三）用运动中的自我感觉来衡量运动负荷大小的方法

要想达到锻炼健身的目的，必须有一定的运动负荷作保证。如果在运动中过于轻松，说明运动负荷太小，一般人在进行体育运动时，应有一定的疲劳感，表现为呼吸、心跳加快，出汗等，这是比较适宜的运动负荷，但若在运动中感到过于吃力，出汗太多，说明运动负荷太大。这种方法以主观判断为主，虽然不够精确，但由于简便易行，运动者可以根据反馈信息及时调整运动负荷，比较适用。

（四）用锻炼期间的自我感觉来衡量运动负荷大小的方法

在锻炼期间，自己身体的种种症状是该方法的主要依据，可根据食欲、睡眠、精神状态等主观感觉来监测运动负荷。在锻炼的最初阶段会感到肌肉酸痛、身体疲劳，这是一种正常的生理反应。但若持续感到疲劳，或是睡眠不好、食欲缺乏，说明运动负荷过大，应有针对性地进行调整。

第 3 节　体育锻炼的保健知识

一、体育锻炼的注意事项

“生命在于运动”，体育锻炼是积极保护和增进人们健康的主要因素之一，但运动必须遵循人体的生理规律，只有掌握体育锻炼的生理卫生知识，科学地进行体育锻炼，才能有效地达到促进发育、健身强体、防病治病的作用和效果。反之不但无益于健康，还可能引起机体的损害。因此必须了解和掌握这方面的知识，做到科学合理的体育锻炼。

（一）体育锻炼前做好准备活动

人体由安静状态过渡到运动状态需要一个适应过程，在开始锻炼前进行准备活动能提高神经中枢的兴奋性和心肺功能，增加肌肉的血流量，使体温升高，生物酶的活性提高，促进新陈代谢。使肌肉、肌腱和韧带的弹性、延展性处在良好的状态，内阻力减小，从而使机体各方面的机能协调一致，逐步达到运动的最佳状态。做好准备活动，不但有助于提高运动能力，取得良好的运动成绩，还能减少或避免伤害事故的发生。

（二）体育锻炼后做好放松整理活动

要取得良好的锻炼效果，必须遵循科学的锻炼规律，除了要做好准备活动外，还要做好放松整理活动。由于在剧烈运动过程中，人体出现了一定的疲劳累积，运动机能逐渐下降，剧烈运动后，做一些比较轻松、舒缓的整理活动，对相关肌肉群进行放松和拉伸运动，能加快血液向心脏回流，增加血流量，消除运动时积聚在机体内的乳酸等代谢物，机体在休息保证前提下，有条件的还可以泡泡温泉或冲热水澡等，更有助于缓解和消除疲劳，加快身体机能的恢复。

（三）体育锻炼时间的选择

参加体育锻炼的时间主要根据个人的生活习惯、身体状况或工作性质而定。但就多数体育锻炼者来说，体育锻炼的时间多安排在清晨和傍晚。不同的锻炼时间有不同的特点，锻炼者可根据自己的实际情况选择。

（四）锻炼时应学会运动负荷的自我监测

自我监测是指体育运动参加者（包括运动员）采用简单易行的医学检查方法，对本人的健康状况和身体反应进行观察。自我监测是综合医学观察重要内容之一，也是掌握运动量、科学地安排体育运动的重要依据，对预防伤病、提高锻炼的效果很有指导意义。在进行体育锻炼时，运动负荷太小，达不到锻炼身体的目的；运动负荷过大，又会引起过度疲劳，影响身体健康。所以，每位体育运动爱好者在开始体育锻炼前就应学会自我监测的方法。

二、运动损伤

（一）运动损伤的概念

运动损伤是指在体育运动过程中发生的各种形式的损伤。它是由许多原因引起的，在体育运动中重视运动损伤的预防，将会明显降低运动损伤的发生率。体育运动的目的在于增强体质，促进健康，保证学生学习任务的完成。发生运动损伤将影响健康、学习与工作，造成不良的心理影响，也妨碍群众性体育活动的开展。

（二）运动损伤的原因

1. 主观方面 思想上重视不够、缺乏必要的运动损伤的基本知识，是所有运动损伤中最主要的因素；体质弱，身体素质差或机能状态不良；技术水平低，运动不熟练或做动作时在某个环节出现错误；运动情绪低下，伴有畏难、恐惧、害羞、犹豫及过分紧张，致使注意力不能集中；运动前准备活动不充分，特别是缺乏针对性的准备活动。

2. 客观方面 锻炼时缺乏保护与帮助，或保护与帮助不及时，锻炼方法不正确；场地、器材及锻炼设施不符合规范；运动负荷安排不当，局部负担过重；动作粗野，违反规则（对抗项目）；还有锻炼内容组合不科学，锻炼方法不合理。

（三）运动损伤的预防

1. 加强体育运动安全教育，克服麻痹思想，提高预防运动损伤的意识。
2. 认真做好准备活动。
3. 改进技术动作，合理安排运动负荷。
4. 加强保护与帮助，特别是提高自我保护能力。
5. 做好医务监督工作，掌握运动损伤的预防和处置方法。

（四）常见运动损伤的处置方法

在运动过程中所发生的各种机体损伤统称为运动损伤。运动损伤又可以分为开放性损伤和闭合性损伤。运动损伤的处理有前、中、后处理原则。对于急性损伤前期（24h以内）的处理原则是制动、止血、防肿、镇痛。处理方法可根据具体情况选用一种或几种并用。

1. 一般处理方法

（1）一般先冷敷，加压包扎并抬高伤肢。这种方法应在伤后立即使用，有制动、止血、止痛及防止或减轻肿胀的作用。冷敷一般使用冰袋、自来水或氯乙烷。冷敷之后，用适当厚度的棉花或海绵置于伤部，立即用绷带稍加压力进行包扎。

（2）伤后24h可进行热敷、按摩，如理疗、针灸、外敷活血化瘀和生肌的中草药、外贴活血膏等。

（3）待损伤组织基本恢复正常，肿胀和压痛消失后，若锻炼时仍会感到酸胀、无力，此时要进行功能性的恢复治疗，仍以按摩、理疗，增加肌肉、关节功能锻炼为主。如果是轻微、慢性的损伤，恢复治疗主要是改善受伤部位的血液循环，促进组织的新陈代谢，可以合理地安排局部的负荷量。

2. 开放性软组织损伤的处理 常见的开放性软组织损伤有擦伤、切伤、刺伤和撕裂伤，表现为局部皮肤或黏膜破裂，伤口与外界接触，常见组织液渗出或血液自伤口流出。紧急处理的要点是及时止血和处理伤口，预防感染。

（1）擦伤多发生在摔倒时，对于伤口较脏的擦伤可先用生理盐水清洗，然后再用酒精棉球消毒杀菌，伤口较浅、面积较小的擦伤无须包扎。

（2）切伤与刺伤伤口往往较深，如果伤口较脏，除了进行伤口的清洗、止血、消炎、包扎外，还要注射破伤风抗毒素。

3. 急性闭合性软组织损伤的处理 急性闭合性软组织损伤是运动损伤中较常见的一类，如肌肉拉伤、挫伤、韧带拉伤等都属于此类损伤。

急性闭合性软组织损伤的特点是皮肤黏膜完整；由暴力引起；损伤局部组织、血管等引起出血、组织液渗出、肿胀。

急性闭合性软组织损伤发生后，首先要检查有无合并伤，如腹部挫伤后是否合并有内脏破裂；肌肉挫伤后有无断裂，有无明显血肿；头部挫伤后有无脑震荡等。应先处理合并伤，然后处理软组织损伤。在确定没有严重的合并伤后，应进行冷敷、加压包扎，制动和抬高患肢，24小时后解除包扎并进行局部热敷、理疗、按摩等，以改善血液循环，促进局部代谢，加速损伤的修复。当损伤基本恢复后，开始进行肌肉、韧带的伸展性练习及加强局部力量练习，以恢复局部受伤部位的肌肉力量及肌肉、韧带的柔韧性。

链 接 《关于全面加强和改进新时代学校体育工作的意见》（节选）

学校体育是实现立德树人根本任务、提升学生综合素质的基础性工程，是加快推进教育现代化、建设教育强国和体育强国的重要工作，对于弘扬社会主义核心价值观，培养学生爱国主义、集体主义、社会主义精神和奋发向上、顽强拼搏的意志品质，实现以体育智、以体育心具有独特功能。体育兴则中国兴，应从全局和战略的高度，深入挖掘学校体育的社会价值、体育意义、教育功能和文化内涵，充分认识学校体育对深化教育改革、振奋民族精神的重要意义，跳出体育看体育，将体育作为五育并举、立德树人的有效载体，提升学生综合素质。

自 测 题

1. 如何避免运动损伤？
2. 开放性损伤如何进行急救？

（李 恩）

第5章 体育运动竞赛

学习目标

1. 掌握体育运动竞赛。
2. 熟悉体育运动竞赛比赛规则。
3. 了解体育运动竞赛与欣赏的基本知识。

第1节 体育运动竞赛的概述

一、体育运动竞赛的概念

体育运动竞赛是体育活动中的一个重要组成部分，也是各种体育活动项目比赛的总称，参赛方运动员在裁判员的有序组织指挥下，按提前设定的比赛规则与要求，通过个人综合能力或用团队集体智慧在时间或技能上进行以战胜对手争夺优胜者为目的的比赛。体育运动竞赛不仅是双方体能和技能战术的较量，也是各自经验与心理素质的对抗。

二、体育运动竞赛的意义

1. 体育运动竞赛不仅是一种身体运动形式，还是一种生活方式、一种教育手段、一种精神载体，是培养健康体魄、塑造健全人格、促进全面发展的有效途径。运动竞赛可以宣传普及体育运动，吸引和鼓舞更多的人来参加体育锻炼。国家大力提倡和发展体育运动，开展群众性体育活动，在全国各地社区建立了体育设施场地，以此来推动群众性体育健身活动的广泛开展。

2. 体育运动竞赛活动可以使观众感受到比赛场上选手们那种顽强拼搏、相互鼓励、不屈不挠的体育精神和高尚的体育道德风尚。在丰富和活跃业余文化生活的同时，也可提高整体国民的体育素质、文化素养、道德风尚。

3. 体育运动竞赛活动还可以加强参赛选手在专业技能上的相互交流、共同进步，发扬“相互了解、友谊、团结和公平竞争”的现代奥林匹克精神。随着社会的不断发展进步，体育运动竞赛已不只在体育领域发挥自己的作用，它已涉及政治、经济、交通、城市建设等领域，助推着各项事业的不断前进。

三、体育运动竞赛的特点

体育运动竞赛具有四大特征：比赛的竞争性、比赛的公平性、规则的制约性、结果的随机性。

1. 比赛的竞争性 有比赛就会有竞争，有竞争就会促进参赛双方技术与战术水平的相互提高。通过比赛，双方可以在赛场上相互学习、相互促进。参赛选手越多，竞争越激烈，能让赛事更精彩，也更具有观赏力，以满足观众在感官和精神上的要求。

2. 比赛的公平性 比赛过程的公平对比赛成绩、参赛运动员都至关重要。公平竞争是体育运动中一项最基本的要求。比赛中要求参赛者公平竞争，运动员能够在更加合理的比赛规则中进行比赛，彰显现代奥林匹克的运动宗旨。

3. 规则的制约性 运动竞赛规则是保证竞赛活动得以顺利开展的基本前提。规则的制约性，主要体现在对竞赛要素（参赛者、裁判员、参赛场地、器材等）有明确规定和对竞赛行为有严格限制两个方面。

4. 结果的随机性 在运动赛场上，参赛者的成绩是无法预料和掌控的。比赛全过程充满了客观和主观上的一些动态变化，这些变化又会随时根据赛场上参赛者的比赛情况变化而变化，而正是这些随机性的变化演变成了赛场上的精彩瞬间，吸引了观众的眼球，俘获了观众的心。

第 2 节 体育运动竞赛的组织与编排

一、体育运动竞赛的组织工作

体育运动竞赛的组织工作是一项各部门精准、明确分工，又密切相互协作的综合性团队组织工作，直接影响着竞赛任务的完成效果。因此，在组织和编排上一定要根据体育运动竞赛的任务容量、运动竞赛的人员规模来进行全面考虑和统筹安排。可以按以下三个阶段进行。

1. 竞赛前的准备阶段 准备阶段的工作包括讨论和确定组织方案（比赛时限、参加单位、运动员人数），组织比赛机构和分工，制订和学习竞赛规程，落实比赛期间参赛各队成员的安防工作等。

2. 竞赛中的实施阶段 实施阶段的工作包括参赛人员检录、及时公布小项成绩。掌握比赛进程，解答有关比赛问题，做好比赛中的编排和场次的调配工作等。

3. 竞赛后的结束阶段 结束阶段的工作包括宣布比赛名次、编印成绩册、编写本次比赛的书面总结，并做好所有资料的归档、封存工作等。

二、竞赛的编排工作

运动竞赛的赛制和编排方法有许多种，根据不同的竞赛项目特征，所需要的赛制和编排方法有着截然不同的要求。这里只着重介绍几种常用的赛制和编排方法。

1. 淘汰制 是运动竞赛的一种常用的比赛方法。它的基本比赛方法有单淘汰和双淘汰。在比赛中，参赛者若输掉一定场数后会丧失争夺冠军的机会。最常见的淘汰赛制是单淘汰赛制，参赛者必须赢下每一场比赛才能获得冠军。

2. 单循环制 是指所有参赛者在竞赛中均能相遇一次，最后按参赛者在竞赛中的得分多少、胜负场次来排列名次。单循环制一般在参赛者不太多，又有足够竞赛时间的情况下才能采用。单循环制由于参赛者都有相遇比赛的机会，相对来说是一种比较公平合理的比赛制度。

3. 分组循环制 是指在参赛者比较多的时候，可以通过分组的方法，在各组内进行单循环制。一般事先确定好种子选手或种子队，将种子选手或种子队分入各组，以免种子选手或种子队集中在一组。

4. 混合制 是在同一竞赛中分阶段采用分组循环制和淘汰制的竞赛方法。可以先在第一阶段预赛中采用分组循环制，第二阶段决赛中采用淘汰制；或者相反，在第一阶段预赛中采用淘汰制，在第二阶段决赛中采用分组循环制。

第 3 节 体育欣赏

一、体育欣赏的概念

体育欣赏是观众对竞赛活动的具体把握，是欣赏者对体育竞赛中美的属性的一种能动认识和反映，也是对竞技美做出的一种评价和判断。它要求观赏者具备一定的体育欣赏能力，而这种能力的形成和培养取决于多方面因素的影响。体育作为人类创造自身的实际活动，其本质和深层含义就是一种追求美的活动。

二、体育欣赏的基本要求

体育比赛是一种竞技运动，是为最大限度地发挥运动员个体与群体在体格、体能、心理、运动能力、运动技术等方面的潜力，取得优异运动成绩而进行的科学竞争。欣赏体育比赛，就要了解体育比赛的基本情况，这是欣赏体育比赛的首要条件。掌握必要的体育常识，才能看懂、看出名堂，所谓“内行看门道，外行看热闹”，其区别就在这里。体育比赛的一般特点表现在以下几个方面。

1. 具有高度的技艺性　任何一种比赛项目，都是由一定的技术和艺术构成的，某一个动作的完成，既是技术的完成，又是艺术的完成。运动员高超的技艺，是观赏的核心所在。例如，相同的技术，由不同的运动员完成，在观赏中，可进行比较，欣赏的价值也往往体现于此。

2. 具有强烈的竞争性　所谓竞赛，即指为了战胜对方或为了表明自己的成绩优于别人而进行的活动。因此，追求最好成绩的目标是通过击败对手来实现的，双方都立志取胜，这是体育比赛的主要特征。

3. 具有严格的规范性　体育比赛采用统一的规则、严格的制度，可以客观地反映参赛水平并给运动员提供公平竞争的机会，体现了体育的精神。竞技体育要求运动员必须具有高度完美的运动技艺，这种完美的技艺、完备的规则、系统的管理一方面让观众感觉到体育是一种稳定、完善的艺术形式，另一方面让观众感觉到在欣赏这一艺术形式时确实有章可循。

4. 具有丰富的多样性　体育比赛项目丰富多彩，或动、或静、或激烈、或典雅，可谓雅俗共赏。体育竞赛的内容十分广泛和丰富多彩，除世界盛行的项目外，各个国家、地区和民族也都有自己的特殊项目与传统项目，体现了体育竞赛的世界性和民族性。因而，人们在观赏体育比赛时应该有比较开阔的视野，对一些体育项目的形成、演变与趋势应有大致的了解。

5. 具有灵活的变化性　变化性体育运动虽有规范的技术和统一的规则，但在比赛中，运动员可在规定的范围内进行创造与编排（如体操自选动作），充分发挥自身水平，还需根据场上变化灵活运用，使比赛千变万化，扣人心弦。

三、了解体育比赛规则

所谓体育比赛规则，是指为进行比赛而制定的统一规范和准则。各项体育比赛均会根据自身的特点，制定出相应不同的规则。其内容一般包括裁判职责，比赛组织方法，评定成绩、名次的方法，有关场地、器材等设备的规格的规定等。评定比赛成绩和名次的方法有以下几种。

1. 以时间、距离、重量、命中环数等客观标准为依据来判定，如径赛、游泳比赛以时间评定；举重比赛以重量和时间评定；射击比赛以命中环数评定等。

2. 以规定条件和动作质量来评定，如竞技体操、武术、跳水等。

3. 根据战胜对方或特定因素来评定，如篮球、足球等球类项目和击剑及摔跤等比赛。

四、了解体育运动的技术和战术

任何比赛项目，技术和战术是核心，也是体育欣赏的主体。所以在欣赏某项比赛时，应先对该项目的技术和战术有所了解。如果不懂技术和战术，又不了解该项目的现状与发展方向，那就达不到欣赏的目的。

1. 运动技术　是各项体育技术动作的总称，是指符合人体运动的科学原理，能充分发挥人体的潜在能力及有效地完成动作的合理方法。各种不同的技术动作，都有不同的完成方法。一套完整的技术包括三个基本部分。

（1）技术基础　即按特定顺序和节奏组成的各个技术环节的总称。例如，跳远中的助跑、踏跳、腾空、落地这四个技术环节，其顺序既不能改变也不能减少。

（2）技术环节　是指组成运动技术基本结构的各个部分。任何技术不论有多少环节，其中必有主要环节，也就是技术关键，如跳高中的起跳、推铅球的最后用力等。

（3）技术细节　是指在不影响技术结构的前提下所表现出的个人技术特点。它取决于每个运动员的身体形态、身体素质和技能等。在观赏体育比赛时，不仅要注意运动员完成一般技术动作的情况，更应当欣赏运动员是如何正确利用自身的有利条件形成独特的技术特点的。

2. 运动战术　是指比赛双方根据不同情况，正确地分配力量，采取合理的行动，充分发挥我方的优势，限制对方特长，以此取胜的竞争艺术。各项不同的体育比赛，都具有不同的战术特点。在非直接对抗性的个人项目中，战术是根据自己的特点和对手的情况而制定的。

五、体育欣赏的作用

随着现代社会物质文明与精神文明的不断发展，参加体育活动，观看和欣赏体育比赛已成为人们余暇生活中不可缺少的内容。人们观赏、享受竞技体育带来的不仅仅是从运动参与的胜利中获得喜悦，还包括通过观赏自己热衷的运动，从日常紧张的工作和生活中解脱出来，获得一种特有的轻松感和美的享受。体育欣赏在娱乐体育中属于心理娱乐的内容，对于调节人的精神生活，提高人的整体生活质量、工作与学习效率起着积极作用。

1. 缓解压力，享受生活　随着现代社会知识更新周期的日益缩短和生活节奏的日益加快，人们面临着工作、生活、学业等各个方面的巨大压力。体育欣赏成为缓解这种压力的有效途径之一。在体育欣赏活动中，可以通过鼓掌、呐喊等形式来尽情发泄自己，释放压力，享受体育带来的快乐。人们一方面热情投入体育锻炼之中，调节紧张的生活节奏，强健体魄，愉悦身心；另外一方面通过观赏高水平的国际竞技体育比赛，特别是更快、更高、更强的奥林匹克体育竞赛，渴求从精彩激烈的比赛中受到教育，获取知识，体会竞争和荣誉，享受人生尊严，以追求人类社会的友谊、和平、公平、进步，从而在繁忙的工作之余高质量地享受生活。

2. 分清美丑，陶冶情操　对于体育实践来讲，处处都存在着美，但也夹杂着不少丑的现象，如假球、黑哨、球迷骚乱、服兴奋剂等都是体育实践中不和谐的因素。进行体育欣赏，在欣赏过程中要树立正确的体育欣赏观，提高体育欣赏能力，自觉地抵制“丑”的现象。同时从运动员遵循比赛规则、恪守运动道德、服从裁判、公平竞争等行为中接受美的教育，进一步陶冶情操。

3. 丰富情感，接受教育　体育竞赛之所以富有强大的魅力，深受人们的青睐，在于它是永恒的、规则的、公平的、平等的及和平的竞争；在于竞赛者精湛的技艺、高雅优美的艺术造型、默契的配合；在于竞赛结果的不确定性及竞争的娱乐性、文明性和向上性；在于运动员的卓越表演常使人产生一种独具特色的情感体验和意想不到的艺术美感。人们观赏体育比赛，从某种意义上讲也是一个接受体育教育的过程。因为体育比赛的本身就包括了文化、艺术素养、知识智能、道德修养和精神风貌等内容，它既是健康而高尚的竞赛活动，又是对观众进行爱国主义、集体主义教育和培养顽强拼搏、勇攀高峰的精神的有效手段。这种竞赛的规格越大、越浓重、越激烈，其教育的作用就越大、越有意义。

4. 认识自己，了解世界　随着社会物质文明和科学技术的飞速发展，参加体育锻炼和欣赏体育竞赛已成为现代人生活中不可缺少的重要内容。越来越多的国家和民族融入体育这个大家庭中来。各民族在各式各样的体育比赛中，充分展示自己独特的民族体育文化，同时，也为观众了解不同国家、不同民族的文化提供了机会。通过不同国家运动员的同场竞技，观众可以欣赏到不同风格的技术、战术，也可以通过这种体育欣赏，认识自己国家的体育发展水平，了解世界各国的技术特点，以及不同运动项目的发展趋势。

5. 满足需要，增强爱国情怀　人对体育的价值观不同，体育欣赏的角度也不一样。对体育内涵理解越深刻，越能感觉到体育的价值可贵，在体育欣赏中满足需要的内容就越多，情感体验就越丰富。例如，在体育竞赛中，运动员熟练、优美、准确、惊险、协调、默契和有节奏感的技术展示，能使观赏者十分自然地产生一种心灵的快感和健康美的精神享受。另外运动员勇敢拼搏的精神，积极进取、协同作战、胸怀祖国等良好的道德品质，以及组织竞赛的才能、观众的热情、场馆设施的现代化与优美的环境等，都能使得体育欣赏者从中受到教育、求得知识、娱乐身心、陶冶情操、激发民族自尊心和自豪感、增强民族的凝聚力等。

链 接 加快体育强国建设

体育是提高人民健康水平的重要途径，是满足人民群众对美好生活向往、促进人的全面发展的重要手段，是促进经济社会发展的重要动力，是展示国家文化软实力的重要平台。要坚持健康第一的教育理念，加强学校体育工作，推动青少年文化学习和体育锻炼协调发展，帮助学生在体育锻炼中享受乐趣、增强体质、健全人格、锻炼意志。

自 测 题

1. 运动的编排方法有几种？
2. 体育欣赏的作用是什么？

（张玲玲）

第6章 田径

学习目标

1. 掌握田径运动的概念。
2. 熟悉田径运动跑、跳、投项目的基本动作。
3. 了解田径运动的锻炼价值。

第1节 田径运动概述

一、田径运动概念

田径运动包括跑步、跳跃、投掷、赛跑、竞走和全能运动。以时间计算成绩的项目叫径赛；以高度或远度计算成绩的项目叫田赛；全能运动项目则是以各单项成绩按田径运动评分表换算分数计算成绩。田赛、径赛和全能运动合称为田径运动。

二、国际田径比赛项目

（一）田赛项目

田赛项目是指在跑道所围绕的中央或邻近的场地上进行的跳跃和投掷项目。有跳高、跳远、三级跳远、撑杆跳高、铅球（男子：7.26kg；女子：4kg）、铁饼（男子：2kg；女子：1kg）、标枪（男子：800g；女子：600g）、链球（男子：7.26kg；女子：4kg）。

（二）径赛项目

径赛项目是指在径场的跑道或规定道路上进行的跑和走的竞赛项目统称。径赛项目都是以时间来计算成绩（表6-1）。

表6-1　男子、女子跑类项目

项目	男子组	女子组
短跑	100m、200m、400m	100m、200m、400m
中距离跑	800m、1500m、3000m	800m、1500m
长距离跑	5000m、10 000m	5000m、10 000m
跨栏跑	110m（1.067m）、400m（0.914m）	100m（0.84m）、400m（0.762m）
障碍跑	3000m	3000m
马拉松	42.195km	42.195km
接力跑	4×100m、4×400m	4×100m、4×400m

（三）全能项目

男子十项全能：100m跑、跳远、铅球、跳高、400m跑、110m跨栏跑、铁饼、撑杆跳高、标枪、1500m跑。

女子七项全能：100m跨栏跑、铅球、跳高、200m跑、跳远、标枪、800m跑。

（四）公路项目

在路面平坦、交通安全的公路上进行，距离的测量允许一定范围内的误差。例如，马拉松、半程马拉松赛等，其起终点可以设在体育场内或体育场外。

（五）竞走项目

竞走分场地竞走和公路竞走两种，目前在重大田径比赛中设有男子20公里、50公里公路竞走和20公里场地竞走，女子5公里场地竞走、10公里公路竞走。

（六）接力项目

接力赛跑项目有4×100m、4×400m。

第2节　跑

跑是田径运动的基础，是单脚支撑与腾空相交替、蹬与摆相配合、动作协调连贯的周期性运动，是人体完成位移的主要方式之一，也是人类运动的自然动作和基本活动技能。

一、短　跑

短跑的特点是人体在进行快速跑时，身体负荷大，供能方式以无氧代谢为主。短跑技术可分为起跑、起跑后的加速跑、途中跑和终点冲刺跑4个部分。

（一）起跑

起跑的任务是使身体迅速摆脱静止状态，为起跑后的加速跑创造条件。田径规则规定，在短跑比赛中运动员必须采用蹲踞式起跑，必须使用起跑器。起跑技术分为“各就位”“预备”和“鸣枪”三个阶段。

听到“各就位”口令后，做1～2次深呼吸，走到起跑器前，两手撑地，两脚依次蹬在前、后起跑器的抵足板上，脚尖触及跑道，后腿膝关节跪地，通常将有力腿放在前起跑器上。接着两臂收回到起跑线后支撑地面，两臂伸直，两手间距离与肩同宽或比肩膀稍宽，四指并拢或稍分开与拇指成有弹性的“人”字形支撑，身体重心稍前移，肩约与起跑线齐平。听到预备口令后，平稳地抬起臀部至高过肩部10～15cm，重心适当前移，使肩部稍超出起跑线，双手用指尖撑地，身体重量主要落在前腿和两臂上。前腿大小腿夹角成90°～100°，后腿大小腿夹角成110°～130°。听到“枪声”后，两手迅速推离地面，两臂屈肘有力地做前后摆动，同时两腿快速有力蹬起跑器。后腿快速蹬离起跑器后，便迅速屈膝向前上方摆出，摆出时脚掌不应离地过高，以有利于摆动腿迅速着地并过渡到下一步（图6-1）。

图6-1　蹲踞式起跑技术

（二）起跑后的加速跑

起跑后的加速跑的任务是利用起跑时获得的冲力，在较短的时间内最有效地发挥速度。动作特点是：步频较快，身体由较大的前倾逐步抬起，为途中跑创造条件，后蹬角度由小逐步增大。加速跑阶段主要靠快速有力的后蹬和快速有力的摆腿、摆臂，做到积极的蹬摆结合，逐渐增加步长和加快步频发挥有效的速度。

起跑后的最初几步，两脚的着地点，是沿着两条相距不宽的直线前进的，随着跑速的加快，两脚着地点，逐渐合拢到假设的一条直线两侧。随着步幅的增加，上体逐渐抬起，速度逐渐加快。加速跑的距离一般为25～30m，用15～17步跑完，在30m左右处可达到最高速度并转入途中跑。

（三）途中跑

途中跑是结束加速跑后的一段最长的距离，它的任务是保持最高速度跑到终点。头和上体正直，稍前倾；两臂以肩关节为轴前后轻快、有力地摆动，前摆时手半握拳稍向内与肘成60°～90°角，摆动高度，手稍超过下颌，并伴随着同侧肩前送和异侧肩后引的动作；臂后摆时肘关节稍朝外，大小臂夹角成90°～120°，摆过身体时，角度约为110°；下肢前摆着地缓冲时要快速、有力、柔和，后蹬时下肢关节要伸展和送髋。

（四）终点冲刺跑

终点冲刺跑是全程跑的最后一段。任务是保持途中跑的跑速并完成撞线动作。终点跑技术与途中跑技术相似，要求在离终点线15～20m处，尽力保持上体前倾角度，加快两臂摆动的速度和力量，在跑到离终点线1～2步时，上体急速前倾用胸部或肩部撞终点线，跑过终点线后逐渐减速。

二、中长跑

所谓中长跑就是中距离跑和长距离跑的合称。正式比赛项目有800m跑、1500m跑、3000m跑、5000m跑、10 000m跑、3000m障碍跑等。从能量代谢看，中跑属于有氧、无氧混合代谢，长跑属于有氧代谢。各种跑的技术要求基本相同，只是由于距离不同，在技术动作的速度和幅度及用力程度上稍有不同。

中长跑要求运动员在全程跑时能维持一定的跑速，尽可能减少体力的消耗，合理地分配体力。技术上要求跑得轻松协调，身体重心平稳，有良好的节奏。其完整技术包括起跑、起跑后的加速跑、途中跑和终点冲刺跑。

（一）起跑

1. 起跑姿势 中距离（800m、1500m）跑采用半蹲踞式或站立式起跑。长距离跑采用站立式起跑。中长跑起跑的口令为："各就位""枪响"（跑）。

2. 起跑技术

（1）半蹲踞式起跑 前腿异侧的手臂、拇指和其余四指呈八字支撑在起跑线后，同侧手臂自然后伸。身体重心主要落在前腿和支撑臂上。起跑动作近似蹲踞式起跑。

（2）站立式起跑 听到"各就位"口令下达后。做1～2次深呼吸，走到起跑线后，两脚前后分立，有力腿在前，前脚掌着地，重心放在前腿上，上体前倾，两臂自然弯曲，前腿同侧手臂在后，后腿同侧手臂在前，颈部放松，整个身体保持稳定，集中注意力听枪声。听到枪声时，两腿用力蹬地，后腿蹬地后迅速前摆，使身体快速地向前冲出。

（二）起跑后的加速跑

上体前倾比短跑稍小，摆臂和摆腿动作都应积极迅速。加速跑长短一般根据项目、人数和训练程度而定。800m起跑后的加速跑一般应跑完第一个弯道切入有利地位；1500m和1500m以上距离视情况而转入匀速跑。

（三）途中跑

1. 上体保持正常的姿势，稍向前倾，面部、颈部肌肉放松，两眼平视。后蹬与前摆协调配合，在身体腾空时尽量放松肌肉，以便在支撑时更好地获得前进的力量。摆臂要自然放松，这样能有效地缓解肌肉疲劳。

2. 中长跑的距离较长，因此加强呼吸，改善气体交换和血液循环具有重要意义。为满足机体对氧气的需求，必须有一定的呼吸频率和呼吸深度，随着机体缺氧现象出现，呼吸频率加快，这时应加强呼吸深度，使二氧化碳充分呼出，及时地吸入氧气，调节机体缺氧状态。冬季最好用鼻子和半张口呼吸，其他季节尽量强调自然而有深度的呼吸。

（四）终点冲刺跑

终点冲刺跑的距离由自己的训练水平和战术所决定。这一阶段的比赛者处于疲劳状态，要取得优异成绩和最佳名次需要以顽强的意志奋勇拼搏。在技术上需要加速摆臂，加快步频。一般情况下，800m跑可在最后300～200m、1500m在最后400～300m、3000m以上要以最后400m或更长一些的距离开始加速跑。终点撞线技术与短跑撞线技术相同。

三、跨　栏　跑

跨栏跑是在快速奔跑中跨过固定距离及一定高度的栏架的综合性运动。跨栏跑的成绩取决于平跑的速度、跨过栏架的技术、合理的节奏及跑跨结合的能力。

在正式比赛的跨栏项目中，110m跨栏跑，栏间距9.14m，栏高1.067m，起跑线至第一个栏距离是13.72m，最后一个栏至终点线距离为14.02m。女子100m跨栏跑，栏间距8.5m，栏高0.84m，起跑线至第一个栏距离是13m，最后一个栏至终点线距离为10.50m。男、女400m栏起跑线至第一个栏距离为45m，栏间距离35m，距离相同，但高度不同（男子0.914m，女子0.762m）。

（一）起跑至第一栏技术

起跑是跨栏跑的重要环节，它直接影响到运动员能否顺利跨过第一栏。其任务是：起跑后迅速提升速度，为跨过第一栏创造有利条件，一是要准确踏上起跨点，二是要使身体能够做出向栏进攻的动作。

110m栏起跑采用蹲踞式起跑，与100m起跑不同之处在于步幅要大，身体直立要早，因为起跑后七步或八步要跨过第一栏，起跑至第一栏距离有13.72m，所以必须符合上述要求。其动作要求“各就位”时臀部比100m“各就位”稍高，起跑后高抬大腿加强后蹬，步幅大，摆臂幅度大，身体前倾小，起跨最后一步比倒数第二步少10～15cm，便于起跨。

（二）跨栏过栏技术

跨栏过栏技术的好坏对跨栏成绩有着重要的影响。跨栏过栏技术由起跨攻栏、腾空过栏和下栏着地三个部分构成（图6-2）。

图6-2　跨栏步

1. 起跨攻栏 指起跨脚踏上起跨点至脚离地进行跨栏的动作。起跨要有向栏进攻的姿势和意识。因此，需要起跨腿充分蹬直，身体重心向前向上，起跨时要保持合理的蹬地角度，一般成45° 左右；摆动腿高高抬起，大小腿折叠，大腿与上体约成40° 角，保持高重心向前下方进攻姿势。起跨腿同侧臂有力地前摆，另一侧手臂屈肘约大于90° 向后摆动。一般起跨点离栏距离2～2.1m。

2. 腾空过栏 腾空后身体重心沿着起跨所形成的腾空轨迹向前运行。起跨腿蹬离地面后，摆动腿大腿继续向前上方摆至膝关节超过栏架高度，小腿迅速前摆，当脚掌接近栏架时，摆动腿几乎伸直，脚尖微微上翘。摆动腿的异侧肩臂一起伸向栏架上方。上体加大前倾使头部接近或超过摆动腿的膝略高于踝。

3. 下栏着地 下栏后的落地点一般为离栏架1.4～1.5m。当然身材高的运动员还可争取落地点离栏更远些，为获得栏间跑更好的节奏创造条件。下栏是从摆动腿的脚掌移过栏板、大腿下压开始的。摆动腿下栏着地积极与否，在很大程度上取决于起跨时高抬快摆的程度。下栏时在摆动腿积极下压的同时起跨腿屈膝外展，小腿收紧抬平，脚尖外展上翘，脚跟靠近臀部，以膝领先，迅速向胸前提拉。两腿在空中完成一个协调有力的以髋关节为轴的剪绞动作，同时两臂与躯干协调配合积极摆动，摆动腿异侧臂和向前提拉的起跨腿做相向运动，膝肘几乎相擦而过。

（三）栏间跑

栏间跑主要任务是尽可能地加快节奏，提高跑速，为顺利跨过下一栏创造有利条件。下栏不制动，重心前移要快。三步节奏明显，步长稳定，重心高，速度快。

（四）终点冲刺跑

终点冲刺跑是全程跑的最后一段。任务是保持途中跑的跑速并完成撞线动作。终点冲刺跑技术与途中跑技术相似，要求在离终点线15～20m处，尽力保持上体前倾角度，加快两臂摆动的速度和力量，在跑到离终点线1～2步时，上体急速前倾用胸部或肩部撞终点线，跑过终点线后逐渐减速。

四、接 力 跑

接力跑是由短跑和传接棒技术组成的集体项目。正式比赛项目有男、女4×100m接力、4×400m接力。接力跑是田径运动中以集体形式出现的竞赛项目，由于这一显著特点和竞争的激烈性，所以接力跑往往是田径赛场上最具吸引力和令人关注的项目之一。

（一）起跑

1. 持棒人起跑 第1棒运动员必须采用蹲踞式起跑，起跑技术和起跑器的安装与弯道跑相同；不同之处是运动员持棒起跑，用右手中指、环指与小指握住接力棒后部，拇指和食指分开呈“八”字支撑地面。第2、3、4棒运动员采用半蹲或站立式起跑（图6-3）。

图6-3 持棒起跑技术

2. 半蹲式起跑 第2、4棒运动员站在自己跑道右侧预先确定好的起跑位置，左腿在前，右腿在后，两膝弯曲，上体前倾，右手扶地，身体重心稍向右偏，头向左后方，目视同伴跑进预定起跑标志线便起跑。第3棒运动员因跑弯道而站在本跑道左侧，右腿在前，与第2、4棒运动员技术要求相同，只是左右相反。

（二）传接棒技术

传接棒方法有上挑式和下压式两种。

1. 上挑式 接棒运动员手臂自然后伸，四指并拢，虎口张开向下，掌心向后，传棒运动员由下至上将棒送入接棒运动员手中。接棒时手不能左右晃动，以免造成递棒不准确。优点是不破坏跑的节奏，臂自然后伸与摆臂后摆相结合；缺点是第2棒已握至棒的中间或前段，给下一棒交接带来困难（图6-4）。

图6-4 上挑式传接棒

2. 下压式 接棒运动员手臂后伸，四指并拢，虎口张开向后，掌心向上，递棒运动员由上而下将棒传入接棒运动员手中。优点是不用换手，缺点是臂后伸、掌心外展易破坏跑的节奏，影响跑速（图6-5）。

图6-5 下压式传接棒

第3节 跳 跃

跳跃是人体运用自身能力，通过一定的运动形式，腾越最大的远度或高度。它包括跳远、三级跳远、跳高和撑杆跳高。

跳跃基本技术是由助跑、起跳、腾空、落地四个紧密联系的动作组成的，其中助跑和起跳的结合是跳跃的主要环节。

一、跳 远

跳远的技术由助跑、起跳、腾空、落地四个部分组成。助跑与起跳的紧密结合，是取得优异成绩的关键。

（一）助跑

助跑是为了获得可控制的最大水平速度，并为准确、快速有力地踏板和起跳创造条件。助跑的开始姿势有两种：①从静止姿势开始，这种姿势第一步的幅度和速度变化小，有利于提高助跑的准确性。②行进间走几步或跑几步踏上起跑点后，开始加速，这种方法助跑动作比较自然、放松，有利于发挥助跑速度。从起跑线开始逐渐加速跑，到最后6～8步，保持和发挥最快速度，使身体重心保持在较高位置。在保持步长的基础上，加快步频，形成加速上板的攻势。助跑的最后一步比倒数第二步稍短，使助跑和起跳紧密衔接。从开始助跑到最后的准备起跳，都处于稳定的加速状态。助跑动作要轻松自然连贯，确定助跑距离的方法一般采用：从起跳板向起跑点倒走或倒跑，在跑道上反复跑30m迈起跳脚，然后用皮尺丈量将助跑距离移到助跑道上。

（二）起跳

助跑至最后一步时，摆动腿快速地随着身体迅速前移，过渡到快速后蹬，起跳腿屈膝前摆并顺势伸展膝关节，用全脚掌着起跳板后迅速滚动转为前脚掌支撑，充分蹬直髋、膝、踝三关节，同时摆动腿以髋关节发力带动大小腿呈折叠状，以膝领先，快速而协调地向前上方摆动，摆至大腿呈水平。两臂协调一致地配合腿的动作向前上方摆动上臂，与肩平突停，并提肩提腰，头正颈直。

（三）腾空

起跳后进入腾空的开始阶段，上体正直，向前摆臂至前上方，向后摆臂至侧后上方，摆动腿屈膝前摆，大腿接近水平部位，起跳腿自然向后伸展，呈腾空姿势。跳远的腾空姿势有蹲踞式、挺身式和走步式。

1. 蹲踞式 起跳进入腾空步后，上体保持正直，摆动腿的大腿继续向上摆动，两臂快速向前上方摆起，留在体后的起跳腿开始屈膝前摆，逐渐靠拢摆动腿，随后两腿上举，靠近胸部，在空中呈蹲踞式，快要落地时，两臂由前向下经体侧向后摆动，同时前伸小腿落地（图6-6）。

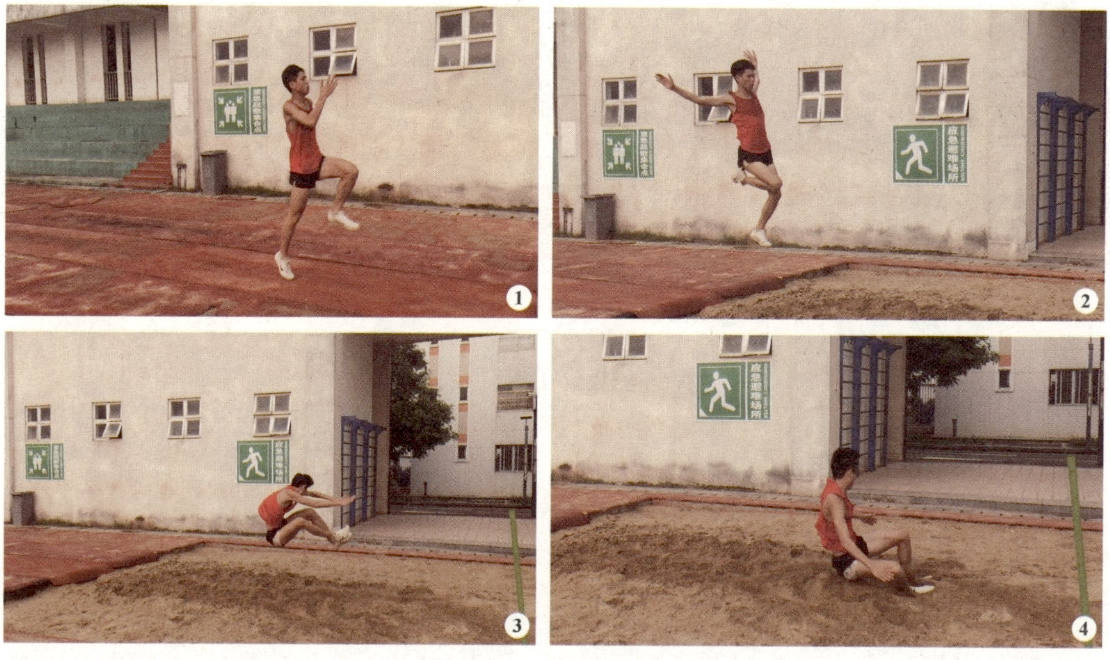

图6-6 蹲踞式跳远

2. 挺身式　起跳进入腾空步后，摆动腿的大腿随即积极下放，小腿自然地向前、向下、向后方呈弧形摆动，髋关节伸展，两臂放松下垂，微向后侧伸展，此时留在体后的起跳腿与向后摆动的摆动腿靠拢，挺胸展髋，身体向前上方挺起，呈展体挺身姿势。落地前两臂由后向上、向前、向下、向后呈弧形摆动，两腿快速前摆收腹抬腿，随后前伸小腿，上体适宜前倾准备落地（图6-7）。

图6-7　挺身式跳远

3. 走步式　起跳进入腾空步后，摆动腿大腿带动小腿下放后摆（第一步），同侧髋伸展前送，上体稍后仰，头和躯干在一条直线上。同时，起跳腿屈膝，大腿带动小腿由后向前上方摆起，形成空中的换步动作（第二步）。骨盆随换步动作而扭转，肩轴配合骨盆轴向相反方向扭转，带动两臂自然绕环摆动，随后摆动腿屈膝前摆，与起跳腿靠拢（半步），在空中形成迈两步半的走步姿势。接着上体前倾，两臂同时由体前向下、向后摆动，两大腿上收尽量靠近胸部，前伸小腿准备落地。

二、三级跳远

三级跳远是在助跑以后沿直线连续进行三次水平跳跃的田径项目，三级跳远的第一跳为单足跳，第二跳为跨步跳，第三跳为跳跃，三跳的基本比例要求是“一平二高三远”（图6-8）。

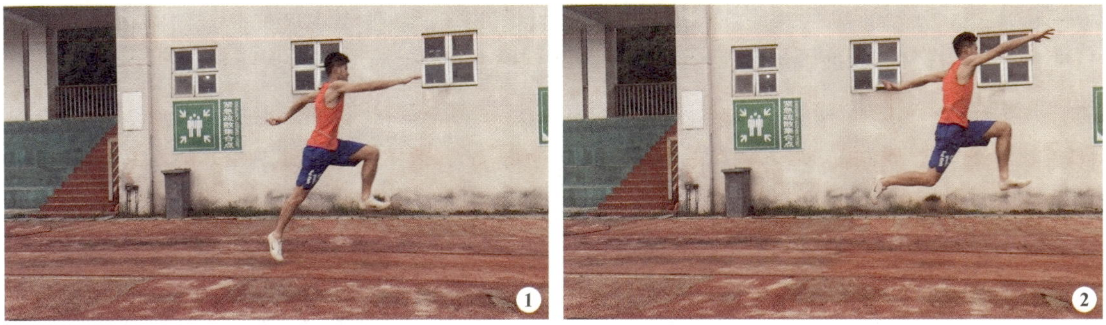

图6-8 三级跳远

（一）助跑

三级跳远的助跑目的是获得最快的水平速度，并为起跳做准备。它的技术动作和跳远基本相似，一般跑18～22步，助跑距离35～40m。助跑应建立准确的速度感。要有固定的起动方式，平稳地提高步长、步频和跑的速度。

（二）第一跳（单足跳）

迅速向起跳板迈出，大腿积极下压，用全脚掌积极踏板，重心跟上，膝关节缓冲。摆动腿自然弯曲靠近起跳腿，两臂屈肘在体侧。随着身体重心的前移，起跳腿蹬伸的同时，摆动腿以膝领先，积极有力地向前上方摆出，两臂也短促有力，快速地向前上方摆动，起跳脚充分伸展蹬离起跳板，完成腾空动作。然后摆动腿的小腿自然前摆，随大腿下放，并从容地向下、向后自然摆动，起跳脚由体后平稳地屈膝向前上方摆出，完成空中交换步动作。上体稍前倾，两臂摆到体后，然后前摆的起跳腿积极下放，迅速有力地以全脚掌落地，上体恢复正直姿势。

（三）第二跳（跨步跳）

第一跳落地后，起跳腿迅速蹬伸，摆动腿屈膝向前上方摆出，两臂配合向前上方摆起，完成第二跳起跳动作。起跳后，摆动腿摆出与地面平行，起跳腿自然弯曲留在体后，两臂呈弧形向后侧方摆动，完成跨步动作。第二跳快要落地时，摆动腿随着送髋积极下压，膝关节伸展，小腿顺势以全脚掌落地，上体处于垂直姿势，两臂由侧后方沿体侧向前上方摆起，完成第二跳落地。

（四）第三跳（跳跃）

第二跳落地后，即开始三级跳远的最后一跳。着地脚迅速蹬伸，留在体后的另一条腿，屈膝快速向前上方摆起，两臂同时从侧后方向上摆动，保持腾空动作，随后可采用跳远中的“蹲踞式”“挺身式”“走步式”腾空技术和落地方法。

三、跳　　高

跳高由助跑、起跳、过杆和落地4个部分组成。过杆姿势有跨越式、滚式、剪式、俯卧式和背越式。目前普遍采用跨越式和背越式，下面分别介绍这两种跳高技术。

（一）助跑

1. 跨越式助跑　从摆动腿一侧开始直线助跑，角度为30°～60°，助跑距离为8～12步。跑的速度和步长逐渐增加，身体重心平稳，稍下降，用脚跟先着地迅速滚动到前脚掌。踏跳前的倒数第二步要大，最后一步速度要快。

2. 背越式助跑　近似普通跑，跑的过程中身体重心平而稳，步幅开阔，后蹬充分、富有弹性，进入弧线段跑时，身体逐渐向内倾斜，两臂动作与普通弯道跑姿势相同，头、躯干与支撑脚应力求在力的作用线上。为了使助跑整个过程的速度得到不断提升，助跑最后3～4步应加快节奏。在跑至助跑的倒数第二步时，虽然准备转为起跳，跑的动作却无明显的结构变化，但摆动腿更积极下压扒地，在保持身体内倾的情况下，使身体重心迅速移过支撑点，此时身体的内倾达到最大程度。

（二）起跳

1. 跨越式 起跳助跑最后一步摆动腿迅速向上方摆起，起跳腿沿地面向前迈伸，以脚跟迅速滚动至前脚掌着地，同时摆动腿向前上摆出。起跳腿快速蹬伸。两臂配合两腿由体侧后方向前上方用力上摆、提肩。起跳点距横杆距离约一脚半至两脚半。

2. 背越式 起跳腿以大腿带动小腿积极下压着地。着地时以起跳脚的外侧跟部接触地面，继而通过脚外侧滚动至全脚掌，脚尖朝向弧线的切线方向，随着身体由内倾转为垂直，迅速地完成缓冲和蹬伸动作。蹬伸动作依次由髋、膝、踝顺序用力。蹬伸结束时，躯干和三关节充分伸展。当起跳腿踏上起跳点的瞬间，摆动腿积极蹬离地面，以髋带动大腿加速前摆，同时小腿随惯性自然地向后上方弯曲或折叠。摆动腿加速上摆的同时带动躯干围绕纵轴旋转，当大腿已摆过水平部位时突然制动。当起跳腿迈步起跳时，双臂开始自然由两侧向前上方摆出，摆臂时双臂屈肘，掌心正对身摆的高度，肘关节略高于肩，同时提肩、拔腰、顶头，配合起跳腿和摆动腿的动作充分向上跳起。

（三）过杆与落地姿势

1. 跨越式 起跳腾起后，摆动腿过杆内转，起跳腿屈膝上抬，上体稍前倾。摆动腿过杆后，上体下压侧转，使骨盆越过栏杆。摆动腿着地并屈膝缓冲。

2. 背越式 当起跳腿蹬离地面结束起跳以后，身体应保持较伸展的姿势向上腾起，同时在摆动腿和同侧臂的带动下，围绕身体纵轴旋转，使身体转变为背对横杆。当头和肩越过横杆以后，及时仰头、倒肩和展体，并利用身体重心向上的速度，放腿顶髋，形成身体的背弓姿势。这时两腿屈膝，小腿自然下放，两臂置于体侧。当身体重心移过横杆时，含胸收腹，同时以髋发力，带动大腿和小腿加速向后上方甩腿，使整个身体脱离横杆。在向后上方甩腿之后，保持屈髋伸膝的姿势下落，最后以背部着垫。为了防止受伤，落垫时头保持不要过于后仰，着垫时勿过大屈膝屈髋。合理的杆上姿势能够缩短身体重心与横杆之间的距离，利用补偿动作，使身体各部分依次顺利越过横杆（图6-9）。

图6-9 背越式跳高

第4节 投 掷

投掷是人体运用一定的运动方式，用最大的力量将器械投出最远的距离。投掷的项目有推铅球、掷标枪、掷铁饼和掷链球4项。

一、推铅球（以右手为例）

（一）握法与持球

握球时手指自然分开，把球放在示指、中指、环指上，小指和拇指扶铅球的两侧，手腕背屈。铅球的握法要因人而异，手指和手腕力量大的人，可把球适当向手指上移一点，便于更好发挥推铅球杠杆长度的作用。手指和手腕力量小的人，可把手指并拢些。为减轻投掷臂的负担，持铅球手要放在锁骨窝处，并贴紧颈部，使铅球稳定，肘应低于肩，投掷臂自然放松（图6-10）。

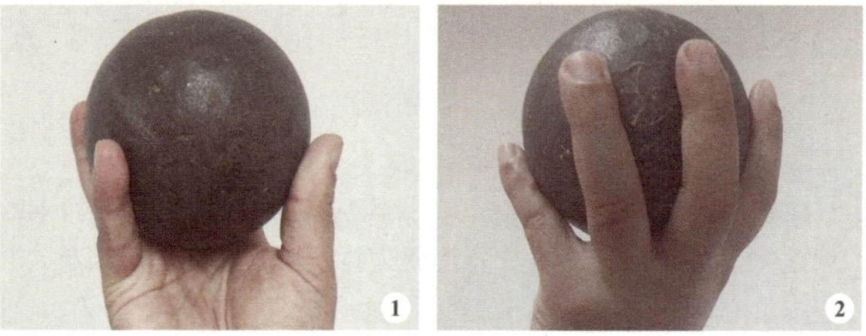

图6-10 铅球握法

（二）移动

铅球的移动有以下3种方式。

1. 踮步

（1）边侧向踮步 左侧对投掷方向，两脚左右开立，右手持球于锁骨窝处，左臂放松外展，眼顺右脚尖方向向前看，上体稍右倾。左脚向左侧迈一步，右腿踮跟一步，以前脚掌内侧着地，最后用力。

（2）背向踮步 背对投掷方向，两脚前后开立（左前右后），右手持球于锁骨窝处，左臂放松外展，目视前方几米处，上体稍前倾。左腿向后迈一步，左脚前掌内侧着地，接最后用力动作。

2. 滑步

（1）侧向滑步 侧对投掷方向，左腿向投掷方向预摆1～2次，待身体平衡后，左脚迅速有力地向投掷方向摆动，带动身体，同时右脚用力蹬地，迅速向前滑步，使身体重心向投掷方向移动。当滑到投掷圈中心附近时，左脚迅速落地，完成滑步动作，为最后用力创造条件（图6-11）。

图6-11 侧向滑步推铅球

（2）背向滑步　背对投掷方向站立，团身，预摆从微屈的左腿向后摆起，同时弯曲的右膝也向上伸展。当身体平稳后，左腿回摆至靠近右腿时，右腿下蹲，上体前屈成团身姿势。接着左脚向投掷方向用力摆出，右脚沿地面向投掷方向滑动至投掷圈中心附近。在收腿过程中，右脚、右膝、右髋向内转，以左脚前掌内侧落地撑紧，为最后用力创造条件（图6-12）。

图6-12　背向滑步推铅球

3. 旋转

（1）预备姿势　背对投掷方向站立，两脚左右开立约与肩同宽，身体重心在两腿上。右手持球放在右肩锁骨窝处，铅球紧贴颈部，左臂自然地向下或上举。上体前屈，眼向上看，右肘部抬起接近与肩齐平。

（2）旋转动作　右腿向投掷方向摆动，同时左脚蹬送身体向投掷方向移动，当左腿蹬离地面后，右脚右膝内扣，并以右前脚掌在圆圈的中心处着地，左腿积极向后摆，以前脚掌内侧着地。

（三）最后用力

当身体左侧移至与地面垂直的一瞬间，左肩固定，右腿迅速蹬直，使身体转向投掷方向，右肩向投掷方向前送，同时抬头挺胸。此时，右臂积极做推球动作，并用手腕和手指的力量将球以38°～42°角的方向推出，右臂推球的同时，左臂由前摆向体侧制动，当球离手时要求两腿充分伸直，右肩高于左肩。

（四）维持身体平衡

由于推铅球时向前上方用力，铅球出手后身体仍然有向前的惯性冲力，可能使身体接触圈外而造成犯规，因此，当铅球推出后应迅速做右、左脚交换动作，使右脚在前，左脚在后并下压，左臂带动左肩（左侧）往后摆，右腿屈膝降低重心，减缓前冲惯性，使身体维持平衡。

二、掷　标　枪

（一）握法与持枪（以右手为例）

1. 握枪方法　目前广泛采用的是现代式握法（即拇指和中指握法），其方法是将标枪斜放在掌心上，拇指和中指握在枪的缠绳把手末端上沿，示指自然弯曲斜握在枪杆上，环指和小指自然握在缠绳把手上（图6-13）。

2. 持枪方法　现在一般采用肩上持枪法，即持枪于右肩上方，稍高于头，枪尖稍低于枪尾。此外，还有持枪于右肩上方的耳旁，枪身与地面平行，以及持枪于头的右侧，枪尖稍向上等方法（图6-14）。左膝和左肩同时向左转动，上体向左摆；当胸部转至投掷方向时，右腿随之旋转，脚掌落在投掷圈的中心部位，形成背对投掷方向；接着右膝弯曲并继续旋转，左脚掌快速落在圆圈左侧呈最后离开时的姿势。随后右脚继续蹬转，右髋不断向前上方转动，当头和胸部转向投掷方向时，挺右胸、送右肩，右臂迅速将标枪掷出。

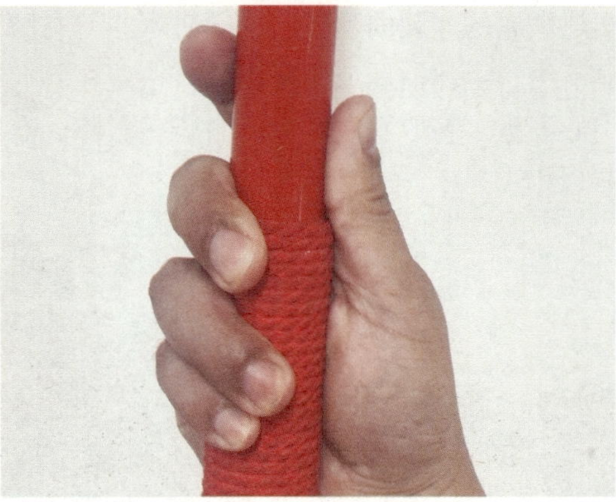

图6-13 标枪握枪方法

图6-14 掷标枪持枪方法

(二)助跑

1. 预跑 从第一标志线到第二标志线15～20m是预跑段，一般跑8～12步或9～11步。

2. 投掷步 是由第二标志线到起掷弧线，是助跑的第二阶段。投掷步的步数一般采用5步。5步投掷是从左脚踏上第二标志线后，第一步右脚前迈开始，此时也开始引枪，第二步迈左脚，继续引枪，并在第二步落地时完成引枪动作。第三步是交叉步，也是标枪助跑中的关键，其技术要领是：右腿摆，左腿蹬，髋轴、肩轴大交叉，躯干与右腿呈一条直线，标枪与肩轴平行。第四步是助跑到最后用力的衔接步。第五步是缓冲步（图6-15）。

图6-15 掷标枪投掷步技术

(三)最后用力

投掷步的第三步右脚着地后，左脚尚未落地之前就开始最后用力。当左脚着地做强有力的制动和支撑时，上体加速向前运动，右腿积极蹬地送髋，同时髋部牵引着肩轴向投掷方向转动，以大臂带动小臂向上翻腕，形成“满弓”姿势，在右腿蹬送左腿支撑和胸部快速向前移动时。带动投掷臂“鞭打”，出枪并甩腕，使标枪从右肩上方沿着30°左右角向前飞出（图6-16）。

图6-16 掷标枪最后用力技术

(四)缓冲

标枪出手后，随着向前的惯性，身体会继续向前运动，这时右脚应及时向前跨一步（即投掷步或第五步），身体稍向左转，并降低重心，保持平衡。缓冲距离一般在2m左右。

三、掷 铁 饼

掷铁饼是一项古老的体育运动，在古希腊的奥林匹克运动会上已被列为比赛项目。掷铁饼的技术动作分为握法、预备姿势和预摆、旋转、最后用力和维持身体平衡四个技术环节。

（一）握法

五指自然分开，拇指和手掌平贴于铁饼饼面上，其余四指最末指节扣住铁饼边沿，铁饼的重心在示指和中指间，手腕微屈，铁饼的上沿微靠在前臂上，持铁饼的手臂自然下垂于体侧，要求做到自然、放松、稳固地控制好铁饼，因手掌大小不同，握铁饼的方法可适当改变。

（二）预备姿势和预摆

背对投掷方向，两脚开立（两脚之间距离为一脚半或两脚），站在投掷圈中线的两侧并靠近投掷圈后部内沿，身体保持正直，重心落在两脚上，肩臂放松，持铁饼臂自然下垂于体侧。预备姿势站好后，右腿蹬地，体重移至左脚，体稍左转，右脚以脚尖点地，接着右臂向右后方摆动，同时身体重心又移回右脚，身体也向右转，左脚尖着地，当铁饼摆至最大限度时，两膝弯曲，左上右后摆动1～3次准备旋转。

（三）旋转

掷铁饼过程中旋转是双脚支撑—单脚支撑—腾空—单脚支撑—双脚支撑；在完成这些动作的过程中，要使身体保持良好的平衡。旋转时应由慢到快，向着投掷方向，并顺着投掷圈的直径来转。当持铁饼臂充分后摆，身体扭转有拉紧感之后，右腿蹬地，髋部向左旋转，重心由右腿逐渐移向左腿，同时右膝外展并边屈边转，接着两腿积极转动，投掷臂放松地在身后牵引铁饼。右膝自然弯曲，以大腿带动小腿的力量，较大幅度地绕左腿向投掷方向转扣，使身体形成以左腿为轴的单腿支撑旋转，并以左腿蹬地的力量推动身体向投掷圈中心移动。随着右腿、右髋继续转扣，身体的右侧肌肉拉长，形成良好的“超越器械”姿势：当左脚蹬离地面，右腿带动右髋快速内转下压时，左腿屈膝迅速向右腿靠拢，以加速和保持下肢对上肢的超越，这时左肩内扣，上体稍前倾收腹。此后上体随之向左转动，右腿屈膝，在圆心附近用前脚内侧着地并继续旋转；接着，左腿积极后摆，以前脚掌内侧着地落于投掷圈中线左侧靠前沿稍后的地方。此时，铁饼留在右后方，左臂微屈于胸前，身体处于最大限度的扭转拉紧状态，为最后用力做好准备。

（四）最后用力和维持身体平衡

最后用力是在铁饼摆到右后方开始的，这时右腿弯曲，身体重心落在右腿上，面向投掷的反方向，铁饼在后面差不多和肩一样高，右臂和两肩几乎成一条斜的直线，左脚落地时，右脚立刻用力蹬地，促使右髋积极向投掷方向转送，髋轴进一步超越肩轴并带动腰部和肩部向投掷方向运动。当右臂摆至约呈侧平举的姿势时，手腕稍向右屈（拨饼），使铁饼开始旋转，最后使铁饼从示指左面离手向前飞出。铁饼在空中应该是顺时针旋转，出手角度应成30° ～35° 角。铁饼出手后，为了克服惯性，维持平衡，右脚要积极落地，右臂继续旋转，左脚离地，重心换在右腿，屈膝降低身体重心，缓冲向前的冲力，使身体停留在投掷圈内。

第5节 场地与规则

一、场地器械

（一）径赛比赛场地

径赛比赛使用标准场地是400m，由2个直道和2个弯道组成。有8～10条跑道，每条跑道宽1.22～1.25m，两条跑道之间为5cm宽的分道线。比赛是按逆时针方向进行。

（二）田赛场地的布局

一般是跳高区在北区端；跳远、三级跳远、撑杆跳高的助跑道及沙坑尽可能设置在东、西跑道以外；铅球区设在南区端；铁饼和标枪的投掷方向从南向北或从北向南均可。

1. 跳远 跳远和三级跳远沙坑长6～9m，宽2.75～3m；助跑道不少于40m。跳远起跳线至落地近端1～3m；三级跳远起跳线至落地近端：男子不少于13m，女子不少于11m。

2. 跳高 助跑弧线的半径长度为20～25m；落地区的海绵包长5m，宽4m，高0.7m。

3. 撑杆跳高 助跑道宽1.22m ± 0.1m；落地区海绵包长5m，宽5m，高0.8m。

4. 铅球、链球、铁饼场地 推铅球、掷链球和掷铁饼的比赛场地有共同之处，也有不同的规定。

共同之处：推铅球、掷链球和掷铁饼的助跑都是在圆圈内进行。投掷圈均用铁板、钢板或其他合适材料制成，其顶端应与外部地面齐平。圈内地面应用混凝土、沥青或其他坚硬而不滑的材料修建。圈内地面应为水平，并低于铁圈上沿1.4～2.6cm。铁圈上沿至少厚0.6cm并用油漆刷成白色。投掷圈两侧向外各画一宽5cm，长至少为75cm的白线。白线后沿应为圆圈直径的延长线并与落地区中心线垂直。

不同之处：推铅球、掷链球的投掷圈内沿直径为2.135m（±0.5cm）；掷铁饼的投掷圈内沿直径为2.50m（±0.5cm）。推铅球的投掷圈前缘需安装抵趾板。掷铁饼和掷链球的投掷圈外需安装护笼，以保证投掷时的安全。

5. 标枪场地

（1）助跑道 掷标枪的助跑道宽度为4m，长至少应为30m，至多为36.5m，助跑道应用宽5cm的两条平行线标出。

（2）投掷弧 投掷弧的半径为8m，投掷弧可用油漆画出，或用木料制成，并用油漆刷成白色，与地面齐平。弧宽7cm，弧两端应画出限制线，与助跑道平行线成90°角，线宽7cm，长0.75m。落地区半径为8m，夹角约成29°的起掷弧外的扇形区便是掷标枪落地区。

二、成绩计量

（一）径赛成绩的计量

径赛成绩是以h、min、s、1/10s、1%s计量的，人工计时的最小计量单位是1/10s。电动计时是以1%s计算，径赛成绩的计量是从发令员鸣枪开始到运动员的躯干触及终点线后沿垂直面为止。

（二）田赛成绩的计量

田赛成绩是以m、cm为计量单位计量的。跳高、撑杆跳高、跳远、三级跳远、推铅球等项目是以1cm为最小计量单位。掷铁饼、掷链球、掷标枪等项目是以2cm为最小计量单位。跳高、撑杆跳高成绩的丈量应从地面到横杆上沿的最低点垂直丈量。跳远、三级跳远是从起跳线和起跳线的延长线成直角丈量至身体任何部分着地的最近点。铅球、铁饼、链球、标枪成绩的丈量，要从器械着地的最近点至圆心直线丈量，以最近点到投掷圈内沿（或抵趾板内沿，起掷弧内沿）之间的距离为有效成绩。

（三）全能运动成绩的计量

全能运动的成绩是按各单项比赛的最优成绩，查田径运动评分表按各项得分之和计算成绩。

（四）成绩相等的计量

1. 径赛中出现成绩相等 如关系到是否能进入下一赛次，应尽可能将成绩相等的运动员编入下一赛次，否则，应令其重赛。决赛中出现第一名成绩相等，裁判长有权决定安排这些成绩相等的运动员重赛。如不重赛，原成绩有效。其他各次成绩相等时，则并列。

2. 田赛项目中的成绩相等 如在跳高和撑杆跳高中出现成绩相等时，在出现成绩相等的高度中，试跳次数较少者名次列前；如仍相等，在包括最后高度在内的全部试跳，试跳次数较少者名次列前；如仍然相等并涉及第一名时，则令成绩相等的运动员在其共同失败的高度上，每人再跳一次。如果仍不能判定，则将横杆升或降：跳高为2cm，撑杆跳高为5cm，成绩相等的运动员在每个高度上试跳一次，直到决出名次为止。如在远度项目中成绩相等时，应以次优成绩判定名次。如次优成绩仍相等，则以第三优成绩判定，以此类推。如仍相等并涉及第一名时，则令成绩相等的运动员进行新的一轮试跳、试掷直到决出名次为止。

3. 在全能运动比赛中成绩相等 如在全能比赛中出现成绩相等，则以在较多单项中得分多者为优胜。如仍不能决出名次，则以任何一个单项得分高者为胜。

三、比赛犯规

（一）径赛中的犯规

1. 在发令员鸣枪前起跑，判为起跑犯规，取消比赛资格；全能项目为3次。

2. 在分道跑或部分分道跑中，运动员跑出自己的跑道，影响其他运动员，判为犯规。

3. 在跨栏跑中有意识推倒或踢倒栏架，或腿从栏外跨过，判为犯规。

4. 在接力跑比赛中掉棒后不是自己捡起；没有在接力区内完成传接棒（以接力棒的位置为准）；传接棒时有抛掷现象；交完棒退出现跑道时影响其他运动员，均判为犯规。

5. 另外运动员参加竞赛时必须按时检录，按规定戴号码布。

（二）田赛中的犯规

1. 在田赛比赛中运动员必须按时检录，按规定佩戴号码布，还必须按规定的时间完成试跳或试掷。

2. 在跳远和三级跳远比赛中出现下列情况，则判运动员试跳失败：助跑或起跳时身体任何部分触及起跳线以外地面，从起跳板两端以外起跳；落地过程中触及落地区以外地面，可落地区外的触及点较落地区落地点离起跳线近；完成试跳后向后走出沙坑；采用任何空翻姿势。

3. 跳高比赛中运动员碰落横杆，或在越过横杆之前，身体任何部分触及立柱之间，横杆延长线垂直面以外的地面或落地区，判为试跳失败。

4. 在撑杆跳高比赛中，运动员试跳时碰落横杆。越过横杆以前，运动员身体和撑杆触及插斗前臂上沿垂直面以外的地面，包括落地、起跳后，将原来握在下方的手移握到上方的手上或原来握在上方的手更向上移握，都判为试跳失败。

5. 在推铅球、掷铁饼、掷链球比赛中，如触及投掷圈上沿（抵趾板上沿），或触及圈外地面。器械落在落地区角度线以外或压在角度线上。完成投掷后从前半圆退出圈外。采用不符合规定的方法将器械掷出，都判为犯规。

6. 在投掷标枪时，运动员触及起掷弧或起掷弧以外的地面。标枪落在落地区角度线以外或落在角度线上，标枪落地时枪身的其他部分先于枪尖落地，旋转助跑，或助跑时没有持枪在肩上将标枪掷出，均为犯规。

7. 未在规定的时限内开始比赛，也视为犯规。

链 接 加快体育强国建设

体育是提高人民健康水平的重要途径，是满足人民群众对美好生活向往、促进人的全面发展的重要手段，是促进经济社会发展的重要动力，是展示国家文化软实力的重要平台。要坚持健康第一的教育理念，加强学校体育工作，推动青少年文化学习和体育锻炼协调发展，帮助学生在体育锻炼中享受乐趣、增强体质、健全人格、锻炼意志。

自 测 题

1. 田赛、径赛的定义、内容与区别是什么？
2. 简述中长跑的动作要领。
3. 田赛和径赛成绩计量有何不同？

（薛 昆）

第7章 球类运动

学习目标

1. 掌握球类项目基本技术、战术及其应用。
2. 熟悉球类项目的练习内容及方法。
3. 了解球类项目的锻炼价值。

第1节 篮　　球

一、篮球运动概述

篮球运动是以投篮为中心，两个队分别以投中对方球篮，并阻止对方投入自己的球篮为目的的对抗性集体体育项目。篮球运动参加者不受年龄、性别限制，活动场地和器械灵活，规则简单，深受广大群众喜爱，它既能增强体质，促进身心健康，又能丰富人们的业余生活，从而提高劳动、工作和学习的效率。

二、篮球的基本技术

篮球技术是在篮球比赛中，队员为了攻守目的所运用的各种专门动作的总称，主要包括移动、运球、传接球、投篮、持球突破和防守技术。

（一）移动技术

篮球的移动技术是通过各种快速、突然的脚步动作，达到进攻时摆脱防守、防守时防住对手，以争取攻守主动的一种手段。移动技术包括起动、跑、急停、转身、滑步等动作。

移动技术有很多，目的都是摆脱对方的防守，跑到有利的位置去接球。防守时脚步要提前抢位进行断球，不断给对方造成威胁。

1. 基本站立姿势　是脚步移动的准备姿势，以便于各种技术动作的开始和运用。两脚平行或斜开立，约同肩宽，两肩含胸腰稍屈，上体稍前倾，重心在两腿中间，两腿微屈，脚跟微微提起，两臂微屈置于体侧和腹前，眼平视前方。

2. 起动　是脚部的瞬间加速动作，用于保持或抢占有利位置。保持基本站立姿势，起动时，上体前倾，重心前移向跑的方向，同时后脚或异侧脚的前脚掌快速用力蹬地，两臂积极配合摆动，前两步短促、快速，重心逐渐前移，上体逐渐抬起，在最短时间内充分发挥最快速度。

3. 跑　是队员在球场上改变位置、发挥速度的重要方法，也是比赛中运用最多的一种移动技术。篮球场上的跑具有快速、多变的特点。在比赛中经常运用的跑有以下几种。

（1）变速跑　跑动中，慢跑变快跑时，上体迅速前倾，前脚掌迅速蹬地，前两步短促迅速，两臂快速摆动；快跑变慢跑时，步幅加大，上体抬起，重心稍降，前脚掌抵地，减缓冲力。

（2）变向跑　变向时（以从右向左跑为例），上体稍向前倾，同时右脚前脚掌内侧用力蹬地，随之腰部扭转，上体向左前倾，移动重心，左脚向左前方跨出一小步后，右脚迅速向左脚的侧前方跨出一大步，继续跑动。

（3）侧身跑　侧身跑时，头部和上体放松地向球的方向扭转，同时侧肩，脚步朝着跑的方向。既要注意观察，又要保持速度。

（4）后退跑　两脚提踵，前脚掌交替蹬地提膝向后跑动，上体放松直起，两臂屈肘相应摆动，保持身体平衡，两眼平视，注意场上情况。

4. 急停　进攻队员在急速跑动中，被防守者紧跟着无法摆脱时，可利用急停的动作把防守者甩开。急停与突然起动结合运用，会更有效地摆脱防守。急停的动作有两种：跨步急停和跳步急停。

（1）跨步急停　在急停时的瞬间先跨出一大步，后脚跟先着地，同时降低重心，上体稍后仰以减少向前冲力。第二步跨出着地时，身体侧转（左脚跨第一步身体左转），脚尖稍向内转，用脚掌内侧蹬地，同时两腿深屈，上体前倾，急停后身体重心落在两脚上，这种急停一般在运球过程中运用，也适用于由进攻转为防守的快速跑动中。

（2）跳步急停（一步急停）　急停前，单脚或双脚跳起离地，上体稍后仰。接着两脚同时平行或前后落地。落地后两膝弯曲，重心下降，两臂屈肘微微张开帮助维持身体平衡。这种急停一般适用于跑动中向前接球。

5. 转身　是利用身体的转动，来改变站立的位置和方向，以便进攻或防守的方法，转身有前转身和后转身两种。

（1）前转身（以左脚为中枢脚）　转身时移动脚向中枢脚前方跨出的同时，重心移至中枢脚，并以中枢脚前脚为轴用力转身，肩部、腹部积极向转动方向扭转，带动整个上体转动。转动后，屈膝降重心，控制身体平衡。

（2）后转身（以左脚为中枢脚）　准备转身时，移动脚向中枢脚后方撤步，重心移至中枢脚掌，以中枢脚前脚掌为轴用力转身，同时身体重心后移，上体和腹部向转身方向扭转，控制身体平衡。

6. 滑步　是防守移动的一种重要方式，常用的滑步包括侧滑步、前滑步、后滑步。

（1）侧滑步　由两脚平行站立开始，向左侧滑步时，左脚向左跨出，落地的同时右脚蹬地滑动，跟随左脚移动，保持屈膝低重心的姿势。身体不要上下起伏，两脚不要交叉，重心要落在两脚之间。

（2）前滑步　两脚前后站立。向前滑步时，后脚的前脚掌内侧蹬地，前脚向前跨出一步，着地后，后脚紧随着向前滑动，保持前后开立姿势。

（3）后滑步　动作方法与前滑步相同，只是向后方移动。

7. 跨步　主要是用于持球突破超越防守的一种步法。

跨步是以一脚为中枢轴，另一脚向侧前方跨步，但不改变身体方向，它与转身动作结合运用，可以摆脱防守和保护球。

8. 学练方法

（1）在明确各种移动技术动作要领的基础上做模仿练习，重点体会重心变换和脚用力的部位。

（2）在练习过程中，根据熟练程度，逐渐加快移动速度，直至达到实战需要。

（3）做各种移动技术的组合练习，以提高动作的连接能力。

（4）结合对抗做移动技术练习，以增加对抗性。

（5）在实战中体会移动技术要点，以提高动作的实效性。

（二）运球技术

运球技术是指持球员在原地或者行进中，用单手连续按拍或双手交替按拍借助地面反弹起来的球的一种动作方法，是篮球比赛中个人进攻的重要技术。运球不仅是个人摆脱、吸引、突破防守的进攻手段，也是发动、组织战术配合的重要桥梁。

1. 高运球　运球时，两腿微屈，眼平视，手用力向前下方推按球，把球的落点控制在身体侧前方，使球反弹的高度在胸腹之间，手脚要协调配合，使球有节奏地向前运行。

2. 低运球 运球中遇到防守时，两腿迅速弯曲，重心降低，上体稍前倾，用手短促地按拍球，使球反弹的高度在膝关节以下，用上体和腿保护球，以便更好地控制球和摆脱防守继续前进。

3. 运球急停急起 运球急停时，降低重心，运球要低，拍按球的上方，使球垂直反弹，注意保护球。突然启动时，重心前移，运球手同侧脚的前脚掌偏内侧用力蹬地，按拍球的后上方，利用启动迅速超越防守。

4. 体前变向换手运球 运球队员从对手右侧突破时，先向对手左侧变向运球，当对手向左侧移动时运球队员突然向他的右侧变向，变向时，右手按拍球的后上方，使球从自己身体的右侧拍向左侧前方，同时，右脚向左前方跨出，上体向左转，用肩挡住对手，然后换左手按拍球的后上方，左脚跨出，从对手的右侧突破，换手时，球要压低，动作要快。

5. 胯下运球 运球跨步急停时，两脚前后开立，左脚在前，重心落于两脚间，右手按拍球的右上方，使球从两腿之间穿过，换左手运球，右脚向左前跨出，完成一次胯下运球。

6. 学练方法

（1）做原地的各种运球练习，体会手臂、手腕、手指及上下肢配合的协调性。

（2）做左、右手的直线运球，体会行进间运球的部位。

（3）运球熟练后，做多种运球的组合练习。

（4）结合防守做各种运球练习。

（5）在实战中体会各种运球的合理使用。

（三）传接球技术

传接球技术是指在篮球运动中进攻队员之间有目的地支配、转移球的方法。它是进攻队员在场上相互联系和组织进攻的纽带，也是实现战术配合的具体手段。队员之间传接球时应做到隐蔽、及时、多变、准确，巧妙地利用球的转移调动防守，创造良好的进攻机会。

1. 双手胸前传接球 身体呈基本站立姿势，两手手指自然分开，拇指相对呈“八”字形，用指根以上部位持球，手心空出。两肘自然弯曲，将球置于胸前。传球时，后脚蹬地、身体重心前移的同时，手臂前伸抖腕、拨指将球传出，手指指向传球方向，拇指向下。接球时身体迎向来球方向，手指手腕放松，两手相隔一球距离，手指触球后身体重心后移缓冲将球置于胸腹之间，保持身体的平衡（图7-1）。

2. 单手肩上传球 传球时（以右手为例），左脚向传球方向迈出半步，右手托球，同时将球引至右肩上方，肘部外展，上臂与地面近似平行，手腕后仰。左肩对着传球方向，重心落在右脚上，右脚蹬地、转体，右前臂迅速向前挥摆，手腕前屈，通过手指拨球将球传出，球出手后，身体重心随之移至左脚上（图7-2）。

图7-1 双手胸前传接球

图 7-2　单手肩上传球

3. 传接球技术学练方法

（1）明确传接球的动作要领，做原地徒手的模仿练习。

（2）对墙设定目标，做原地传接球练习，体会手臂、腕、指的动作及传接球路线和掌握落点。

（3）原地将球传给跑动中的队员，掌握移动中传接球的提前量和落点。

（4）在消极防守的情况下练习传接球的落点。

（5）在实战中体会合理地运用不同的传接球技术，控制球的速度、路线。

（四）投篮技术

投篮技术是进攻队员为了将球投入篮筐而采用的各种专门动作方法的总称。投篮技术是篮球运动中一项关键性技术，是唯一的得分手段。

1. 原地单手肩上投篮　以右手为例，右手持球于肩上，左手扶球的左侧，右臂屈肘，前臂与地面接近垂直。两脚前后或左右开立，两膝微屈，右脚在前。投篮时下肢发力蹬地，同时抬肘、前臂，手腕前屈，示指、中指用力拨球，通过指端将球投出，身体随之向前上方伸（图 7-3）。

2. 双手胸前投篮　双手持球于胸前，肘下垂，腿微屈。投篮时，蹬地伸臂，前臂内转，拇指下压，手往前屈，两手外翻，脚跟提起，身体随投篮出手方向自然伸展（图 7-4）。

图 7-3　原地单手肩上投篮

图 7-4　双手胸前投篮

3. 行进间单手高手投篮　以右手投篮为例，在运球行进或跑动行进中，接球的同时右脚向前跨出一大步，落地后，左脚向前跨出一小步，蹬地跳起，右腿提膝高抬，双手迅速托球于右肩上方，右手托球掌心向上，左手扶球，当身体腾空到最高点时，将球投出。

4. 行进间单手低手投篮　以右手投篮为例，先跨右脚接球，再迈左脚起跳，挺肘、伸臂、挑腕将球投出（图 7-5）。

图 7-5　行进间单手低手投篮

5. 原地跳起单手肩上投篮 以右手为例，准备动作与单手投篮基本相同。起跳时，起跳和举球动作同时完成。垂直起跳时，用腰腹力量保持身体平衡，当身体跳起至最高点或接近最高点时，迅速伸臂，用手腕和手指的合力将球投出。

6. 勾手投篮 右脚自然抬高，保持身体平衡，右手向上伸展，单手持球，左手手臂横向协调弯曲护球，当起跳至最高点时利用手指和手腕力量柔和出手投篮。

7. 投篮技术学练方法

（1）明确投篮动作要领后，徒手做原地投篮的模仿练习。

（2）持球原地对墙或人做投篮练习。

（3）面对球篮做投篮练习，根据投篮技术掌握程度，变换投篮距离和角度。

（4）在消极防守下进行投篮练习。

（5）在实战中体会投篮动作，掌握投篮出手的力量、角度和时机。

（五）持球突破技术

持球突破是持球者突然起动或以假动作诱惑防守者身体失去平衡，再运用运球技术摆脱对手的防守，达到个人攻击的目的，是传球助攻和突破投篮得分的前奏。

1. 交叉步持球突破 以右脚作中枢脚为例。两脚左右开立，两膝弯曲，持球于胸前，突破时左脚前脚掌内侧用力蹬地，上身稍向右转，左脚向右侧前方跨出，接着运球，中枢脚蹬地向前跨出迅速超越对手。

2. 同侧步持球突破 突破时左脚前脚掌内侧蹬地，右脚迅速向右前方跨出一步，同时右转，左肩下压，用右手将球放于右脚的侧前方，右脚再迅速蹬地，超越对手。

3. 持球突破技术学练方法

（1）原地徒手做持球突破练习，体会脚步动作的要领。

（2）原地持球做突破练习。

（3）结合球篮做持球突破接行进间投篮练习。

（4）消极防守做持球突破接行进间投篮练习。

（5）在实战中结合比赛的情况，合理运用突破技术。

（六）防守技术

防守技术是指队员在防守时为了阻挠和破坏对手的进攻，达到夺球反攻的目的所采用的各种专门动作的总称。

1. 防无球队员 站于对手与球篮之间偏向球一侧的位置，根据无球队员移动切入的路线，面对对手，侧身面向球的站法。前脚一侧的手臂扬起来封锁接球路线，异侧脚堵截对手摆脱移动的路线。

2. 防有球队员 站于对手与球篮之间的位置，重点是防投篮、持球突破、运球、传球等不同的进攻动作。

3. 防守技术学练方法

（1）在对手静止站立状态下，选择正确位置和距离。

（2）在对手移动时选择正确的位置和距离。

（3）结合移动技术练习，进行消极对抗下的防守练习。

（4）结合实战，根据场上情况，合理运用技术动作。

三、篮球的基本战术

篮球战术是篮球比赛中队员所运用的攻守方法的总称，是队员个人技术的合理运用和队员之间相互协同配合的组织形式。其目的是更好地发挥本方队员的技术与特点，制约对手，力争掌握比赛的主动权，争取比赛的胜利。篮球战术依据攻守双方可以分为进攻战术和防守战术。

（一）进攻战术

篮球进攻基本战术包括传切配合、掩护配合、策应配合、突分配合和个人进攻。比赛场上队员将几种进攻基本战术配合联系在一起就形成了篮球的进攻战术。

1. 快攻 是指由防守转入进攻时，以最快的速度、最短的时间在对方尚未部署好防守之前，争取人数上、位置上的优势，果断而合理地进行攻击的一种速决战术。

（1）长传快攻 当队员在后场获球后，由一两个篮下突击队员迅速摆脱对手，接同伴的长传球上篮。

（2）短传结合运球推进快攻 这种情形是队员在获球后，通过队员间有组织地快速移动和运用短距离传球、运球，逼近对方篮下进行攻击的一种配合。

2. 基础配合 是两三个进攻队员之间有目的、有组织地协调行动的方法。

（1）传切配合 是进攻队员之间利用传球和切入技术所组成的简单配合。

（2）突分配合 是持球队员突破时，利用传球与同伴配合的方法。

（3）掩护配合 是指进攻队员选择合理的位置，用自己的身体以合理的技术动作，挡住同伴的防守队员的移动路线，使同伴借以摆脱防守而获得进攻机会的一种配合方法。

（4）策应配合 是内线队员背对或侧对球篮接球，并作为进攻的枢纽，与同伴的切入、急停跳投等技术相结合，以摆脱防守传给外线同伴投篮的一种配合形式。

3. 进攻区域联防 根据联防的特点和规律，尽量避免一对一阵形，针对其薄弱环节，在局部地区创造以多打少的局面。

（二）防守战术

1. 防守快攻 宗旨应该是采用一切合规手段制约对方的进攻速度，为本队防守争取时间。防守快攻的方法很多，常采用努力提高进攻成功率、拼抢前场篮板球、尽量减少失误来降低对方发动快攻的次数。封第一传，堵接应点，乃是制止对方发动快攻的关键。退守时，控制对方推进速度，堵截中路运球突破，卡住两边快下队员，同时注意提高以少防多的能力，破坏对方快攻的成功率。

2. 基本配合 是两三个防守队员之间利用合理的站位和移动，抢占有利的防守位置，防住对手所采用的协调防守方法。

（1）挤过配合 当对方进行掩护时，防守者在掩护队员邻近自己的一刹那，积极前跨一步，靠近自己防守的对手，并从两个进攻队员之间侧身挤过，继续防住自己对手的方法。

（2）穿过配合 当进攻队员进行掩护时，防守掩护的队员主动后撤一步，让同伴及时从自己和掩护队员之间穿过去，以便继续防守自己的对手。

（3）绕过配合 当进攻队员进行掩护时，防守掩护者的队员主动贴近对手，让同伴从自己身后绕过，继续防守其对手。

（4）交换防守配合 是为了破坏进攻队员的掩护配合，防守队员及时交换自己所防守的对手的一种配合方法。

（5）“关门”配合 当对方运球突破时，邻近的两个队员，利用合理的移动和站位方法，堵住突破者行动路线的一种协同防守的配合方法。

（6）夹击配合 是两个队员运用合理的防守技术，积极防守一个进攻队员的配合方法。

（7）补防配合 是两三个防守队员之间的一种协同防守配合，当同伴被进攻者突破时，邻近的其他防守队员，要主动放弃自己的对手，去防守那个威胁最大的进攻者。

（8）区域联防 是在分工负责防守区域的基础上，随着球的转移和进攻队员的穿插移动，不断地调整防守位置，加强对有球区和篮下防守。

1）“2-1-2”区域联防：分布均衡，移动距离近，便于相互协作，变化队形快，篮下三角区保护好，有利于抢篮板球和反击。

2）“3-2”区域联防：加强了外围防守，有利于防守外围正面和两侧的中距离投篮，亦有利于外围截球反击。

3）“2-3”区域联防：加强了篮下和底线的防守，有利于抢篮板球。

四、篮球的规则介绍

（一）比赛场地

篮球球场长28m、宽15m，长边的界线称边线，短边的界线称端线。场中有中线、限制区、罚球区和三分投篮区及中圈。

（二）违例（违反规则）

1. 带球走　首先确定队员的中枢脚，确定中枢脚后，在传球或投篮时，中枢脚可以抬起，但在球离手前不可回落地面，运球开始时，在球离手前中枢脚不可以抬起。

2. 非法运球（两次运球）　队员在持球时，不能做超过一步半的移动，对开始运球则更严格，非法运球还会在运球停球后的移动或中枢脚的改变时出现。

3. 球回后场　位于前场的控制球队员不得持球回后场。

4. 3秒规则　某队控制球时，该队队员在对方的控制区内及限制线上停留时间不得超过持续的3秒。

5. 严密防守的队员　被严密防守（在正常的一步之内）的持球队员要在5秒内传、投、滚或运球。违反本条规则是违例。

6. 8秒规则　一名队员在后场控制球时，该队必须在8秒内使球进入前场。

7. 24秒规则　则当一名队员在场上控制一个活球时，该队必须在24秒内完成投篮。

8. 队员出界和球出界　当队员身体的任何部位与界线上、界线上方或界线外的地面，或除队员以外的任何物体接触时，即是队员出界。当球触及界外的队员或其他任何工作人员，界线上、界线上方或界线外的地面或任何物体，以及篮板的支柱或背面，即为球出界。

（三）罚则及犯规

罚则是发生违例的队失去球权（攻、防中的干扰球和罚球时的违例除外），将球判给对方在最靠近发生违例的地点掷界外球，直接位于篮板后面的地方除外。犯规是违反规则的行为，含有与对方队员的身体接触或违反体育道德的举止。

1. 罚则　在所有情况下都要登记犯规队员1次侵人犯规。此外：

（1）如果对方没有做投篮动作的队员犯规　由非犯规队在距发生犯规地点最近的界外掷界外球重新开始比赛；在一节比赛中某队全队犯规已发生4次时，该队处于全队犯规处罚状态。所有随后发生的对未做投篮动作的队员侵人犯规应被判罚2次罚球。

（2）如果对正在投篮动作的队员犯规　如果投篮中篮，要记得分并给1次罚球；如果2分或3分投篮没有成功，则判给2次或3次罚球。

（3）如果控制球队的队员发生犯规　由非犯规队在距发生犯规地点最近的界外掷界外球重新开始比赛（双方犯规、违反体育道德的犯规、取消比赛资格的犯规、技术犯规除外）。

2. 侵人犯规　指在活球和死球时涉及与对方队员接触的队员犯规。队员不准通过伸展臂、肩、髋、膝、脚或弯曲身体成不正常姿势以阻挡、拉、推、撞、绊等动作来阻碍对方行进，也不准使用任何粗野动作。侵人犯规情况有阻挡、撞人、拉人、非法用手、推人、非法掩护等。

第2节　排　　球

一、排球运动概述

排球运动是两队参与者使用身体任何部位（手、手臂为主）在空中击球，使球不落地，隔网进行集体攻防的一种体育运动项目。排球运动是人们比较熟悉和喜爱的运动项目，它对场地设备要求不高，运动形式多种多样，主要以竞赛规则、比赛形式、参与人数、运动目的等进行分类，可以分为竞技排球和娱乐排球。经常参加排球运动锻炼，能促进身体的全面发展，增进内脏器官的功能，能提高弹跳、灵敏度、耐力、速度、力量等身体素质及反应能力。

二、排球的基本技术

排球的基本技术是指在排球比赛中，在规则允许的情况下，队员采用的合理击球动作和为完成击球动作所必需的其他配合动作的总称。排球技术包括完整的无球技术和有球技术。无球技术包括准备姿势、移动、起跳和倒地，每项技术又包括不同的类型。有球技术包括传球、垫球、扣球、发球和拦网。

（一）准备姿势与移动

1. 稍蹲准备姿势 两脚左右开立与肩同宽，一脚在前，两膝微屈，身体重心位于两脚之间并稍靠近前脚，后脚跟稍提起，上体稍前倾，两臂放松，自然弯曲置于腹前，两眼注视球并兼顾场上各种情况，两脚保持微动状态。

2. 半蹲准备姿势 两脚开立略比肩宽，两膝弯曲，脚跟自然提起，上体前倾，重心靠前部的垂直线应在脚尖前面，两臂放松，自然弯曲置于腹前，两眼平视，两脚始终保持微动。

3. 深蹲准备姿势 身体重心比稍蹲、半蹲准备姿势更低更靠前，两脚左右、前后的距离更宽一些，膝部弯曲的程度大于稍蹲、半蹲准备姿势，身体重心要更靠前，肩部垂直线过膝，膝部垂直线超过脚尖，两手臂置于胸腹之间。

4. 移动

（1）滑步 当来球距离身体较近、弧线较高时，可采用滑步。其动作方法是向右滑步时，右脚先向右迈出一步，左脚迅速并上，落在右脚的左面。连续做并步即为滑步。向前滑步时，前脚先向前迈出一步，后脚迅速跟上落在前脚之后，如此连续做。

（2）交叉步 当来球距身体2m左右时，可采用交叉步移动。其动作方法是向右移动时，上体稍向右转，左脚从右脚前面向右迈出一步，右脚再迅速向右迈出一步落在左脚的右边，同时身体向来球方向转动，做好击球前的准备姿势。

（3）跨步 当来球较低且距身体较近时，可采用跨步。首先向移动方向跨出一大步，同时屈膝，上体前倾，身体重心移至跨出腿上。跨步可向前、向侧或向侧前方。

（4）跑步 采用跑步移动时，两臂要配合摆动，应根据来球的方向，边跑边转身。

（5）综合步法 将以上各种步法结合起来综合运用。如跑步之后再滑步。滑步之后再交叉步或跨步等。

5. 练习方法

（1）全班分成2～4列横队站立，教师向前平举手时，学生做半蹲准备姿势；向上举手时，学生做稍蹲准备姿势；向下伸出手时，学生做深蹲准备姿势，如此反复进行。

（2）队形同上，教师指向左方，学生向右侧移动；指向右方，学生向左侧移动；指向前方，学生向后移动；指向后方，学生向前移动，如此反复进行。

（二）发球

发球是比赛的开始，也是进攻的开始。准确而有攻击性的发球，不仅可以直接得分，还可以破坏或削弱对方的战术进攻，起到先发制人、争取主动、摆脱被动的作用，发球过程分为准备姿势、抛球和击球3个环节。发球动作多样，有正面上手发球、正面下手发球、正面上手发飘球、勾手发飘球及跳发球。正面下手发球是初级技术，在掌握后应重点转向学习和练习正面上手发球技术及其他发球动作。

1. 正面下手发球（图7-6） 这种发球动作简单易学，但球速慢、力量小、攻击性较弱，适用于初学者。

（1）准备姿势　发球前，面对球网，两脚前后开立，左脚在前，两膝微屈，上体前倾，重心偏后脚，左手持球于腹前，右臂自然下垂。

（2）抛球　左手将球平稳地抛向体前右侧，离手约一球的高度，同时右臂伸直，以肩为轴向后摆。

（3）击球　右腿蹬地，身体重心随着右手的向前摆动前移，在腹前用全手掌击球的后下部。重心随击球动作前移，迅速进场比赛。

图7-6　正面下手发球

2. 正面上手发球（图7-7）

（1）准备姿势　面对球网站立，两脚自然开立，左脚在前，左手持球于体前。

（2）抛球　左手将球平稳地垂直抛于右肩的前上方，高度适中，抛球的同时，右臂抬起，并屈肘后引，肘与肩平行，手掌自然张开，上体稍向右侧转动，抬头、挺胸、展腹、身体重心移到右脚上。

（3）击球　利用蹬地上体向左转动，迅速收腹带动手臂向前上方挥动，伸直手臂在右肩前上方的最高点，用全手掌击球的后中部。手触球时，手指自然张开与球吻合，手腕要迅速向前做推压动作，使击出的球呈上旋飞行，击球后，随重心前移，迅速进场比赛。

图7-7　正面上手发球

3. 正面上手发飘球（图7-8） 是指采用近似正面上手发球的形式，击球力量通过球体重心，使发出的球不旋转而不规则地飘晃飞行的一种发球方法，这种球能使接发球人员难以判断球的飞行路线和落点。

（1）准备姿势　近似正面上手发球，但左手持球的位置较高，约在胸前。所站位置离端线的距离变化较大，可站在靠近端线处，也可站在离端线8m左右处发球。

（2）抛球与引臂　左手将球平稳地抛在右肩前上方，高度应稍低于正面上手发球，并稍靠前些。在抛球的同时，右臂上举后引，肘部适当弯曲，并高于肩，两眼盯住球的击球部位。

（3）挥臂击球　与正面上手发球一样做鞭甩动作，但击球前手臂的挥动轨迹不呈弧形，而是自后向前做直线运动。击球时，五指并拢，手腕稍后仰，用掌根的坚实平面击球的中下部，使作用力通过球体重心。击球用力要快速，击球面积要小，触球瞬间，手指、手腕要紧张，不加推压动作。

图7-8 正面上手发飘球

4. 跳发球（图7-9） 是利用助跑起跳在空中击球的一种发球方法。这种发球可提高击球点，加大发球力量，增强发球的攻击性。本动作难度大，有能力的可以练习和采用。

（1）准备姿势 队员面对球网，距端线3～4m处站立。

（2）抛球 利用双手或单手将球抛向前上方，抛球的高度可根据自己的弹跳高度而定。

（3）击球 抛球的同时向前助跑起跳，利用收腹转体动作带动手臂挥动，在身体升至最高点时以全手掌击球的中下部。击球时，手腕要有推压动作。

图7-9 跳发球

5. 练习方法

（1）练习抛球。

（2）在限制线后隔网发球。

（3）降低球网全场发球。

（4）对发球。

（三）传球

传球是组织战术的基础，主要用于衔接防守和进攻。在现代排球比赛中，除正面传球外，还有背传球、侧传球、跳传球、单手传球。

1. 正面传球（图7-10）

（1）准备姿势 采用稍蹲准备姿势，看清来球，迅速移动到球的落点，对正来球，两脚左右开立，约同肩宽，左脚稍前，后脚脚跟稍提起，两膝微屈，上体稍前倾。两臂弯曲置于胸前，两肘自然下垂，两手自然抬起，置于额前，呈传球手形，眼睛注视来球方向。

（2）迎球 当来球接近额前时，开始蹬地、伸膝、伸臂，两手微张从脸前向前上方迎球。

（3）击球 击球点在额前上方约一球距离处。

（4）手形 当手触球时，手腕稍后仰，两手自然张开，手指微屈成半球状。两拇指相对，呈“一”字形或“八”字形，两拇指间的距离不能过大，以防漏球。

2. 背传球 背对传球目标的传球为背传球（图7-11）。

（1）准备姿势 上体比正面传球时稍后仰，双手自然抬起置于额前。

（2）迎球 抬上臂，挺胸，上体后屈。

（3）击球 击球点在头上方，比正面传球略偏后。

（4）手形 与正面传球相同，但触球时手腕要稍后仰，掌心向上，拇指托在球下，击球的下部。

（5）用力方法 利用蹬腿、展体、抬臂、伸肘和手指、手腕的弹力，把球向后上方传出。背传球的准备姿势比正传时稍直立，身体重心在两脚之间，不要前倾，双手自然抬起，放松置于脸前。

图7-10 正面传球

图7-11 背传球

3. 跳传球 跳起在空中传球称跳传球。跳传球的起跳最好是向上垂直起跳，要掌握好起跳的时间，起跳过早或过晚都会影响传球的质量。两手放在脸前，当身体上升到最高点时，靠伸臂动作与手指和手腕的弹击力量将球传出。由于在空中无支撑点，用不上蹬地力量，只能靠伸臂动作将球传出，因此，必须在身体下降前传球出手，才能控制好传球力量。

4. 练习方法

（1）徒手模仿手形和协调用力。

（2）自抛自接（用传球手形接球）。

（3）对墙近距离传球。

（4）自传。

（5）两人一组间隔2m一抛一传。

（6）两人对传。

（四）垫球

垫球是用手或双手手臂从球的下方，利用来球反弹力向上击球的技术动作。垫球是排球最基本的技术之一，最常用的是双手前臂垫球，在比赛中主要用于接发球、接扣球、接拦回球及防守等。技术总结为七个字：一插二夹三抬肩。

1. 正面双手垫球（图7-12）

（1）准备姿势　对正来球，呈半蹲或稍蹲准备姿势站立。

（2）手形　当球接近腹前时，两手掌根紧靠，两手手指重叠后合掌互握，两拇指平行，手腕下压，两臂外翻形成一个平面。

（3）击球　当球飞到腹前一臂左右距离时，两臂夹紧前伸，插到球下，向前上方蹬地抬臂，迎击来球，垫击球的后下部，身体重心随击球的动作前移。

（4）击球点　保持在腹前击球。

（5）球触手臂部位和击球部位　用前臂的手腕关节以上10cm左右的两小臂桡骨内侧所构成的平面击球的后下部。

（6）击球后动作　在击球瞬间，两臂要保持稳定，身体重心继续协调地向抬臂方向伴送球。垫击动作结束后，立即松开双臂做好下一动作的准备。

图7-12　正面双手垫球

2. 侧面双手垫球　在身体侧面用双手垫球称体侧双手垫球。

（1）当来球飞向体侧，队员来不及移动对正来球时，可采用体侧双手垫球。其特点是伸臂动作快，控制范围大，但不易控制垫球方向，准确性不如正面垫球。

（2）动作方法：左侧垫球时，先以右脚前脚掌内侧蹬地，左脚向左跨出一步，重心移至左脚，保持两膝弯曲，同时，两臂向左侧伸出，左臂高于右臂，右肩微向下倾斜。击球时，用右转体和收腹的动作，配合提肩抬臂在身体左侧稍前的位置截住来球，用两前臂垫击球的后下部；来球在右侧时，以相反方向的动作击球。

3. 背垫球　背向垫出球方向，从体前向背后的垫球称背垫球。判断来球飞行方向，快速移动到球的落点，背对来球的方向，两臂夹紧伸直。击球时，用蹬地、抬头挺胸、展腹和上体后仰的动作带动两臂向后上方摆动抬送，将球向后上方击；背垫球一般在球飞出较远而又无法进行正面调整传球时，或第三次被动击球过网时采用。

4. 跨步垫球　队员向前或向体侧跨一步的垫球称跨步垫球，主要用在接发球和防守中。首先判断来球落点后，同侧脚迅速向来球方向跨出一大步，上体顺势前倾下压，身体重心落在跨出脚上，同时两臂前伸插入球下，用蹬地、提肩、抬臂动作击球的后下部。

5. 单手垫球　当来球快速飞向体侧较远距离，来不及用双手垫球时采用。单手垫球速度快，手臂伸得远，击球范围大。但由于触球面积小，控制球的能力差，因此尽量不用单手垫球。运用单手垫球时，应迅速移动接近球。如来球在体侧远处，来不及移动也可向击球方向跃出，用前臂内侧、掌根或掌心击球后下部。如来球位置很低，也可用手背贴近地面插入球下做铲球动作将球垫起。

6. 挡球　有双手挡球和单手挡球两种。若来球高，速度快，力量大，不便于传球和垫球时，用双手或单手在胸部以上挡击来球称为挡球。其特点是伸手动作快，挡击胸、肩部以上高度的来球较方便，可扩大防守范围，是垫球的重要补充，但对球落点和方向的控制能力比传球、垫球差。

7. 练习方法

（1）徒手练习协调用力。

（2）自垫。

（3）对墙垫。

（4）一抛一垫。

（5）对垫。

（6）一抛一移动垫球。

（五）扣球

排球运动中的扣球是进攻得分的重要手段，也是进攻中最积极有效的武器。可分为正面扣球、调整扣球、勾手扣球、扣快球和自我掩护扣球等，由准备姿势、助跑、起跳、空中击球和落地相互衔接组成。

1. 正面扣球（图7-13）

（1）准备姿势　采用稍蹲准备姿势，两膝微屈，上体稍前倾，两臂自然下垂，观察来球，随时准备向各个方向助跑起跳。

（2）助跑　助跑的目的是获得一定的水平速度，增加弹跳高度，并且选择适当的起跳点。助跑的时机、方向、步法、速度、节奏是根据来球的方向、速度和弧线来决定的，两臂绕体侧向上引摆。

（3）起跳　助跑制动之后，两臂配合用力向上摆，同时两脚猛力蹬地向上跳起。

图7-13　正面扣球

（4）空中击球　起跳后，挺胸展腹，上体稍向右转，右臂向后上方抬起，身体呈反“弓”形。挥臂时，以迅速转体、收腹动作发力，并带动肩、肘、腕各部位关节呈“鞭甩”动作向前上方挥动。五指微张成“勺”形，用全手掌包满球，掌心为击球中心，击球的后中部，同时主动用力屈腕屈指向前推压，使扣出的球加速上旋。击球点在起跳和手臂伸直最高点的前上方。

（5）落地　落地时，前脚掌先着地，同时顺势屈膝收腹，缓冲身体下落的力量，立即做好下一动作。

2. 快球　是我国传统打法。它速度快、时间短、突然性强、牵制性大。分为短平快球、近体快球、背快球、背平快球和4号位平拉开快球。

（1）助跑起跳　步伐要轻松，有节奏，起跳时间要准确，跳起在空中等待球。

（2）击球　上体和挥臂动作幅度要小，挥臂时间早，俗称“下手快”。

3. 练习方法

（1）挥击悬吊物。

（2）两人一组原地对扣球。

（3）徒手练习助跑步法。

（4）降低球网自抛自扣。

（5）两人一组降低球网一抛一扣。

（6）助跑扣球。

（六）拦网

拦网是防守的第一道防线。它不是消极阻拦、被动防守，而是主动攻击，也是争取得分的重要手段。拦网可以削弱对方的进攻锐气，减轻本方后排防守的压力，为组织反攻创造机会，有单人拦和集体拦两种。

1. 拦网的动作要点

（1）准备姿势　面对球网，两脚平行开立，约同肩宽，距网30～40cm，两膝微屈，两臂自然弯曲置于胸前，随时准备起跳或移动。

（2）移动　为了及时对准对方进攻点，拦网队员需要及时移动。常用的移动步法有并步、交叉步、滑步、向前或斜线移动等。

（3）起跳　起跳时，重心降低，两膝弯曲，弯曲程度因人而异，两脚用力蹬地，两臂在体侧划小弧用力上摆，带动身体向上垂直起跳。起跳后稍收腹，控制身体平衡。

（4）击球　起跳同时，两手从额前贴近并平行球网向网上沿的前上方伸出，两臂伸直，两臂保持平行。两臂尽力过网伸向对方上空，两手接近球并自然张开，屈指屈腕呈“勺”形。当手触球时，两手要突然张开，手腕用力下压，盖住球的前上方，将球拦在对方场内。

（5）落地　拦网后屈膝缓冲，双脚落地应尽量保持垂直下落。同时随时注意场上情况，做好下一个动作的准备。

2. 练习方法

（1）列队利用各种步法从网的一端移动拦网至另一端。

（2）原地起跳摸固定高度的球（网上沿20cm左右），连续跳起双手做拦网捂球的动作。

（3）结合扣球，进行单人、双人、三人拦网练习。

（4）二人或三人轮流原地或一步侧移动起跳拦固定球练习。

（5）两人一组，隔网面对面站立，一人做扣球动作，另一人做拦网动作。

（6）移动拦三个固定球，在甲处原地起跳拦网，再向乙、丙处原地拦网，然后再向甲、乙处移动拦网，反复来回移动拦网练习。

三、排球的基本战术

排球战术是队员在比赛中根据排球规则、排球运动的规律，以及对方的具体情况和场上的变化情况选用适宜的、合理的技术，有目的、有计划地采用一些攻防配合，争取主动取得胜利的方法，统称为战术。包括阵容配置、进攻和防守战术等。

（一）阵容配备

常用的配备阵容有“四二”“五一”两种（图7-14）。

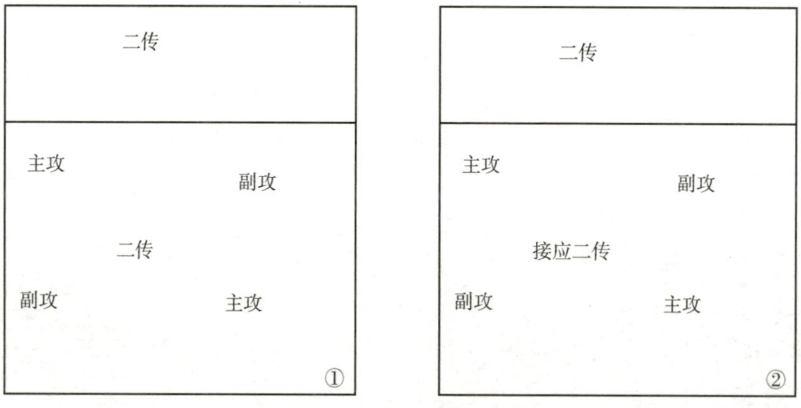

图7-14　“四二”（左）和“五一”（右）阵容配备

（1）“四二”阵容配置　是指上场队员中有4个进攻队员和2个二传手，4个进攻队员中有2个主攻队员和2个副攻队员。主（副）攻队员站在对角位置上。

（2）“五一”阵容配置　是指上场队员中有5个进攻队员和1个二传手，通常二传手在对角位置上，配备一名有进攻能力的扣球手作接应二传队员。

在规则允许的范围内，为了最大限度地发挥每个队员的特长，调动一切积极因素，加强攻防力量，以及弥补由于队员身体、技术发展不平衡所带来的缺陷，比赛中常采用交换位置的办法。

（二）进攻战术

在比赛中，接对方发、扣、吊过网的球所组织的进攻形式统称为进攻战术。有“中一二”战术阵型（或称中二传）、“边一二”战术阵型（或称边二传）和“插上”进攻战术阵型3种。

1.“中一二”战术阵型（或称中二传）　二传手位于③号，⑤号垫球给②号或④号扣球进攻的方法（图7-15）。

2.“边一二”战术阵型（或称边二传）　二传手位于②号，⑥号垫球给②号或④号扣球进攻的战术方法（图7-16）。

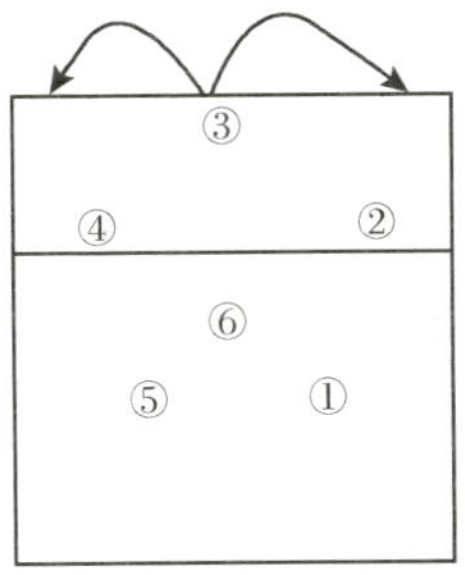

图7-15　“中一二”战术阵型

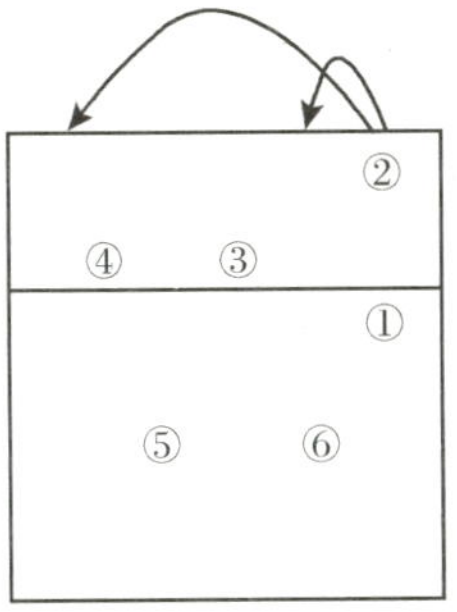

图7-16　“边一二”战术阵型

3.“插上”进攻战术阵型　二传手由后排插上到前排作二传，将球传给前排④、③、②号位队员进攻或后排立体进攻模式。

（三）防守战术

防守战术是组织进攻和反攻战术的基础，防守是反攻的基础，反攻是防守的继续与目的。防守反攻的前提是拦网，因此必须加强拦网和保护两个环节。

1. 单人拦网　比赛中若对方技术水平较低，扣球变化不多，力量不大且常吊球时，可以采用单人拦网，以加强后排防守，便于组织进攻。拦网时，应有良好的判断力和专注力，准确选择拦网地点、时间和空间。

2. 双人拦网　适用于当对手的扣球力量较大、线路变化多时，强调拦网时注意配合和起跳时机，其方法包括“边跟进”“心跟进”的防守等。

（1）“边跟进”　就是防守队员呈“M”形站位，②、③号网前拦网，④号退回参与防守，①、⑤号跟进保护和防守。这种方式适合在对方技术水平较高、战术变化多端、扣球凶狠、吊球较少时采用。

（2）“心跟进”　就是防守队员呈“M”形站位，②、③号网前拦网，④号退回参与后场防守，⑥号队员专职跟进、保护拦网和防吊球。若对方采用打吊结合时，本方拦网能力强，而⑥号位或某个队员又善于防吊球时，可采用“心跟进”防守。

3. 集体拦网　三人拦网是集体拦网的一种形式，如对方扣球队员攻击性强、力量大、球线路变化多端、吊球和轻扣较少时，则宜采用集体拦网形式。其优点是加强了第一道防线（前排区域），弱点是后排空隙太大，不易防吊球。

四、排球的规则介绍

（一）比赛场地

比赛场地分比赛场区和无障碍区。比赛场区为长18m、宽9m的长方形，场上所有界线宽5cm。比赛场区边线外的无障碍区宽至少5m，端线外的无障碍区宽至少6.5m。比赛场地上空的无障碍空间至少高12.5m。

（二）犯规

1. 连击犯规　身体任何部位均可触球，但一名队员（拦网队员除外）连续击球或球连续触及其身体的不同部位（拦网一次和第一次击球时除外）。

2. 持球犯规 身体任何部位均可触球，但球必须被击出，不得接住使球明显停顿或抛出，否则即为持球犯规。

3. 过网击球犯规

（1）在对方球员完成触球或攻击前，不得越网触球。

（2）在对方场区空间击球，为过网击球犯规。

4. 后排队员进攻性击球犯规

（1）前场区，后排队员起跳踩进攻线或在进攻线前完成进攻性击球。

（2）后排队员完成拦网或参加了完成拦网的集体。

（3）后排队员在前场区或进攻线（或其延长线）完成进攻线击球（球过球网垂直面或球触及对方拦网队员），并且击球时，球的整体高于球网上沿。

5. 拦发球犯规 在前场区对方的发球在球的整体高于球网上沿时完成攻击性击球，无论拦起或拦死，触球就为犯规。

6. 过网拦网犯规

（1）拦网时，球员的手及手臂可伸越球网，但不得妨碍对方球员的活动。因此，在对方球员完成攻击前，不得越网触球。

（2）在对方进攻队员击球前，没有碰到球和对方队员，也没有妨碍对方队员的动作，就不是过网拦网犯规。

7. 后排队员拦网犯规

（1）后排队员或自由防守队员在前排完成拦网或参加了完成拦网且触球。

（2）后排队员或自由防守队员参与集体拦网且拦网的集体中其中至少一人触球。

8. 轮转错误犯规 接发球队获得发球权后，该队队员必须按顺时针方向轮转一个位置。没有按照轮转次序进行发球即为轮转错误犯规。

9. 触网犯规 干扰了对方比赛而自己又得了利的触网为犯规，但队员无企图击球而触及球网或标志杆的情况下偶尔触网可不判为犯规。

第3节 足　　球

一、足球运动概述

足球是以射门为目标，以得分多少决胜负的一种体育项目。足球是以脚支配球为主，但也可以使用头、胸部等部位控球（除守门员外，其他队员不得用手或臂触球；守门员只能在己方禁区内，能用手或臂触球，不可以在大禁区外用手接球），每次有两个队，每队最多有11名队员，最少有7名队员在同一场地内进行攻守的体育运动项目。

二、足球的基本技术

足球技术，是指运动员在比赛中采用符合规则的各种合理动作的总称。足球技术可分为有球技术和无球技术两大类。无球技术包括起动、跑、急停、转身、假动作。有球技术包括颠球、踢球、停球、运球、头顶球、掷界外球、抢截球、假动作、守门员技术。以下主要介绍有球技术。

（一）颠球

颠球是指用身体的某个或某些部位连续不断地将处于空中的球轻轻击起的动作，是增强球感、熟悉球性的有效方法。用脚背正面击球最为常见，是最简单、最重要的颠球练习。此外还有用脚内侧、脚外侧、大腿、肩部、胸部、头部击球和触球的。颠球是任何等级的运动员常练不懈的练习。它可作为准备活动，也可用作前后两个练习之间的调整过渡手段（图7-17）。

图7-17 颠球

1. 双脚脚背颠球 脚向前上方摆动，用脚背击球，击球时踝关节固定，击球的下部。两脚可交替击球，也可一只脚支撑，另一只脚连续击球。击球时用力均匀，使球始终控制在身体周围。

2. 双脚内侧、外侧颠球 抬腿屈膝，用脚的内侧或外侧向上摆动，击球的下部，两脚内侧或外侧交替踢球。

3. 大腿颠球 抬腿屈膝，用大腿的中前部位向上击球的下部，两腿可交替击球，也可一只脚做支撑，用另一侧的大腿连续击球。

4. 头部颠球 两脚开立，膝盖微屈，用前额部位连续顶球的下部。顶球时，两眼注视球，两臂自然张开，以维持身体平衡。

5. 各部位连续颠球 根据上述单一颠球技术动作要领，用各部位配合连续颠球，配合的部位越多，难度越大。颠球的部位有脚背、脚内侧、脚外侧、大腿、头部、胸部、肩等。

6. 学练方法

（1）踢用细绳系着的毽子 让学生一手握着绳子的一端，用两脚面交替踢系着毽子的绳的另一端。要求动作做法同脚部颠球。这样做的目的，一是发展下肢与脚部动作的灵活性和协调性，为脚部颠球建立初步的动作条件反射；二是增加学生的有效练习时间，提高练习兴趣，活跃课堂教学气氛。

（2）踢毽子练习 在学生能熟练踢用绳系着的毽子后，取掉绳子，用两脚面交替踢毽子，动作同颠球。目的是提高下肢和脚步协调交替用力和随机控制毽子的能力，初步建立动力定型。

（3）踢沙包练习 在能灵活自如踢毽子的重要条件下，将毽子换成小沙包，动作同上。目的是增加脚步上踢的力量，刺激增重下肢和脚部神经肌肉的协调运动能力。

（二）踢球

踢球，用脚的某一部分把球击向预定的目标，主要用于传球和射门，是足球运动中最主要和运用最多的一项基本技术。按脚触球的部位可分为脚内侧踢球、脚背内侧踢球、脚背正面踢球、脚背外侧踢球、脚尖踢球和脚跟踢球。

1. 脚内侧踢球 踢定位球时，直线助跑，支撑脚踏在球的侧方约15cm处，膝关节微屈，两臂自然张开，在支撑脚着地的同时踢球腿以髋关节为轴由后向前摆动，在前摆过程中屈膝外转，踢球腿的内侧正对出球方向，小腿加速前摆，脚尖稍翘，脚掌与地面平行，用脚内侧部位踢球的后中部。向左（右）侧踢球时，支持脚踏在球的后方，用右（左）脚脚弓对准出球方向，提起大腿，带动小腿由右（左）向左（右）横摆，同时身体重心向出球的相反方向移动，用推送动作将球踢出（图7-18）。

图7-18 脚内侧踢球

踢空中球时，大腿在踢球前先屈膝抬起并外转，小腿拖在后面，脚弓对准出球方向，以髋关节为轴，利用小腿摆动平击球的后部。

2. 脚背内侧踢球 踢定位球时，斜线助跑，助跑方向与出球方向成45°角。支撑脚以脚掌外沿积极着地，踏在球的后侧方20～25cm处，屈膝，脚尖指向出球方向，身体稍向支撑脚一侧倾斜。在支撑脚着地的同时，踢球腿以髋关节为轴，由大腿带动由后向前摆，在身体转向出球方向，膝盖摆到接近支撑腿膝盖的内侧正上方的瞬间，小腿做爆发式的前摆，脚尖稍外转，脚面绷直，脚趾扣紧，脚尖指向斜下方，以脚背内侧部位击球的后中部（踢高球时，击球的中下部），踢球脚继续前摆（图7-19）。

图7-19 脚背内侧踢球

3. 脚背正面踢球 是用脚背正面的楔骨和跖骨的末端构成部位触球的一种踢球方法。踢定位球时，直线助跑，最后一步稍大并要积极着地，支撑脚在球的后侧方10～12cm处，脚尖正对出球方向，膝关节微屈，踢球腿在支撑脚前跨的同时，顺势向后摆起，小腿屈膝。在支撑脚着地的同时，以髋关节为轴，大腿带动小腿由后向前摆，当膝盖摆至接近球正上方时，小腿做爆发式前摆。脚背绷直，脚趾扣紧，以脚背的正面击球的后中部，踢球腿随球继续提膝前摆（图7-20）。

图7-20 脚背正面踢球

4. 脚背外侧踢球 是用脚背外侧部位接触球的踢球方法。踢定位球（平直球）时，助跑、支撑脚的位置和踢球腿的摆动，基本上与脚背正面踢球相同，只是用脚背外侧接触球。在踢球腿的膝盖摆到接近球的正上方的刹那，小腿做爆发式前摆，膝盖和脚尖内转，脚面绷直，脚趾扣紧，以脚背外侧部位踢球的后中部，踢球腿随球继续前摆（图7-21）。

图7-21 脚背外侧踢球

5. 学练方法

（1）初学者先做踢球腿膝盖外转、前后摆动的模仿动作。

（2）两人一组，距离10m左右，踢定位球。

（3）两人一组，行进间传接球。

（4）踢迎面传来的地滚球，近距离射门。

（5）抢球游戏：3人传2人抢、3人传1人抢、5人传2人抢，规定只准用脚内侧踢球，犯规者出来抢球。

（6）脚内侧踢球射门练习。

（7）两人一组，相距10～15m对踢，要求踢球力量不要过大，着重体会踢球的部位。

（8）两人一组，加大距离做长传球，要求传球准确。

（9）自己运球到罚球区附近射门，速度由慢到快。

（10）传球射门：一人做向前传球，踢球者快速上前踢球射门。

（三）停球

停球也称“接球”，是指运动员有目的地运用身体的合理部位，将运行中的球停在所需要的范围内的动作方法。停球是衡量个人控球能力的标志之一。停球技术以停球的身体部位来区分，一般分为脚部、腿部、腹部、胸部、头部五大部分，而常用的是脚部、腿部、胸部。

1. 脚底停球

（1）停地滚球　支撑脚根据来球落点，及时移动，位于球的侧后方，支撑脚膝关节微屈，脚尖正对来球。停球脚稍微提起，膝关节自然弯曲，脚尖翘起高于球，脚跟离开地面但低于球，脚掌轻轻下压球的中上部，将球停于脚下（图 7-22）。

（2）停反弹球　当球着地一刹那，用脚前掌对准球的反弹路线，触球的中上部分（图 7-23）。

图 7-22　脚底停地滚球

图 7-23　脚底停反弹球

2. 脚内侧停球

（1）停地滚球　腿稍外转并前迎，脚尖稍翘起，脚底基本与地面平行，脚内侧对准来球。当脚与球接触前的一刹那，踝关节放松后撤，缓冲来球力量，把球挡在需要的位置（图 7-24）。

（2）停反弹球　判断好来球的落点，脚提起，膝关节外转，脚内侧对准球的反弹方向。在脚触球一刹那稍下压，缓冲球的反弹力量，将球控制在需要的位置（图 7-25）。

图 7-24　脚内侧停地滚球

图 7-25　脚内侧停反弹球

（3）停空中球　腿抬高，膝弯曲，上体侧转，脚弓对准来球。在脚与球接触的一刹那，小腿放松向后撤或下切球的侧上部位，将球停在地面，控制在需要的位置（图7-26）。

图7-26　停空中球

3. 胸部停球

（1）收胸停球　一般用来停胸部高度的平直球。面对来球，两脚前后开立，两臂自然张开，重心前移，挺胸迎球。当球运行到与胸部接触的瞬间，重心后移，收胸、收腹挡压球，以缓冲来球力量，把球停在身前（图7-27）。

（2）挺胸停球　一般用来停高于胸部的下落球。面对来球，收下颌，两臂自然张开，两脚前后开立，重心落在两脚之间，两膝微屈。当球与胸部接触的瞬间，两脚蹬地稍上挺，同时展腹，上体稍后仰使球弹起改变运行路线后落于身前（图7-28）。

图7-27　收胸停球

图7-28　挺胸停球

4. 大腿停球　停球时，大腿抬起迎球。大腿与球接触的一刹那即随球下撤，使球落在身前。也可用大腿上抬垫球，使球平稳弹下。如做转体接球时，以支撑腿为轴向左（右）转体，把球接到身体左侧或右侧（图7-29）。

图7-29 大腿停球

5. 学练方法

（1）两人一组，互踢停球，力量由轻到重。

（2）两人一组，一人踢地滚球，另一人迎上停球。

（3）两人一组，互踢停球，要求停球后快速传球。

（4）两人一组，约距10m，互抛互停。

（5）两人一组，约距10m，加大来球速度，互抛互停。

（6）自抛自停。

（四）运球

1. 脚背正面运球 脚背正面运球多在越过对手之后，前方纵深距离较长，仍需要快速运球前进情况下使用。跑动时，身体自然放松，上体稍前倾，两臂自然摆动，步幅不宜过大。运球脚提起时，膝关节弯曲，脚跟提起，脚尖下指，在前伸脚着地前，用脚背正面向前推拨球前进（图7-30）。

2. 脚背外侧运球 上体稍前倾，两臂自然摆动，步幅要小些。运球脚提起时，膝关节弯曲，脚跟提起，脚尖稍内转，在前伸脚着地前，用脚背外侧向前推拨球，球直线运行。向前侧推拨球，球曲线或弧线前行（图7-31）。

3. 脚背内侧运球 上体稍前倾并稍向运球方向转动，两臂自然摆动，步幅要小些。运球脚提起时，膝关节弯曲，脚跟提起，脚尖稍外转，在前伸脚着地前，用脚背内侧向前侧推拨球，球向前侧曲线或弧线前行（图7-32）。

图7-30 脚背正面运球

图7-31 脚背外侧运球

图7-32 脚背内侧运球

4. 脚内侧运球 运球时，支持脚稍向前跨，踏在球的前侧方，膝关节稍弯曲，上体前倾并向里转，随着身体向前移动，运球脚提起，用脚内侧推球的后中部（图7-33）。

图7-33 脚内侧运球

5. 学练方法

（1）练习时要求步子小，步伐轻松自然，两臂自然摆动。

（2）在走步或慢跑中练习运球，由单脚到双脚，用脚背内、外侧运球。

（3）绕6根标枪（相距2m）曲线运球，要求由慢到快。

（4）直线运球或绕杆曲线运球，要求少看球，多巡视四周情况。

（五）头顶球

顶球技术是传球、射门、抢截的有效手段，特别是争高空球时头顶球技术更为重要。顶球技术的特点是争取时间，不需要等球落地就可以在空中直接处理球，因此它可以争取时间上的优势和主动。顶球一般分为正额顶球和前额侧面顶球两种。

1. 原地正额顶球 面对来球，两脚前后开立，膝微屈，重心放在两脚上。顶球前，上体先后仰，重心移到后腿上，两臂自然摆动，保持身体平衡，两眼注视来球。顶球时，双脚用力蹬地，两腿迅速伸直，上体由后向前快速摆动，借腰腹及颈部力量，用前额正面将球顶出。顶球过程中，身体重心从后腿移到前腿（图7-34）。

2. 原地前额侧面顶球 两脚前后开立，上体和头部稍向后回旋侧屈，身体重心在后脚上，目视来球，顶球时，后脚用力蹬地，上体迅速向出球方向扭摆，同时颈部迅速地用头以前额侧面击球的后中部（图7-35）。

图7-34 原地正额顶球

图7-35 原地前额侧面顶球

3. 学练方法

（1）徒手做头顶球模仿练习。

（2）自抛自顶，体会顶球部位。

（3）两人一组，相距5～7m，一人抛球，另一人原地将球顶成高、平、低球。

三、足球的基本战术

足球战术是指比赛双方为了充分发挥个人与集体的特长，进攻对方弱点、取得比赛胜利所采用的手段和方法。根据攻防的基本特点，足球战术可分为进攻战术、防守战术、定位球战术三大部分。在进攻和防守战术中，又分别包括个人、集体与全队的攻防战术。

（一）进攻战术

1. 个人进攻战术 包括摆脱与跑位、运球过人等。

（1）摆脱与跑位 摆脱要及时，动作要突然，造成瞬间空当，跑位的作用有摆脱对手去接球，牵制或扯动对方，为同伴拉出空当，扰乱对方防线；摆脱对手的方法很多，可采用突然启动、冲刺跑、急停、突然变向、变速和假动作等；跑位要机动灵活，必须随时观察场上情况，随机应变。

（2）运球过人 是调动、扰乱对方防线，寻找传球空当，突破密集防守，制造射门机会的有效手段。在没有传球配合，且运球过人后有更好的传球、射门机会时，则应大胆地选择运球过人。

2. 局部进攻战术 是两人以上的战术配合行动，两人的传球是集体配合的基础。常用的有“二过一”配合和“三过一”配合。“二过一”配合：是在比赛中，通过局部区域的两个进攻队员传球与跑位的配合，突破防守队员的方法。这种配合方法在场上任何位置和区域均可运用。下面介绍几种比赛中常用的“二过一”配合。“二过一”配合方法很多，运用时必须准确抓住时机，跑位与传球人的动作时间应准确，配合默契。插上队员突然快速启动，才能摆脱防守人，完成二过一的配合。无论采用哪种“二过一”的战术，均应根据防守者位置、空当位置等具体情况来决定。

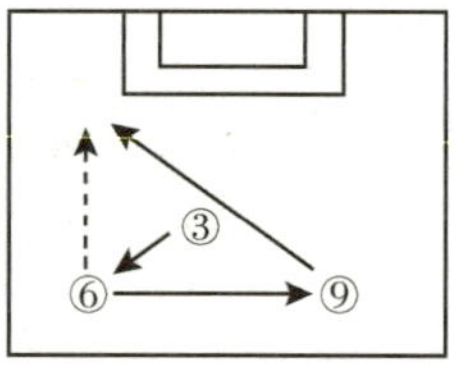

图7-36 斜传直插“二过一”

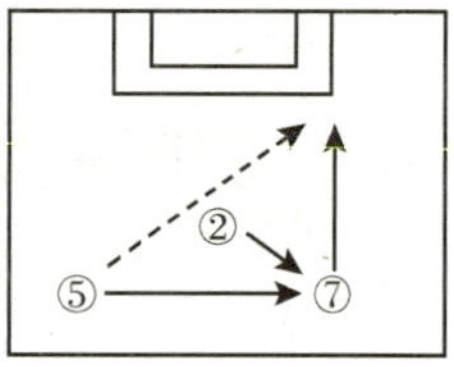

图7-37 直传斜插“二过一”

（1）斜传直插“二过一” ⑥运球前进并吸引防守队员③向前逼防，⑥将球传给⑨，⑨接球后斜传球给直线插入的⑥（图7-36）。

（2）直传斜插“二过一” ⑤将球传给⑦，②逼防⑦，⑦再直传球给斜线插入的⑤（图7-37）。

3. 全队进攻战术

（1）边路进攻 指在对方半场两侧地区发动的进攻。它利用的是边线区域防守力量相对薄弱，容易突破，从而达到边线运球传中路进攻的目的。

（2）中路进攻 指在对方半场中间地带发动进攻。中间地带正对球门，一旦突破防线，便可直接威胁球门，且射门角度大。可通过中锋、内切的边锋和插上的前卫人员之间的配合，个人运球过人等方法突破对方的防线。

（3）快速反击 指在本方半场防守对方进攻时，本方一旦得球，趁对方立足未稳时，速传球以多打少，达到进攻射门得分取胜的目的。

（二）防守战术

1. 局部防守战术

（1）相互补位战术 补位是防守队员之间的相互协助，是局部防守的一种集体配合法。补位指防守中本队一个队员被对手突破后，另一名队员及时前去封堵抢截。补位战术需要很高的默契度，防守队员相互间保持适当的距离和角度，是进行及时补位的前提。

（2）围抢战术　围抢是指比赛中在某局部位置上，防守一方利用人数上的相对优势（通常是两三个队员）同时围堵对方的持球队员，以求在短暂时间内达到抢断或破坏对方进攻的目的。

（3）造越位战术　后卫线上的集体配合是利用规则而设计的一种防守战术。当进攻队员向前传球前的一刹那，后卫线上的队员同时向前跑动，把进攻队员甩在后面，造成越位。

2. 全队防守战术

（1）人盯人防守　除拖后中卫外，每个队员都要盯住一个指定对手。原则上，对手跑到哪里就盯到哪里，拖后中卫（自由人）执行区域补位任务。

（2）区域盯人防守　每个队员在自己的防守区域内进行盯人防守，不管是哪个对手进入了该区域就盯住他，原则上不越区域盯人，拖后中卫（自由人）执行补位的任务。

（3）混合防守　把人盯人防守和区域盯人防守结合起来，是现今比赛中常用的一种方法。一般采用3个后卫盯人，前卫和前锋区域盯人，自由人执行补位任务，并根据具体情况，可重点盯对方某一名队员。

（三）定位球战术

定位球战术有任意球、角球、球门球、中圈开球、点球、掷界外球等战术配合。

1. 任意球　分直接任意球和间接任意球两种。罚直接任意球可采用穿墙和弧线球直接射门，或者采用过顶传切配合射门；罚间接任意球时，经一两次传递完成射门，运用假动作迷惑对方，声东击西，避开“人墙”，争得射门机会；传球要及时、准确，插入“人墙”的队员要避免越位。

2. 角球

（1）采用弧线球直接射门。

（2）长传将球踢至球门前，由头球能力强的同伴争抢头球射门。

（3）采用短传配合（多在对方身材高大、争抢能力强，而本方顶球能力较差、身材较矮小或遇到较大逆风时运用）。

3. 球门球　球门球的进攻配合有两种：一种是守门员直接踢高远球给中场的进攻队员；另一种是守门员与后卫队员通过一次传球配合，以改变球路的传球方法，然后由守门员组织发动进攻。

四、足球的规则介绍

（一）比赛场地

比赛场地必须是长方形。两条较长的线称边线，两条较短的线称端线。长度90～120m，国际比赛100～110m。宽度45～90m，国际比赛64～75m。世界杯决赛阶段比赛场地长度105m，宽度68m。

（二）比赛规则

1. 判罚直接任意球10种情况　①踢或企图踢对方队员。②绊摔或企图绊摔对方队员。③跳向对方队员。④冲撞对方队员。⑤打或企图打对方队员。⑥推对方队员。⑦为了得到对球的控制而抢截对方队员时，于触球前触及对方队员。⑧拉扯对方队员。⑨向对方队员吐唾沫。⑩故意手球。

2. 被警告并出示黄牌的7种情况　①犯有非体育道德行为。②以语言或行动表示不满。③持续违反规则。④延误比赛重新开始。⑤当以角球、任意球或掷界外球重新开始比赛时，不退出规定的距离。⑥未得到裁判员许可进入或重新进入比赛场地。⑦未得到裁判员许可故意离开比赛场地。

3. 被罚令出场并出示红牌的7种情况　①严重犯规。②暴力行为。③向对方或其他任何人吐唾沫。④用故意手球破坏对方的进球或明显的进球机会（不包括守门员在本方罚球区内）。⑤用将被判为任意球或点球的犯规，破坏对方向本方球门移动着的明显的进球得分机会。⑥使用有攻击性的、侮辱的或辱骂性的语言或动作。⑦在同一场比赛中得到第二张黄牌。

第4节 乒 乓 球

一、乒乓球运动概述

乒乓球是由两名或两对选手用球拍在中间隔有一网的球台两端轮流击球的一项室内运动。乒乓球因声得名，是体育项目中最形象的叫法，而国际乒联一直沿用“桌上网球”作为其名称。

乒乓球运动的特点是球小、速度快、旋转性强、变化多。乒乓球运动的设备比较简单，在室内、室外都可以进行。运动量可大可小，不同年龄、不同性别、不同身体条件的人均可参加此项活动。具有广泛适用性和较高的锻炼价值，深受广大群众喜爱，在我国被誉为“国球”。

二、乒乓球的基本技术

（一）握拍方法

1. 直式握拍法 正面拇指第一指节和示指第二指节握拍，拍柄压住虎口（两指间距离适中），背面中指、环指和小指自然弯曲斜形重叠，中指第一指节顶住球拍的后上部使球拍保持平稳（图7-38）。

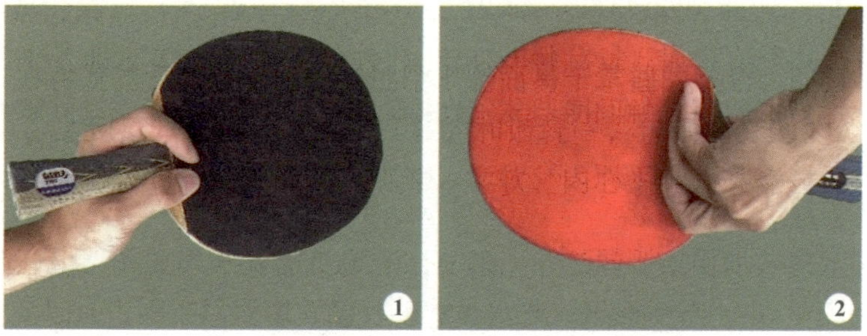

图7-38 直式握拍法

（1）快攻型握拍法 以示指的第二指节和拇指第一指节在拍的前面构成钳形指，两指间距离1～2cm，拍柄贴住虎口，拍后三指弯曲贴于拍的1/3上端。

（2）弧圈型握拍法 在球拍前面，拇指紧贴拍柄左侧，示指扣住拍柄呈环状；其余三指在球拍后面自然弯曲，抓住球拍中部。

（3）直拍削球型握拍法 拇指弯曲，紧贴拍柄的左侧，用力下压，其余四指自然分开托住拍的后面。正手削球时，尽量使球拍后仰，减少来球冲力；反手削球时，球拍后四指灵活地把球拍兜起，使拍柄向下。

2. 横式握拍法 中指、环指和小指自然地握住拍柄，拇指在球拍正面轻贴在中指的旁边，示指自然伸直斜放于球拍的背面，虎口轻贴球拍，击球时拇指和示指帮助手腕调节拍形和加力挥拍。正手攻球时，示指向上移动；反手攻球时，拇指向上移动（图7-39）。

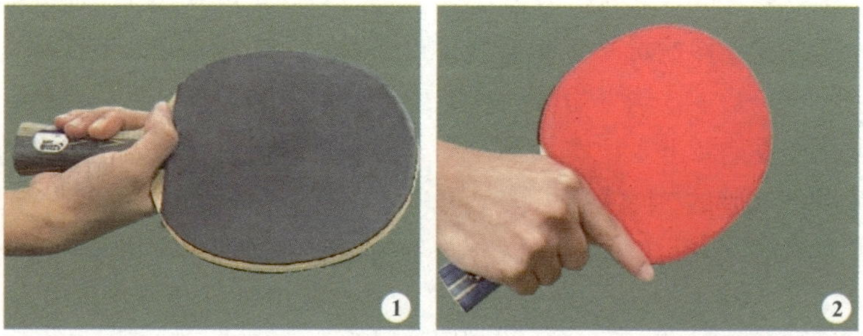

图7-39 横式握拍法

（二）准备姿势

1. 进攻型打法的准备姿势（以右手执拍为例） 两脚开立与肩同宽或比肩稍宽，左脚在前，右脚稍后，脚跟微提，前脚掌内侧有力着地，两膝弯曲，上体稍前倾，略含胸收腹，重心在两脚之间，两肩放松，执拍手自然弯曲，置于身体右侧，两眼注视来球。

2. 削球型打法的准备姿势 与进攻型打法的准备姿势基本相似，不同之处在于两脚间距稍宽，重心略低，右脚在左脚前，身体稍前倾，执拍手位于胸腹前。

（三）基本步法

步法训练不能忽视，灵活的步法是抢占合理位置、熟练运用各种手法击球的前提。常用的步法有以下几种。

1. 单步 击球时，以一脚为轴，另一只脚朝前、后、左、右不同方向移动，身体重心随之落在移动脚上。

2. 跨步 击球时，一只脚蹬地，另一只脚朝移动方向跨一大步，蹬地脚随后跟上半步或一小步，身体重心随即移到跨步脚上。

3. 跳步 以来球异侧脚用力蹬地，两脚同时离地，朝来球方向跳动。

4. 并步 击球时一只脚先向另一只脚并半步或一小步，另一只脚在并步脚落地后，随即朝来球方向移动一步。

5. 交叉步 以靠近来球方向的脚作为支撑脚，该脚的脚尖调整指向移动方向，远离来球方向的脚在体前交叉，朝来球方向跨出一大步，身体随之朝来球方向转动，支撑脚跟着朝来球方向再迈一步，这是前交叉步。后交叉步是在体后完成交叉动作。

（四）发球与接发球

乒乓球比赛是从发球和接发球开始的，两者的好坏都能直接得分或失分，因此要重视发球和接发球技术的练习。

发球（以右手握拍为例）是力争主动先发制人的第一个环节。比赛中每人都有轮换发5分球的权利，发球能否得分，能否打开局面获得优势同发球技术好坏有密切关系。因此，发球时，要求出手快，要能用相似的手法发出不同旋转、不同落点和不同速度的球。发球后要积极抢攻、抢位。抢攻好可以使发球有更大的威胁，从而打乱对方的战略意图，掌握主动权。所以发球好不但可以直接得分，还可以为进攻创造机会，争取胜利。

1. 正手平击发球 正手发球，左脚在前，身体稍向右转。左手掌心托球，置于身体右侧，右手持拍也置于身体右侧。发球开始时，持球手将球向上抛起，同时右臂稍向后引拍，在球略低于网时，持拍手从身体右后方向前挥拍，拍形稍前倾，击球的中上部，击球后，前臂和手腕继续随势向前挥动，身体重心移至前脚（图7-40）。

图7-40 正手平击发球

2. 反手发急球 右脚前倾，持拍手位于身前左侧。在持球手将球轻轻向上抛起的同时，持拍手向左后方引拍，拍形稍前倾，用前臂和手腕发力，击球中上部，击球点应与网同高或比网稍低，第一落点靠近本台端线（图7-41）。

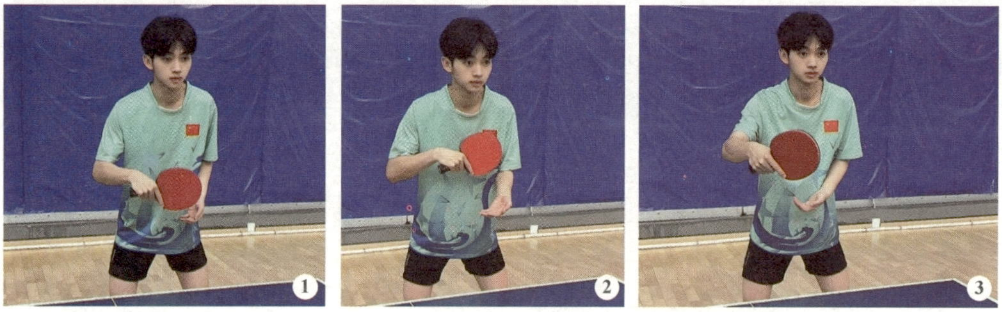

图7-41 反手发急球

3. 正手发左侧上（下）旋球 发左侧上旋球，左脚在前。抛球时，持拍手向右上方引拍，手腕略向外展，球回落时，手臂迅速向左下方挥动，示指压拍，使拍面略向左偏斜，约与网等高时击球，前臂和手腕用力向左挥动，同时前臂略向外旋，使拍从球的正中部向左上摩擦，球的第一落点靠近端线约20cm处，越网落到对方左角。

4. 反手发右侧上（下）旋球 反手发右侧上旋球，右脚稍前，持拍手位于身前，持球手位于身体左侧。发球时，拍与球接触的刹那间，拇指压拍，使拍面逐渐向左侧倾斜，从球的正中部向右上方摩擦，球的第一落点靠近端线约20cm处，越网落到对方左角，反手发右侧下旋与发右侧上旋球的区别在于触球的一刹那，拍面略微后仰，拍从球的中下部向右下摩擦，球从本方台面弹起后，越网落到对方左角。

5. 正（反）手发转与不转球 正（反）手发下旋加转与不转球时，左脚稍前，抛球时将拍引至肩高，手腕略向外展，拍面稍后仰，球回落时，手腕和前臂迅速向前下方发力，摩擦球的中下部。拍触球时手腕的发力要大于前臂的发力，这样才能发出比较强烈的下旋球。发不转球动作方法大致与下旋加转球的动作方法基本相同，区别在于拍触球刹那减小拍面后仰角度，击球中部或中下部，减小向下摩擦力，稍加向前推的力量，使作用力线接近球心。

6. 发短球 主要靠手腕和前臂的摩擦发力，往前的用力不要太多，可以加上回收的力量。这样就能发出旋转比较强烈的短球。摩擦球的部位同发侧上（下）旋球相同，只是要求第一弹跳在本方球台中段，这样才能以短球控制对方。

7. 高抛发球 发球时，先将球抛至高度为2～3m空中，待球下落至一定高度时击球。挥拍时上臂外展的幅度较大，要借助腰和蹬地的力量。击球瞬间，手臂和身体其他部位集中发力摩擦球，其中手腕的发力是最主要的。

8. 接发球 根据自己的打法特点和来球性能，决定用推、搓、削、拉、攻等技术。接发球时，应选择好站位，判断来球的性能和落点。基本的接球方法是向对方球拍开始运动的方向回击。例如，对方球拍由左向右触球，就应向对方球台的左方回击；对方球拍由上往下触球，那就应向上回击。

（五）推挡球

推挡球是左推右攻打法的主要技术之一。特点是站位近，动作小，球速快。常用其速度、落点和旋转的变化争取主动，发挥近台快攻的作用。推挡球分为平挡球、减力挡球、快推球、加力推球、推下旋球和推挡弧圈球等。下面介绍常用的两种。

1. 平挡球 两脚平行或左脚稍前，身体离球台约50cm。击球前，前臂与台面平行伸向来球。拍触球时，前臂和手腕稍向前移动，主要是借助对方来球的反弹力将球挡回。在上升期，击球的中部，拍形与台面接近垂直。击球后，迅速收回球拍，还原成击球前的准备姿势（图7-42）。

2. 快推球 左脚稍前，或两脚平行，自然开立，身体离球台约50cm。持拍手上臂和肘关节内收，前臂略向外旋。击球时，前臂开始向前推击，同时手腕外旋，示指压拍，拇指放松使拍形前倾，在上升期，击球中上部，将球快推回去。击球后，手臂继续前送，手腕配合外旋使球拍下压（图7-43）。

图7-42 平挡球

图7-43 快推球

（六）搓球

竖拍搓球时，球拍在体前，击球时上臂前伸，拍面稍后仰，同时配合内旋转腕的动作，在下降期后段击球中下部。击球后，前臂随势前送。横拍搓球时，拍形略竖一些，击球后前臂向右下方挥拍，击球时间、部位和拍形，与直拍基本相同。

（七）攻球

当来球将落至台面时，前臂外展，将球拍后引至身体右侧稍后，当来球从台面弹起时，上臂带动前臂向左前上方快速挥动，并配合前臂内旋动作将拍形前倾，在上升期击球的中上部。

（八）削球

削球是一项重要的防守技术。削球时，通过球的旋转和落点的变化调动对方，伺机反攻得分，削球得分。

1. 正（反）手近削球 击球动作小，回球速度快。击球时身体离球台稍近，拍面稍后仰，前臂用力向左（右）前下方切削，手腕配合下压，拍面稍后仰，前臂用力向左（右）前下方削，手腕配合下压。一般是在来球高点期摩擦球的中部或中下部。

2. 正（反）手远削球 击球的动作大，球速较慢，弧线较长，出球较稳，利于旋转的变化和防守对方的扣球，身体离台1m之外。击球时，手臂向左（右）前下方挥动，拍面后仰，手腕在拍与球接触的瞬间转动，在来球下降期摩擦球的中下部。

（九）弧圈球

1. 正手加转弧圈球 击出的球弧线较高，球速较慢，上旋很强，着台后向下滑落快。打法是当球从台面弹起时，手臂向前上方挥动，前臂在上臂带动下很快收缩，拍面与台面约成80° 角，在球下降期摩擦球的中部或中上部。

2. 正手前冲弧圈球 击出的球弧线较低，球速快，前冲力大。打法是当球从台面弹起时，腰部由右向左转动。前臂在上臂带动下发力，手腕略转动，拍面与台面约成50° 角，在高点期摩擦球的中上部。

三、乒乓球的基本战术

（一）发球抢攻战术

发球抢攻战术是一种先发制人的战术，特别是以攻为主的选手，常以此作为一种重要的得分手段。常用的发球抢攻战术有：①反手发右侧上、下旋球后抢攻。②反手发急上、下旋球后抢攻。③正手或侧身发转与不转球后抢攻。④正手发左侧上旋球后抢攻。

（二）对攻战术

对攻战术是对攻型打法互相对垒时常用的一项重要战术。常用的对攻战术有：①紧压反手，结合变线，伺机抢攻。②调右压左，伺机抢攻。③连续压中路及正手，伺机抢攻。④轻重力量变化，伺机抢攻。⑤近台打（拉）回头和远台对攻。

（三）拉攻战术

拉攻战术是以攻为主打法应对削球类打法的主要战术。其主要战术有：①以拉反手为主，侧身突击斜线后，进行扣杀或加力拉冲。②拉两角，突击（或拉冲）中路或直线后，扣杀或拉冲两角。③拉中路，突击（或拉冲）两角，再扣杀或拉冲空挡。④拉正手伺机突击（或拉冲）后，连续扣杀或拉冲。⑤长拉短吊，伺机突击或拉冲。

（四）搓攻战术

搓攻战术是进攻型选手的一项辅助战术，而削球类选手则以此作为反攻的一项重要手段。其主要战术有：①以快搓短球为主，伺机进攻。②搓转与不转球至不同落点相结合，伺机进攻。③以稳搓防守为主，伺机进攻。

（五）削中反攻战术

削中反攻战术是削球类打法赖以得分的主要战术。其主要战术有：①以削加转球至对方左角为主，配合削不转球至对方右角后进行反攻。②连削对方正手，突变反手，迫使对方用搓回接，伺机用反手或正手反攻。③连续削加转球至不同落点，伺机削不转球后进行反攻。④中近台逼角反攻。

（六）接发球战术

接发球战术是与发球抢攻战术相抗衡的一项战术，其目的在于破坏对方发球抢攻战术的运用，争取形成相持或主动的局面。其主要战术有：①用拉球、快拨或推拉回接，争取形成对攻的相持局面，这是比较主动的接发球方法。②用快搓短球回接，使对方难以发力抢攻（拉），力争下一板抢先进攻，但切忌连续搓球，以免造成被动。③用削球或搓球的旋转、落点变化来控制对方，以造成对方击球失误或形成相持局面，这是削球手常用的接发球方法。④接发球抢攻，这是比较积极、凶狠的回接方法。

四、乒乓球的规则介绍

（一）比赛场地

乒乓球运动的比赛场地面积比较小，用75cm高的挡板，围成长14m、宽7m的长方形。网高15.25cm。国际标准的乒乓球台规格是长2.74m，宽1.525m，离地面高0.76m。台面为暗色，无光泽。各边有2cm宽的白线，台面中央有一条3mm宽的白线，称中线，将两个台区各分成左右两个半区，供双打发球时用。

（二）比赛规则

1. 决定每场比赛的胜负 通常采用7局4胜制。

2. 决定1局比赛的结果 每局比赛以先得11分者为胜方。如比分打到10平时，则以10平后先得2分者为胜方。

3. 决定比赛1分的得失 当一方不能进行合法发球、合法还击，而导致结束比赛状态时，就判对方得1分；任何一方选手的不执拍手触及比赛台面，或身体、穿戴物触及球网，或移动台面，即导致结束比赛状态，判对方得1分。

4. 重发球 在比赛中，裁判员由于要开始执行轮换发球法；警告有怀疑的发球；比赛受到干扰；出现意外事故；纠正方位或发球，接球次序错误；发球触网后落在对方台面或被对方拦击或阻碍；以及接发球员尚未准备好，发球员已将球发出等情况而中断比赛时，均判重发球。

5. 选择方位和发球权 每场比赛开始前，双方用抽签的方法来选定方位和发球权（或接发球权，由抽签胜方选择或要求对方先选）。

6. 发球与接发球次序 1局比赛中，双方共得2分后，即交换发球权。比分打到10平或执行轮换发球时，任何一方得1分后，即交换发球权，前局先发球的一方，下局接发球。发现发球、接发球次序错误时，裁判员立即中断比赛，错误后所得的比分，加以纠正。按正确的次序继续比赛，错误前所得的比分，一律有效，由于错误所造成的机会不均等，不作补偿。

7. 交换方位 1场比赛中，1局比赛结束后，下1局应交换方位。决胜局一方先得5分时，应交换方位。比赛中发球方位错误时，处理原则和方法与发现发球、接发球次序错误时相同。

8. 合法发球 发球时球应放在不执拍手伸平的手掌上，抛球前手掌应静止，并从此时起应始终高于台面；抛球时不得使球旋转，不得偏离垂直45° 以上；当球从最高点下降时才能击球；击球瞬间球的整体应在台面端线及其延长线垂直平面之后；击球后，球应先触及发球方比赛台面，然后越过或绕过球网落到对方比赛台面。对不合法的发球，判对方得1分，裁判员对发球有怀疑时，应进行警告，但在一场比赛中，对任何选手的发球，只能警告1次，以后再有怀疑（不管是什么原因），即判对方得1分。

9. 轮换发球法 当1局比赛进行15分钟尚未结束，或在1场比赛的任何时间双方要求采用轮换发球法时，即开始执行轮换发球法，直到该场比赛全部结束。执行轮换发球法时，发球方必须在13次击球（包括发球的一击）中，迫使对方失误，如对方完成13次合法还击，即判接发球方得1分。

第5节 羽 毛 球

一、羽毛球运动概述

羽毛球运动是一项在室内外均可开展的小型球类运动。有单打和双打两种形式。

当前，世界上羽毛球技术与打法种类很多，各具特点，难分高低。若就技术流派或风格来说，概括起来主要有三种类型。①欧洲式：强调重心稳、落点准、以稳为主；②亚洲式：在稳准的前提下强调快速进攻；③中国式：特点是“快、狠、准、活”。

二、羽毛球的基本技术

（一）握拍方法

握拍是羽毛球运动的基础，掌握正确的握拍方法，有利于初学者快速学会不同的技术，有利于运动员充分发挥自身的技术；如果握拍方法不对，不但会影响学习羽毛球技术的速度与效果，还可能会导致手腕和手指受伤。羽毛球握拍的方法分两种：正手握拍法和反手握拍法。

1. 正手握拍法 握拍之前使球拍拍面与地面垂直，握拍时右手虎口向着球拍拍面的方向，拇指、示指分别放在拍柄的两侧宽面，示指位置略高于拇指位置，呈扳手状；中指、环指、小指自然靠拢放在拍柄上。

2. 反手握拍法 反手握拍是建立在正手握拍的基础上，使拍面向内旋转，大拇指压在拍柄宽平面上或拍柄宽平面的右斜棱上，在击打球的时候，手心与拍柄之间一般留有适合的间隙，以利于手指和手腕力量最大限度发挥。

（二）发球

发球是发起比赛的第一关键点，高质量的发球能为自己创造更多更好的得分机会，低质量的发球则会使自己处于比赛被动的地位。发球技术有网前球、平球、平高球、高远球。

1. 从接发球的姿势角度出发 可分为正手发球和反手发球。

（1）正手发球（图7-44）

基本站位：选择靠近发球区中线站位，离前发球线距离约1m，也可视自身的技术选择适当的距离。

准备姿势：身体左肩侧向球网，约成75° 角，左脚在前，右脚在后，呈“丁”字步状，重心在右脚。左手五指持球于左脚上方，手臂自然弯曲，球的位置与胸部同高；右手持拍，自然屈肘，拍面与球网成垂直角度。基本站位与准备姿势适用于正手各种发球技术。

图7-44 正手发球

（2）反手发球（图7-45）

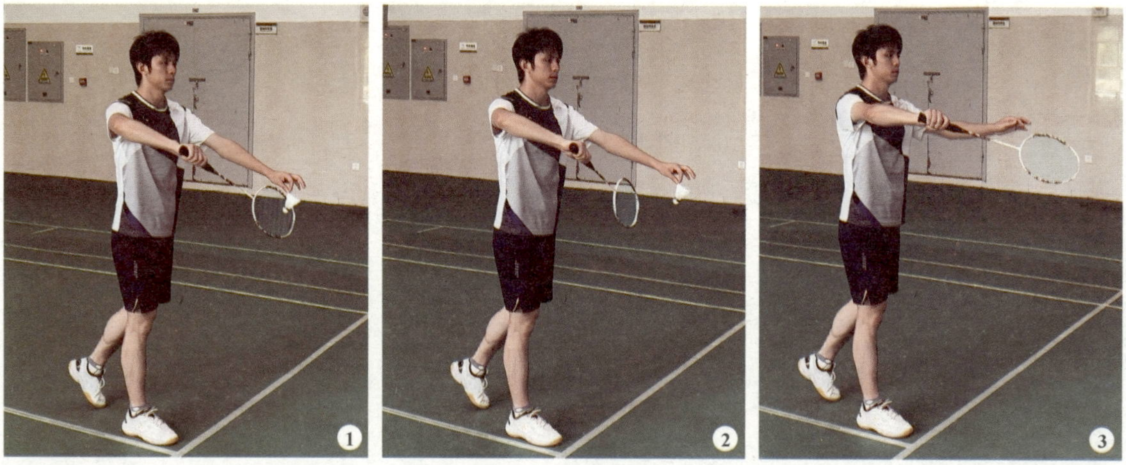

图7-45 反手发球

基本站位：选择靠近发球区中线站位，离前发球线距离根据单双打项目而定，单打距前发球线约1m，双打距离前发球线约20cm或压线发球。

准备姿势：身体面向球网，以右脚为例，左脚在前，右脚在后，重心在两脚之间。左手拇指与示指捏住球的两根或三根羽毛，球托对着自己膝盖方向，右手握拍，拍面与球网呈平行状态。

2. 根据球的飞行高度与路线　可分为高远球、平高球、平快球、网前球4种发球技术。

（1）发高远球　目标是使球的运动轨迹在对方的后场上方飞行，发球后的仰角（球路线与地面形成的角度）要大于45°，在对方底线上空形成垂直下落，落点接近底线。

（2）发平高球　飞行弧线相对比高远球低，球在空中飞行时与地面形成约45°角的轨迹，目标是使球迅速穿过对方上空落到发球区底线附近。

（3）发平快球　球的飞行路线与高度以对方触碰不到，并快速到达发球区后端线为最理想状态，球在空中飞行时与地面形成的仰角不超过30°。

（4）发网前球　击球时动作比较隐蔽，大臂动作小，主要是前臂力量带动手腕击球，用力要轻，发出球刚好越网而过，落在对方前发球线附近。

（三）击球

根据击球的场区位置，可分为后场击球与前场击球。后场击球包括击高球、杀球、吊球；前场击球包括放网前球、扑球、勾球、搓球、推球和挑高球等。

1. 后场击球

（1）击高球　分高远球和平高球。

高远球动作要领：判断来球落点，移动身体到球落点的垂直点；左肩对着球网，左脚在前，右脚在后，重心在右脚上，左手自然上举，双眼注视来球，右手持拍于身体右侧。当球下落到挥拍最高点时，左手自然后摆，右手上臂后引，肘关节上提高于肩部，球拍引至身后，右脚蹬地转体收腹，以肩为轴，大臂带动小臂呈鞭打状击球（图7-46）。

平高球动作要领与高远球基本一致，两者的区别在击球时击球高度不同。

图7-46　正手击高远球

（2）吊球　击球动作类同高远球击球动作，在击球的一瞬间，拍面倾斜，手腕加速切击球托后下部；力量向前下方，击球后右手随着惯性回收至左手肋下位置（图7-46）。

（3）杀球　动作要领与高远球动作细节类似，只是击球点与高远球有区别，杀球的击球点要在身体前，而高远球击球点在身体正上方，杀球击球点在身体前面是为了把球全力往下压，给对方最大的威胁。

2. 前场击球

（1）放网前球　击球时，手臂手指动作幅度小，力量轻，球拍拍面轻击球托把球弹起过网。挥拍的速度和力量大小需要根据来球速度与网的距离而决定，来球离网远、速度快，力量则要大，反之则小力量击球即可。

（2）搓球　搓球时手指和手腕放松，掌心与拍柄空出一定的间隙，利用手指和手腕的力量，控制拍面，让拍面准确切击球托，使球旋转，翻滚过网。搓球技术是网前一项集防守和攻击的技术，搓球质量高可以争取到更多的进攻机会，搓球质量差则有可能直接被对方得分（图7-47）。

（3）挑高球　目的是把对方击打过来的吊球、搓球回击到对方后场，通过挑高球赢得时间调整重心和场上位置。击球时要充分利用手腕的力量，击球的一刹那动作拍面对着对方场地方向，击球后手臂随惯性上收。

（4）推球　是在网前较高的击球点，用推击的方法往对方场地击打出速度较快、角度刁钻的球。由于击球点到过网的距离很短，球又平又快，再加上易控制好落点，所以推球在比赛中具有很强的进攻性（图7-48）。

图7-47　搓球

图7-48　推球

（四）步法

步法是指在羽毛球比赛或者练习的过程中，运动员为了移动到最有利于个人击球的位置而使用的合理、快速、正确的脚步移动方式。脚步可分为上网步法、后退步法、中场步法。

1. 上网步法　在中场及后场位置上，根据来球的落点和速度采用不同的脚步上网击球。上网步法是完成前场放网前球、推球、搓球、勾球和挑高球的步法，有垫步上网、跨步上网、跳步上网等。

2. 后退步法 在前场或者中场位置，根据来球的落点和速度采用不同的脚步后退。后退步法是完成后场正反手高远球、吊球、杀球等技术动作的步法，后退步法包括并步后退、交叉步后退、跳步后退等。

3. 中场步法 在球场中心位置，根据来球的落点和速度，判断好向左向右的移动方向，一般用于完成对方的杀球、平高球等。

三、羽毛球的基本战术

（一）单打战术

1. 发球强攻战术 通过不同的发球战术，先发制人，出奇制胜，抢占比赛的先机，发球战术有后场高远球、平高球、平球、网前短球等战术。

2. 防守反击战术 适用于应对体力一般且求胜心比较强的对手。比赛中以比较容易得分的高球迷惑对手进攻，在对方只顾进攻的时候找到突击点反击；或者在比赛的第二局、第三局，对手体力、速度下降之时发起进攻，后发制人。

3. 全场四方球战术 是把球准确、快速地打到对方场区的前后场四个角落，使对方疲于奔跑，消耗对方的体力，趁对方回球质量不高或者回中不到位的时候发起进攻，拿下比分。

4. 压反手战术 此战术是利用人体转身的难度与时间差，给对手以重复的反手球制造困难，抓准对方反手击打过来质量不高的球，趁机抢攻。此战术尤其适用于对付反手技术不高、步法移动速度慢的对手。

5. 压底线战术 通过采用高远球、平高球、平快球等不同高度的回球，重复压打对方的后场底线，给对方制造困难，寻找转身回中的时间差与前场的空缺，适当地进攻对方的空当处，拿下比分。此战术用于对付后退步法慢、后场还击能力差的对手。

6. 重复落点球战术 在每一回合的比赛中，通过控制球的重复落点，把球重复击打到对方场区的某一区域。抓住对方急于回中的心态，对手放松场区其他区域防守的同时，出其不意进攻对方场区防守薄弱的区域。对付后场还击能力一般的对手可以多重复后场；对付网前技术一般的对手可适当重复网前球。

（二）双打战术

1. 发球战术 通过偷发后场球，给接发球队员制造困难，抢打第三拍，找到机会进攻，拿下比分。偷发后场要用得合理，不能一直用，遇到移动步伐慢的对手可以考虑使用。

2. 攻人战术 是双打比赛中常用的一种战术，通常在混双比赛中，主要攻击女性运动员，因女性运动员较男性运动员体力偏弱，是一个突破口。在男双或者女双比赛中，要尽快找到技术相对较弱的一人，对该运动员重力施压。

3. 攻中路战术 要点是将球击打到两名队员站位之间的间隙，让对方两名队员争抢回击，或者相互让球从而造成失误，对一些配合默契度比较低的对手更是有效。

4. 攻直线战术 进攻的路线主要是以直线为主，没有固定的进攻对象和目标，靠个人击打球的力量、速度和刁钻角度来拿分。来球在边线，回击的球就在边线；来球在中间，回击的球就在中间。

5. 攻后场战术 适用于后场还击能力差和后场移动速度比较慢的对手，可以用高远球、平高球、平快球轮流进攻对方后场，抓住对方低质量的回球突击得分。

6. 前封后攻战术 比较积极主动，要求两名队员配合默契，技术过关，对封网的队员要求善于搓球、勾球、放球、扑球、推球等网球技术，以创造更多的进攻机会给后场的队友大力扣杀；对后场的队员则要求后场技术过关，还需要有一定的扣杀得分能力。

四、羽毛球的规则介绍

（一）比赛场地

羽毛球场地是长方形场地，场地长度为13.4m，单打场地宽度为5.18m，双打场地宽度为6.10m；

场地上的线常规宽度是40mm，比赛时线算在比赛场地内。

（二）违例

1. 发球违例

（1）发球过高　球的任何部分在击球瞬间高于1.15m的规定高度。

（2）过手　击球瞬间，拍框的高度明显高于持拍手的高度。

（3）未先击球托　在击球的瞬间未能第一时间击打羽毛球球托。

（4）干扰违例行为　发球时，双方队员都要站好位置，不能做任何假动作，或者故意拖延发球时间，企图获得比赛中的非法利益；发球队员的向前挥拍动作不得中断。

（5）发球区域错误　发球时，发球队员（双打时包括接发球队员）未站在应该站的发球区内发球或接发球。

（6）发球轮换顺序错误　发球或者接发球员，没有按照正确的轮换顺序发球或者接发球。

（7）脚违例　发球时，发球队员或接发球队员，不得有踩线、任何一脚离开地面、移动等动作，否则被判脚违例。

2. 比赛中违例情况

（1）连击　同一运动员连续击打两次球或者是双打中同方两名队员连续各击打一次羽毛球。

（2）持球　击球的过程中，球在球拍上有拖带的行为动作。

（3）过网击球　击球时击球点不在本方场地内，在对方场区内（如在本方击球后，则球拍允许随球过网）。

（4）触网　运动员的身体、衣服、饰品触及球网及球网柱。

（5）侵入对方场区　比赛中运动员的身体任何一部分，包括身上的饰品和球拍侵入到对方场地。

（6）干扰比赛　故意干扰对方的网前击球。

第6节　网　　球

一、网球运动概述

网球运动是两人或四人在一块长23.77m，宽8.23m（单打）或10.97m（双打），中间隔着网的场地上，用球拍来回击打具有弹性的橡皮小球的一项球类运动。

二、网球的基本技术

（一）网球握拍法

握拍法是最基本的网球技术，正确的握拍方法可以获得更好的学习效果。握拍的方法与击球动作有着密切的关系。网球主要的握拍方法有东方式握拍法、大陆式握拍法、西方式握拍法、双手握拍法。

1. 东方式握拍法　俗称“握手式”握拍法，包括正手握拍和反手握拍。

（1）正手握拍　用右手掌根与拍柄右上斜面贴紧，拇指垫贴于手柄的左垂直面，五指紧握拍柄，示指稍离中指，示指下关节压住拍柄垂直面（图7-49）。

（2）反手握拍　从正手握法位置向左转动1/4，即虎口对准拍柄左上斜面，拇指末节贴在左下斜面上，示指下关节压在右上斜面上（图7-50）。

2. 西方式握拍法　俗称“一把抓”，虎口处在拍柄的右平面。西方式握拍法是目前广泛采用的一种握法，此种握法击球时用力方便，灵活机动，攻击性强。

（1）西方式正手握拍法　将球拍平放于地上，用手抓起后，手掌根贴在拍柄右下斜面，拇指压在拍柄上部平面，示指下关节握住拍柄的右下斜面（图7-51）。

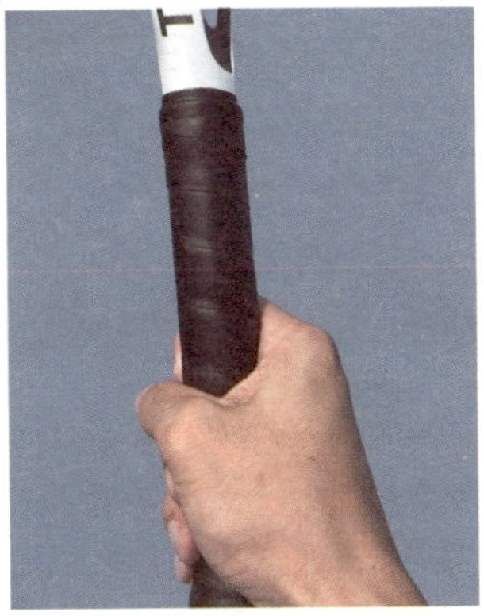

图7-49 东方式正手握拍法

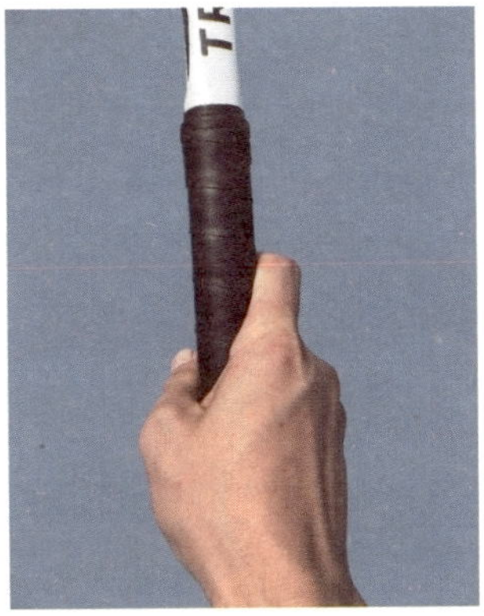

图7-50 东方式反手握拍法

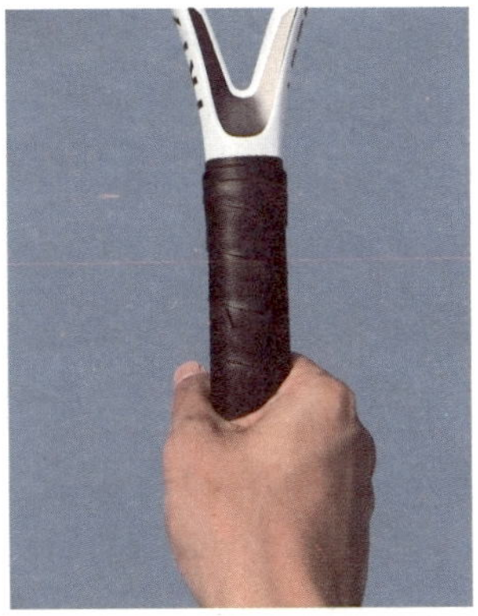

图7-51 西方式正手握拍法

（2）西方式反手握拍法 即正手握拍后，把球拍上下颠倒过来，用同一拍面击球（图7-52）。

3. 大陆式握拍法 对正、反击球都无须变换握拍。此种握拍法对于低球很适宜，但对于高球效果较差（图7-53）。

4. 双手握拍法 常用于反手击球，方法是右手用东方式反手握拍，握在拍柄的后方，左手用东方式正手握拍，握在拍柄的前方（图7-54）。

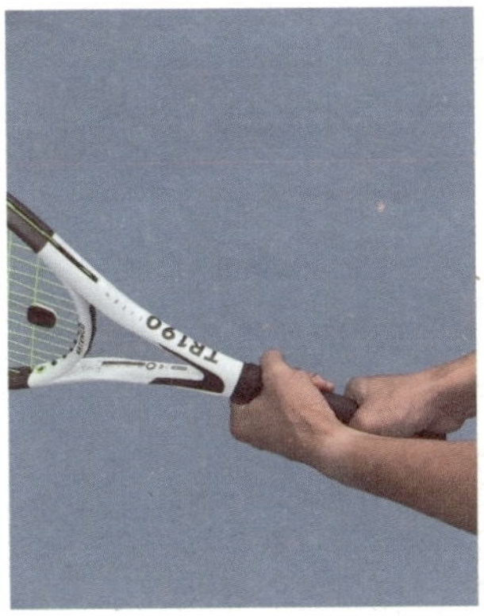

图7-52 西方式反手握拍法

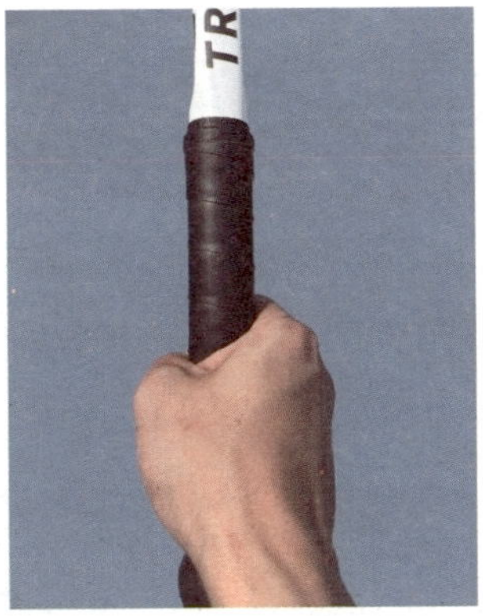

图7-53 大陆式握拍法

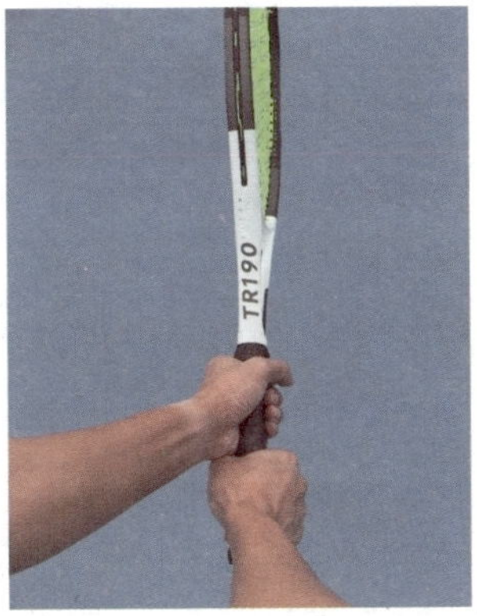

图7-54 双手握拍法

（二）发球

发球时多采用大陆式或东方式握拍法。发球基本分三种：平击发球、切削发球和旋转发球。每一种发球都有自己的特点和用途，好的发球具有相当大的攻击力，并使发出的球在速度、力量、旋转和落点方面有变化。

1. 平击发球 是在多种发球方法中球速最快的发球法，也称为炮弹式发球。优点：不但球速快，而且反弹低。缺点：虽然力量大、球速快、威胁大，但命中率比较低。

平击发球时的击球点应在身体的右眼前上方，以拍面中心平直对准球，击球的后中上部。因此手腕的向前拌甩和前臂的“旋内鞭打”非常重要，身体充分向上向前伸展，以获得最高击球点，以提高发球命中率。

2. 切削发球 是以右侧旋转（略带下旋）为主的发球法，就是由球的右上往左下切削击球。由于切削发球的飞行轨迹及弹跳方向固定，该发球不但球速快，威胁大，而且容易提高发球命中率。发球时把球抛到右侧斜上方，球拍快速从右侧中上方向左下方挥动。击球部位在球的中部偏右侧，使球产生右侧旋转。

3. 旋转发球 是以上旋为主、侧旋为辅的发球法。球的上旋成分多于切削发球，使球产生了一个明显的从上向下的弧形飞行轨迹过网，发力越强，旋转成分越多，弧形就越大，命中率也越高；落地后高反弹到对方的左侧，迫使对方离位接球，给对方造成很大压力，同时为发球上网带来足够的时间。发上旋球时把球抛到头后偏左的位置，击球时身体尽量后仰成弓形，利用杠杆力量对球旋转，球拍快速从左向右上方挥动，从下向上擦击球的背面，并向右带出，使球产生右侧上旋。

（三）正、反手击球

1. 正手击球 是网球运动中主要的击球方法，也是最可靠的进攻手段，这是因为不仅正手击球的机会较多，而且击球有力量、速度快，具有较强的进攻性与杀伤力（图7-56）。

图7-56 正手击球

2. 反手击球 是防御和进攻必须掌握的一项基本技术。与正手击球相比，反手击球动作较难掌握，但经过反复练习，可以运用自如。反手击球动作分反手上旋球、反手下旋球和双手反击球（图7-57）。

图7-57 反手击球

（四）接发球

1. 准备姿势 当对方发球前，可以膝盖弯曲，两腿叉开；当对方抛球准备击球时，可以重心升起，两脚快速交替跳动，并判断来球迎前回击。

2. 站位 根据对方的发球水平和自己的接发球水平、习惯、场地性质和战术需要来确定，一般应站在对方能发到内外角的中角线上，接第一发球时站位稍后些，接第二发球时站位略向前。

3. 击球 击球动作根据对方发球好坏、速度快慢而定。动作一般介于底线正、反拍击球动作和截击球动作之间。对发球差的选手，可用自己的底线正、反拍动作来击对方的发球；而对发球好、速度快的选手，可用网前截击球的动作来接对方的发球，这样击出的球很有威胁。

4. 种类 接发球分正拍和反拍两种接法，可打出上旋球、下旋球、平击球等。根据战术的需要，除了用不同的回击力量和落点变化外，还可以直接放轻球（小球），或挑高球，也可以接发球上网和接发球破网。

（五）截击球

截击球是在落地之前便将球在网前击回对方场区。截击球通常速度快、力量大，具有较大的威胁性，在高水平的比赛中，常以主动上网截击控制对手。网前截击又分为正手截击和反手截击。

1. 正手截击 身体姿势和正、反手击球相同。一般应站在发球区边线与球网间的中央位置上。判断来球，迅速移动位置，同时转肩带动手臂向后做简短的引拍。引拍完成时保持拍头上翘；击球时，后脚蹬伸，重心前移，微微向下伸臂推送球拍击球（图7-58）。

2. 反手截击 除转肩、侧移和封堵路线方向相反，反手截击方法变换均与正手截击相同（图7-59）。

图7-58 正手截击

图7-59 反手截击

（六）高压球

高压球是针对比较高的球进行扣杀还击的一种技术，及时移动到位后，直接将球拍引向脑后，自由手（未持拍手）上举，球拍抬起时手腕翘起使拍头下垂，两眼注视来球。挥拍击球，击球时转体、挥臂、扣腕一气呵成，击球点保持在右肩上方。

（七）高挑球

高挑球是把球挑过对方头顶的一种防御性或进攻性的击球方式。在移动中使球拍充分后摆，并使身体侧向来球飞行路线。击球时，拍面应击在球后下部1/4处。

（八）放轻球

击球前的准备动作与正、反拍抽球动作相同，球拍后引，侧身对网，拍头高于设想的击球点。侧身还击来球，击球时拍面稍开，动作柔和，触球点在球的下部，使之产生下旋，并以适当的前推或上托动作把球击出，使球有适当的弧线落在对方球场近网处。

三、网球的基本战术

（一）网球单打战术

网球单打战术一般分为发球战术、接发球战术、上网战术、底线结合上网战术和底线战术五种。

1. 发球战术　第一次发球一般要狠，第二次发球要稳，发球后立即上网，进攻型、防守型、综合型运动员，都必须掌握变化旋转，不同落点的稳健发球。

（1）发球站位　发第一区时，尽量接近中点线，发直线球逼住对方反拍接球；发第二区时，站位可距中点线稍远，便于以更大斜线发到对方反拍区，扩大的自己正拍防守区域。

（2）第一次发球　多用大力平击发球造成对方接发球失误，或用切削发球、上旋发球打落点，发至对方防守较差区域。

（3）第二次发球　重点在准确，力求凶狠，打落点，多用切削发球或上旋发球。

（4）上网的发球　大力平击发球和上旋发球后上网。但大力平击发球后，对方回球快，而且身体不易掌握平衡，常来不及上网，故利用上旋发球上网的居多。

2. 接发球战术　接对方的大力发球首先要做到少失误，力争将球击回过网，其次要做到打落点；接对方软球时，要有较强的进攻意识，要将球打至对方深区。

（1）接发球站位　站在对方可能把球发到的角度的角分线上。当对方发向外或向内旋转的球时，要靠近旋转方向一点。此外，应尽量站在底线内半米左右处，压制对方，自己上网。

（2）接发球击球方法　一般采用平击抽球，将球回击到对方底线两角；也可运用旋转使球旋向两边线外，造成对方左右奔跑；或运用切削球打到近网两角，或运用挑高球挑过发球上网者头顶等。

3. 上网战术　指在发球或接发球后，冲到离网较近的位置，不等对方回击的球落地便进行空中截击或高压的一种战术。

（1）上网时机　多用于第一次发球。发上旋球后，借球在空中飞行时间长，对方难于回击之机上网截击。若抽击球后上网，则出球要斜、要深、要重，或接近中央地带。

（2）上网站位　尽可能站到距离网约2m处。近网则进攻威胁性大，封网角度小，防守控制面积大。此时，站位应在对方可能的击球角度的分角线上。

4. 底线结合上网战术

（1）底线正反拍必须具有进攻性和较大威胁。

（2）用凶狠抽击球（如上旋球）拉开对方，及时上网。

（3）具有较好的预测、判断能力，击球果断、有力，随之上网。

（4）底线抽击球在斜、深、重的情况下使对方被动，紧跟着上步做抽杀。

（5）既考虑积极上网，又要提防对方的破网打法。

（6）上网击球主要采用截击球和高压球，此时还要熟练掌握反弹球，以落点为主，应付被动情况，争取第二次截击。

5. 底线战术 以进攻型打法为前提，用快速、有力、准确、凶狠取胜对方，使看来是防守性的打法具有攻击性。常用的有逼右攻左、逼左攻右，攻击对方弱点或打对方不喜欢打的球。

（二）网球双打战术

双打比赛，发球队员站在中点和单打线的中间，准备发球后直接上网；同伴站在发球线与球网之间，稍偏向单打线，做到只向两侧各移动一步，即能封住单打与双打之间的狭道及球场中央；接发球队员站在靠近边线的端线后，在接左区发球时应稍靠中间站，其同伴站在靠近发球线的前面，且偏近中线处，以便防守中路球。根据两人的技术特点来确定位置或分工，发球好的先发球，技术全面的或右手持拍技术好的站在左边，对方将球打到中央时，由正拍者回击，或由技术全面者回击。

1. 发球战术

（1）发球站位　发球者站在底线后面的中线与边线之间的一半处，比单打站位稍靠近边线，因为另一边有同伴防守，同时可使发出的斜线球角度更大。

（2）第一发球　大力、凶狠、准确，掌握上网主动权。常用大力上旋球发对方反手区，压制其进攻力量和回击角度，也可用大力平击发球，迫使对方回击高球，以便上网扣杀。

（3）同伴站位　在离网2～3m，离边线3m左右处，把守半边场区，伺机截击或高压击球。

2. 接发球战术

（1）接发球站位　站在对方可能把球发到角度的分角线上。

（2）回击方法　平击、切削、旋转三种交替运用，使对方捉摸不定。球要过网低、角度斜、落点深。压制对方上网，利用时机自己上网。

（3）同伴站位　站在发球线附近，比发球者站得稍后一些，随时注意场上变化。

3. 网前比赛战术 当四人均上网时，短兵相接，要求反应灵敏，动作迅速，有较高的技术水平。

（1）站位　上网位置在离网2～3m处，两人各站半场中间稍靠中线位置。这种站位，便于进退和防“中间球”。

（2）同伴之间配合原则　来球在两人之间，由正拍击球者回击；球在两人之间，又是斜线球时，由距离近的运动员迎击；挑高球在两人之间，由正拍击球者进行高压；对方接发球回击过来的是中场球，由上网运动员争取截击，发球运动员随时准备补漏；情况复杂时，通过呼叫“我的”“你的”互相照应；上网运动员左右移动时，底线同伴要移动补位。

（3）灵活机动变化战术　比赛中还要分析彼我情况，制订战术，以己之长，攻彼之短，灵活机动地变化战术，出奇制胜。

4. 底线比赛战术 双打应争取机会上网，一旦被压在底线，只能考虑防守，伺机反攻，或诱使对方失误。可用挑高球，回击短而低的球，或打平直线球快速穿过对方中央场区，或运用侧旋直线球打对方两侧。

四、网球的规则介绍

（一）比赛场地

网球场地是长方形，由边线、端线、中线、发球线和中点组成。分为单打和双打场地。一般是在草地、黏土（软地）或混凝土（硬地）场地内进行。网球场长度为23.77m，单打场地宽度为8.23m，双打场地宽度为10.97m。球网中央高0.914m，中间由一条挂在最大直径为0.8cm粗的绳索或者钢丝绳上的球网分开。端线外至少有6.40m；边线外要有3.66m的空地。除端线为10cm外，其他线宽度均为

5cm，线宽度均包括在场内，线为白色或黄色。

（二）比赛规则

1. 单打

（1）双方应站在各自的半场内。发球者应站在端线后中点和边线的假定延长线之间的区域用手将球向空中任何方向抛起，在球接触地面以前，凡用球拍触球，即算完成球的发送。

（2）发球时，不得通过行走或跑动改变原来站的位置，两脚只准站在规定位置，不得触及其他区域。

（3）每局开始，先从后区端线后发球，得或失1分后，换到左区发球；发出的球应从网上越过，落到对方的发球区内，或其周围的线上。

（4）球在落地前触及固定物（球网、中心带和网边白布除外），违反发球和发球位置，未击中球，则属发球失误。

（5）第一次发球失误，应在原发球位置进行第二次发球，第一局比赛结束，则互换发球权，以后以此类推，直至比赛结束。

（6）每胜1球得1分，先胜4分者胜1局；双方各得3分时为“平分”，平分后须净胜2分为胜1局。

（7）一方先胜6局为胜1盘，双方各胜5局时，一方净胜2局为胜1盘。

（8）双方应在每盘的第1、3、5等单数局结束后，以及每盘结束双方局数之和为单数时，交换场地。

（9）凡在球第二次着地之前未能还击过网，还击的球触及对方地区界线以外地面、固定物或其他物件；故意用球拍触球超过一次；运动员身体、球拍在发球期间触及球网；还击空中球失败；过网击球；抛拍击球均判失分。

2. 双打

（1）每盘第一局开始，由发球方决定人选首先发球，第二局则改由对方决定，第三局由第一局发球方的另一人发球，第四局由第二局发球方的另一球员发球，以此类推。

（2）先接球方应在第一局开始时，决定先接发球的人选，并在这一盘的单数局继续先接发球。对方同样应在第二局开始，决定先接发球的人选，并在这一盘双数局继续先接发球，他们的同伴则在每局中轮流接发球。

链 接　以《全面加强和改进新时代学校体育工作的实施意见》为指引，做好体育与健康工作

学校体育是实现立德树人根本任务、提升学生综合素质的基础性工程，是加快推进教育现代化、建设教育强国和体育强国的重要工作，对于弘扬社会主义核心价值观，培养学生爱国主义、集体主义、社会主义精神和奋发向上、顽强拼搏的意志品质，实现以体育智、以体育心具有独特功能。

自 测 题

1. 简述篮球双手胸前传球的动作方法。
2. 简述行进间单手肩上投篮的动作方法与要点。
3. 简述排球正面双手垫球技术的要点。
4. 足球常见的停球方法有哪些？
5. 简述脚背正面踢球的动作要领。
6. 乒乓球握拍技术有哪些手法？
7. 羽毛球运动的步法有几种？
8. 简述网球正手截击技术的要领。

（谭明雅）

第8章 健美运动与健美操

学习目标

1. 掌握健美运动与健美操的概念。
2. 熟悉健美体型塑造和健美操的基本动作。
3. 了解健美运动与健美操的锻炼价值。

第1节 健美运动

一、健美运动概念

健美运动是一项通过徒手和各种器械，运用专门的动作方式和方法进行锻炼，以发达肌肉、增长体力、改善形体和陶冶情操为目的的运动项目。健美运动是举重运动的一个分支，也是一个独立的竞赛项目。健美运动作为一个运动项目，除了具有一般体育活动所共有的能锻炼身体、增进健康、增强体质的作用外，还特别能发达全身各部位的肌肉，增长体力，改善形体以及陶冶情操。它不仅强调“健”，而且强调“美”，把体育和美育融为一体。健美运动分为健身健美和竞技健美。

二、健美训练的方法

健美训练能够使得肌肉丰满、发达，减少体内多余的脂肪而达到体型健美。想要使健美训练取得好的成效，训练的方法至关重要，下面介绍8种常用的健美训练方法。

1. 渐增超负荷法训练 是要逐渐增加训练的重量和负荷，给予全身各部位肌肉群“超负荷”的刺激才能获得“超补偿”的结果，从而使肌肉群更快地增长。具体就是逐步提高训练的重量与密度，但一定要有渐进性。

2. 肌肉混淆训练 为了使肌肉群获得新的或更大的刺激，经常采用变换不同的训练动作，改变握距、握位、体位或两脚的位置，采用不同的训练强度，包括轻、重的交替；大重量的低次数、轻重量的高次数；不同组合的训练动作及采用自由调节重量的机械进行训练，使肌肉获得混淆的刺激。

3. 优先训练 把身体上最薄弱的部位或相对较弱需重点加强的部位，安排在每次训练课的最前面，因为在开始训练时体力最旺盛，精力最充沛，能承受最大的训练强度，并有足够的训练时间。

4. 锥形加重训练 这是一种逐渐增加举重重量，试举次数相对减少的加重方法。每个动作在开始时，先采用较轻的重量作为暖身活动，然后再逐组增加试举重量，直到最高重量后再减少下来，这种加重方法像一个“梯形”或“锥形”。

5. 综合训练 是在不同的训练动作中，采用不同的重量、不同的次数和不同的训练强度进行训练。它是增长肌肉块最有效的训练方法之一。大重量、少次数、快速的训练动作，能充分发挥白肌纤维的性能，它对刺激肌纤维、增大肌肉块效果较好；小重量、少次数和小重量、高次数的综合训练能使肌肉结缔组织获得全面的发展。

6. 逐降组数训练 是在一个连续长组训练中，逐组减轻重量和强度的训练方法。在逐组减轻重量时，以最短的间歇进行连续组的极限试举，达到局部肌肉群充分“发胀”。

7. 优质训练 是在规定的组数内，逐渐减少组与组之间的间歇，以减缩多余脂肪和增进肌肉的线条，采用这种“优质训练”能帮助减缩脂肪和增长肌肉块。

8. 助力次数训练 在一组试举中，最后不能再以准确的技术动作来完成动作全过程，允许借用自身协同肌群的力量产生一股“助力”来完成最后几次试举。这种“助力”主要是克服动作过程中的“黏住点”，也是一种加强肌肉刺激深度常用的训练方法。

三、健美体型的塑造

通过人体各部位肌肉的锻炼，达到健美体型的塑造。

1. 颈部健美训练（图8-1）

（1）抱头颈后屈训练 站立，双手抱头，含胸低头，用力下压颈部。

（2）抬头训练 站立，双手在背后相握，用力向后上方抬头，收紧颈后侧肌肉；收紧后稍停再还原到低头。

2. 上肢健美训练

（1）哑铃前平举 站立，双手紧握哑铃自然下垂于大腿前，双手紧握哑铃向前抬至肩膀高度，肘关节伸直，双手放下还原至大腿前侧（图8-2）。

图8-1 颈部后屈、抬头

图8-2 哑铃前平举

（2）哑铃推举 站立，双手各举一哑铃保持与肩形成直角，手掌向前，垂直向上推举哑铃直到肘关节伸直，双臂逐渐降低高度至与肩形成直角（图8-3）。

图8-3　哑铃推举

3. 肩、胸、背部健美训练

（1）俯卧撑　预备时两手掌及足尖撑地，身体保持平直；屈肘身体下降后肩应低于肘，再推起至两臂伸直，上推要快、下落后勿停接着推起（图8-4）。

（2）哑铃肩背拉力　站姿，双手各握一哑铃，双手自然下垂于大腿前侧，保持肘关节稳定，尽量向上耸肩，垂直将哑铃向上拉，缓慢降低哑铃高度，还原为初始姿势，拉伸斜方肌（图8-5）。

（3）哑铃弯举　站姿，双手各握一哑铃，双臂自然下垂，弯曲肘关节，将哑铃弯举至肩部高度，缓慢放下哑铃，还原到初始姿势（图8-6）。

（4）哑铃立式侧平举　站姿，身体直立，双手各握一哑铃，手臂自然放于身体两侧，双手在体侧向上抬起，手臂伸直，直到哑铃与肩齐高，手臂向下，哑铃落至身体两侧（图8-7）。

（5）哑铃蝶式扩胸　平躺于垫子上，两手各握一哑铃，掌心相对，哑铃放于胸部上方，手臂伸直，在身体两侧将哑铃放下，随着哑铃高度的降低，肘关节轻微弯曲，直到哑铃降至胸部位置，沿向上的弧线将哑铃举起，与身体垂直（图8-8）。

图8-4　俯卧撑

图 8-5　哑铃肩背拉力

图 8-6　哑铃弯举

图 8-7　哑铃立式侧平举

图8-8　哑铃蝶式扩胸

4. 下肢健美训练

（1）哑铃深蹲　两脚与肩同宽站立，双手各握一哑铃，双手上举伸直，缓慢弯曲膝盖直到大腿与地面平行，哑铃与肩齐高，缓慢伸直双腿，还原到初始姿势（图8-9）。

（2）立定三连跳　站立，踮起脚尖，两臂后摆，然后双脚蹬地向前跳出，收腿落地后接着做第二次、第三次连续跳，然后停住（图8-10）。

（3）箭步蹲　双腿分开，一只脚向前迈步，弯曲膝盖，大腿与地面平行，双手各握一哑铃，双臂自然下垂于体侧，还原到初始姿势，另一只脚迈步，重复之前的动作（图8-11）。

5. 腰腹部健美训练

（1）地面仰卧起坐　仰卧于地面，双手放在耳侧，双肩抬离地面，胸部向前卷，保持下背部紧贴地面，放松肩部，还原到初始姿势（图8-12）。

（2）仰卧举腿　仰卧，双手放在体侧，举起双腿在空中停留，保持双膝微屈，然后慢慢放下，还原到初始姿势，做动作时要快收慢放，注意身体不要产生晃动（图8-13）。

（3）两头起　仰卧，收腹使手脚相触，然后还原（图8-14）。

图8-9　哑铃深蹲

图8-10 立定三连跳

图8-11 箭步蹲

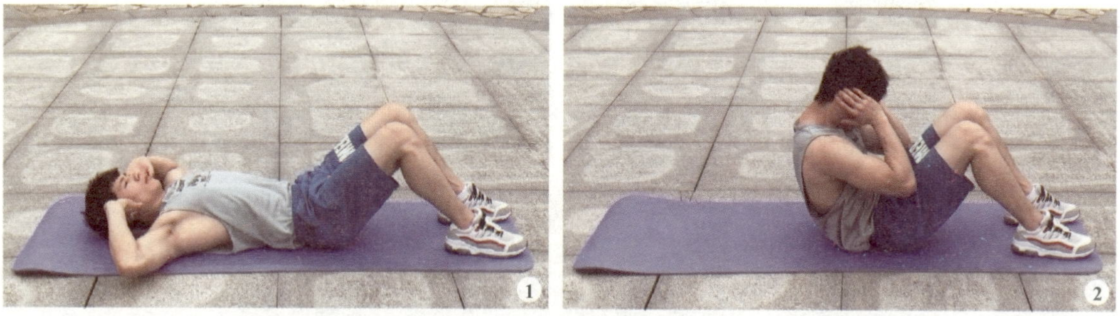

图8-12 地面仰卧起坐

图8-13 仰卧举腿

图8-14 两头起

四、健美运动的锻炼价值

（一）发达肌肉，改善体型体态

健美运动可以发达肌肉，增加肌肉体积和增加肌肉力量，改善机体的形态，使男士变得更加强壮，女士变得更加丰满。健美运动的各种动作能给予身体某些部位的生长发育以良好的影响，促使肌肉发育和骨骼生长，使体型发展得更健美，而体型、体态已经出现某些缺陷的人，通过适当的健美动作练习可以达到纠正畸形的目的。在健美训练中，经常采用各种各样的杠铃、哑铃等器材的负重练习，对全身各部位肌肉进行锻炼，能够使肌肉得到强烈的刺激，从而使肌纤维增粗，肌肉中的毛细血管网增多，肌肉的生理横断面增大，使肌肉发达，力量增强。

（二）改善心血管系统

健美运动使呼吸肌收缩更加有力，更多的肺泡张开，进而扩大与血液的接触面，吸进更多的新鲜氧气，呼出更多的二氧化碳，这种呼吸深度的提高，使得每次呼吸的气体交换量有所增加，从而提高呼吸系统的功能储备，从而保证在激烈运动时满足气体交换的需要，提高技能水平。健美运动能使心肌中的毛细血管大量新生，增加心肌肌红蛋白含量，供血量、心脏的大小和重量都有所增加，组织代谢加强，心肌纤维变粗，进而提高心脏的收缩力和血管的舒张能力，使心搏有力，血输出量增加，心率减慢，使心脏的工作能力和储备能力都得到提高，能承受更大的负担量，同时促进血液总量和质量提高，促进血管结构和功能的良性变化，从而提高身体的代谢能力和对疾病的抵抗能力。

（三）调节身心健康，促进人际交往

健美运动不仅可提升体质健康，而且可促进心理健康。进行健美运动，除了身体机能、体态体型得到改善外，还会形成一种良好的自我满足感，这是一种自我实现的多重心理健康效应。健美运动可以增强对肢体语言的理解和使用能力，改善自我意识水平和社交能力，提高人际交往能力。通过健美运动结交各种各样的朋友，大家有共同的兴趣、爱好，可以在一起交流运动心得、讨论锻炼方法，组织各种活动，增进情感交流，加深友谊，使内向的人可以更好地融入集体，改善人际关系。

（四）培养意志品质，陶冶情操

健美运动对培养良好的意志品质有着积极的推动作用，长期坚持健美训练能培养学生不怕苦、不怕累、不怕疼的意志品质，培养学生不断进取、顽强拼搏的精神。同时，通过健美训练和观看健美比赛，可激发学生对美的追求，树立正确的审美观，陶冶美的情操。

第2节　健　美　操

一、健美操的概念

健美操是融体操、舞蹈、音乐、健身、娱乐于一体的体育项目。在音乐伴奏下，以身体练习为基本手段，以有氧运动为基础，通过徒手、手持轻器械的练习，达到健身、健美和健心的目的，使练习者不仅锻炼了身体，增强了体质，而且从中得到了“美”的享受，提高了艺术修养。健美操分为健身健美操、竞技健美操。

二、健美操的基本动作

（一）健美操常用的几种手型

健美操中的手型有多种，是从芭蕾舞、现代舞、迪斯科、武术中吸收和发展而来的。手型是手臂动作的延伸和表现，使健美操动作更加生动，具有感染力。常用的手型有以下几种（图8-15）。

1. 掌

（1）分掌　五指用力伸直，充分张开，手腕保持一定的紧张程度。

（2）合掌　五指并拢伸直，拇指微屈，指关节贴于示指旁。

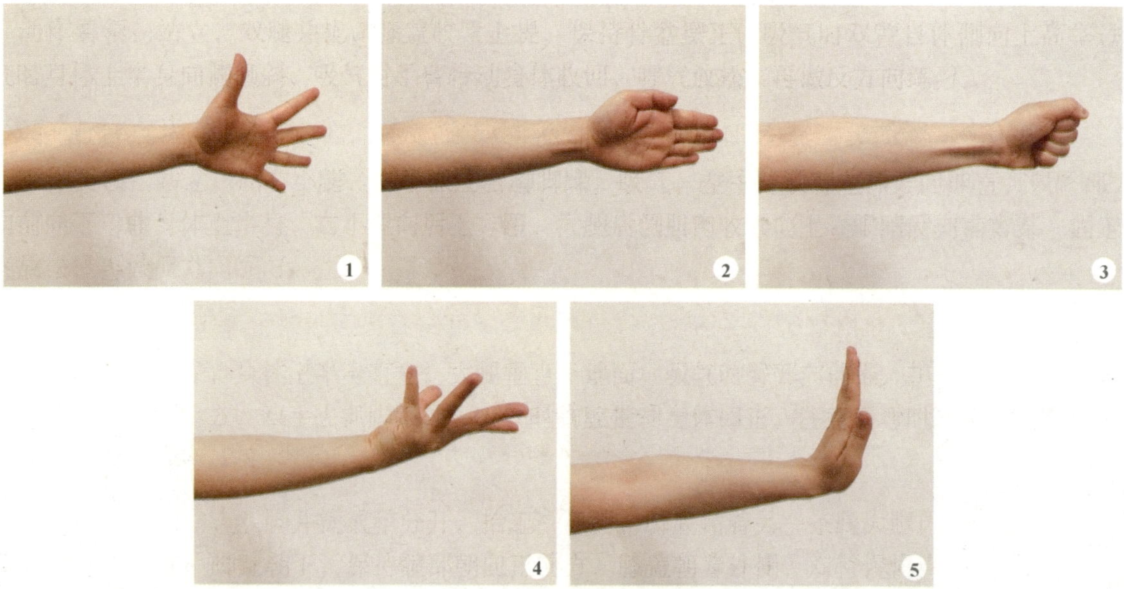

图8-15　健美操基本手型

2. 拳　五指弯曲紧握，拇指压在示指弯曲部位。

3. 花式　在分开式的基础上小指伸直向掌心回弯到最大限度，环指会随小指回弯。

4. 立掌式　五指伸直，手掌用力上翘。

（二）健美操基本步伐

国际体操联合会健美操委员会出版的《竞技性健美操规则》中把健美操的步伐分为以下七大类：踏步、吸腿跳、开合跳、踢腿跳、弓步跳、弹踢腿跳和后踢腿跳。

1. 踏步　两脚交替不间断地做屈膝上提，然后踏地的动作，包括脚尖不离地的踏步、脚离地的踏步和高抬腿的大幅度踏步（图8-16）。

2. 吸腿跳　单脚跳起，同时另一腿屈膝，大腿用力上提，小腿自然下垂，脚尖伸直（图8-17）。

图8-16　踏步

图8-17　吸腿跳

3. 开合跳　分腿时，髋部外开，两腿自然外开，膝关节沿脚尖方向弯曲；跳起与落地时，屈膝缓冲（图8-18）。

图8-18　开合跳

4. 踢腿跳 踢腿时，须加速用力，上体保持正直、立腰（图8-19）。

图8-19 踢腿跳

5. 弓步跳 跳成弓步时，上体重心必须在两腿之间，一脚向前，大腿和小腿形成直角，膝关节在主力腿的脚上面，幅度可变化，脚跟不着地（图8-20）。

图8-20 弓步跳

6. 弹踢腿跳 大腿抬起至一定角度后，小腿自然伸直，膝关节稍有控制（图8-21）。

7. 后踢腿跳 髋和膝在一条线上，小腿叠于大腿（图8-22）。

图8-21 弹踢腿跳

图8-22 后踢腿跳

（三）健美操基本步伐的名称介绍

根据人体运动时对地面的冲击力大小分为无冲击力步伐、低冲击力步伐、高冲击力步伐三大类。

1. 无冲击力步伐 是指做动作时两脚始终接触地面的动作，如半蹲、膝弹动、提踵等。

2. 低冲击力步伐 是做动作时一脚着地，另一脚离地的动作，如踏步、一字步、V字步、漫步、脚尖前点地、脚跟点地、并步、迈步点地、迈步后屈腿、迈步吸腿、侧交叉步、吸腿、踢腿、摆腿、弹踢腿。

3. 高冲击力步伐 是指做动作时，双脚都离地的动作，即为平常所说的跳类动作，如吸腿跳、屈腿跳、弹踢腿跳、并腿跳、开合跳、弓步跳、并步跳、迈步后屈腿跳、迈步吸腿跳、后踢腿跑、小马跳。

三、健美操基本组合

1. 第一八拍（图8-23） 1、5拍出左脚，手臂屈臂位于胸前；2、6拍右脚点地靠左脚，手臂下放垂直于体侧；3、7拍出右脚，手臂屈臂位于胸前；4、8拍左脚点地靠右脚，手臂下放垂直于体侧。

2. 第二八拍（图8-24） 1、3拍出左脚，手臂上举，四指并拢，拇指分开；2、4拍右脚点地靠左脚，手臂握拳屈臂与肩平行；5、7拍出右脚，手臂上举，四指并拢，拇指分开；6拍左脚点地靠右脚，手臂握拳屈臂与肩平行；8拍两腿并拢，手臂下放垂直于体侧。

3. 第三八拍（图8-25） 1、3拍出左脚，左臂伸直，右臂屈臂位于胸前，五指并拢；2拍右脚向左脚后侧交叉，右臂伸直，左臂屈臂位于胸前，五指并拢；4拍右脚并左脚，两臂垂直位于体侧，五指并拢；5、7拍出右脚，右臂伸直，左臂屈臂位于胸前，五指并拢；6拍左脚向右脚后侧交叉，左臂伸直，右臂屈臂位于胸前，五指并拢；8拍左脚并右脚，两臂垂直位于体侧，五指并拢。

4. 第四八拍（图8-26） 1、5拍左脚向左前方跨一步，左手单臂向前举；2、6拍右脚向右前方跨一步，两臂向前举；3、7拍左脚向后跨一步，手臂在胸前交叉，4、8拍两腿并拢，手臂垂直位于体侧。

图8-23　第一八拍

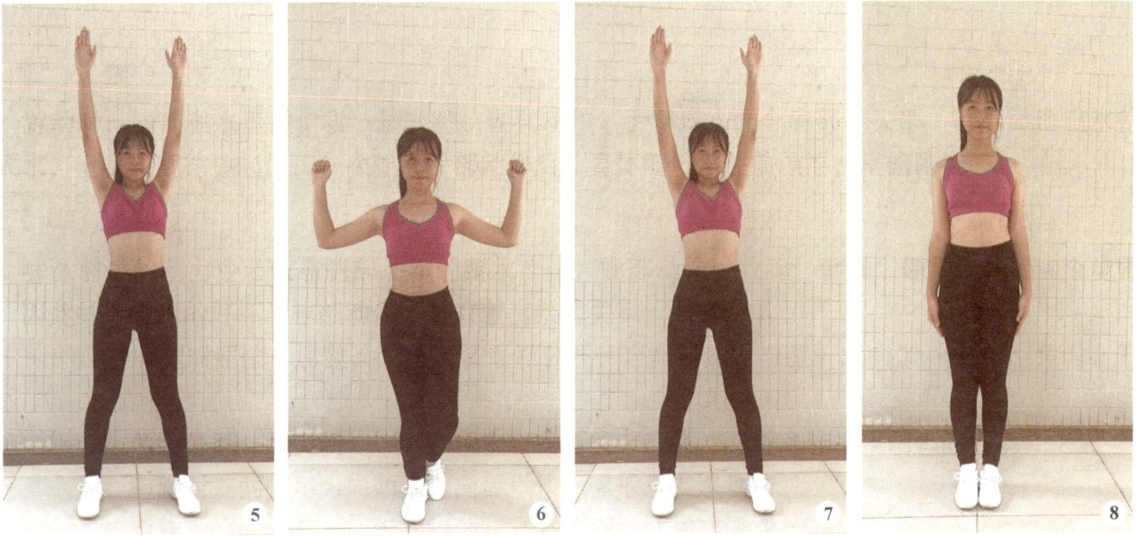

图8-24　第二八拍

图8-25　第三八拍

图 8-26 第四八拍

四、健美操的锻炼价值

（一）增进健康功能

健美操作为一项有氧运动，其健身功效已得到公认。有氧运动能增强人体的心肺功能，而健美操不仅具有有氧运动的功效，且兼备发展身体柔韧性和灵敏性的作用。通过健美操的练习，可以锻炼良好的心肺耐力、肌肉力量、平衡性、灵敏性、柔韧性和协调性。

（二）塑造形体美功能

健美操练习的动作要求和身体姿态要求与日常生活中的状态要求基本一致，因此通过长期的健美操练习可以塑造形体，纠正不良的身体状态，可以培养优美的形体和高雅的气质，给人以朝气蓬勃、健康向上的感觉。通过健美操练习，可以使骨骼粗壮、肌肉围度增大，从而弥补先天的体形缺陷，使人变得匀称健美，还可消除体内和体表多余脂肪，维持人体吸收与消耗的平衡，降低体重，保持健美的体形。

（三）缓解精神压力、娱乐身心

健美操作为一项体育运动，以其动作优美、协调、全面锻炼身体，同时有节奏强烈的音乐伴奏而著称，是缓解精神压力的一剂良方。在轻松优美的健美操锻炼中，练习者可以从烦恼的事情上转移注意力，忘掉失意与压抑，尽情享受健美操运动所带来的欢乐，得到内心的安宁，从而缓解精神压力，使人具有更强的活力和最佳的心态。因此，健美操锻炼不仅能强身健体，同时还具有娱乐功能，可使人在锻炼中得到一种精神享受，满足人们的心理需要。

（四）医疗保健功能

健美操作为一项有氧运动，其特点是低强度、大密度、运动量可大可小，容易控制，因此除对健康的人具有良好的健身效果外，对一些病人、残疾人和老年人也是一种医疗保健的理想手段。例如，对下肢瘫痪的病人来说，可做地上健美操和水中健美操，以保持上肢的功能，促进下肢功能的恢复。总之，只要控制好运动范围和运动量，健美操练习就能在预防损伤的基础上，达到医疗保健的目的。

链 接　《关于深化新时代学校思想政治理论课改革创新的若干意见》（节选）

全面推进课程思政建设，就是要寓价值观引导于知识传授和能力培养之中，帮助学生塑造正确的世界观、人生观、价值观，这是人才培养的应有之义，更是必备内容。要紧紧抓住教师队伍“主力军”、课程建设“主战场”、课堂教学“主渠道”，让所有高校、所有教师、所有课程都承担好育人责任，守好一段渠、种好责任田，使各类课程与思政课程同向同行，将显性教育和隐性教育相统一，形成协同效应，构建全员、全程、全方位三全育人大格局。

自测题

1. 简述健美运动与健美操的概念。
2. 健美运动和健美操锻炼的价值是什么？

（黄丽群）

第9章 瑜　伽

学习目标

1. 掌握瑜伽的概念。
2. 熟悉瑜伽的分类和作用。
3. 了解瑜伽的坐姿、手印和体位。

第1节　瑜伽的概念

瑜伽是印度的一种传统健身法。瑜伽姿势运用古老而易于掌握的技巧，改善人们生理、心理、情感和精神方面的能力，达到身体、心灵、精神三者的和谐统一，包括调身的体位法、调息的呼吸法、调心的冥想法等，以达到身心的合一，可以促使身体柔软、内心平和，并通过提升意识，帮助人类充分发挥潜能的体系。

第2节　瑜伽的呼吸

一、瑜伽呼吸的分类

呼吸，是指机体与外界环境之间气体交换的过程。瑜伽呼吸，是通过各种不同的呼吸方法有效地按摩内脏，刺激各生理腺体良性地分泌，更好地清理和洁净身体，同时可以向身体的各个器官提供更多的氧气。瑜伽呼吸可以分为以下几类（图9-1）。

图9-1　瑜伽呼吸的分类

（一）腹式呼吸

动作要领：坐姿，把手放在腹部上，两鼻孔慢慢吸气，放松腹部，感觉空气被吸向腹部，手能感觉到腹部越抬越高，横膈膜下降，将空气压入肺部底层，吐气时，慢慢收缩腹部肌肉，横膈膜上升，将空气排出肺部。

（二）肋间肌呼吸

动作要领：双手放于肋间，吸气时肋骨向两侧打开，呼气时收肋骨、收腰、收腹、收盆底肌，注意不要耸肩，身体其他部分放松，注意力集中。

（三）单侧肋间呼吸

动作要领：坐姿，吸气时单侧肋骨扩张，脊柱向对侧弯曲，呼气时还原，注意不要耸肩，身体其他部分放松，注意力集中。

（四）侧后式呼吸

动作要领：屈髋、屈膝，俯卧位，吸气时肋骨向后背扩张，呼气时还原，身体其他部分放松，注意力集中。

（五）胸式呼吸

动作要领：坐姿，一侧手放于胸口，吸气时挺胸，呼气时胸腔回到起始位置，注意不要耸肩，胸廓前后侧同步扩张，身体其他部分放松，注意力集中。

（六）完全呼吸

动作要领：盘腿坐正，一手放在腹部，一手放在胸口，缓缓地吸气，感觉腹部慢慢鼓起，再缓缓地呼气，先放松胸上部，再放松胸下部和腹部，最后收缩腹肌，把气完全呼净。这是一种把腹式和胸式呼吸结合起来完成的正确自然的呼吸。

（七）单鼻孔清理经络呼吸

动作要领：盘腿坐正，左手放于腹部，右手中指、示指抵眉心，拇指和环指分别放在鼻子两侧，拇指按紧右鼻孔，只用左鼻孔深长、缓慢地进行完全呼吸，轻柔地吐纳气息，做完后，拇指松开，环指按紧左鼻孔，用右鼻孔缓慢地进行完全呼吸。

二、瑜伽呼吸的作用

瑜伽呼吸把普通的呼吸过程分为吸气、呼气和屏息，将呼与吸的时间延长，将呼吸的幅度拓宽，同时结合适当的屏息，有意识、有节律地控制呼吸的过程，把呼吸变成一种艺术。瑜伽呼吸理论认为，心与气息是人的终身伴侣，瑜伽呼吸控制法扮演着调整生命能量的重要角色。

瑜伽练习中不同体位结合不同呼吸方式，能够显著增加肺活量、闭气时间和呼吸频率。其作用机制在于膈肌有节律地收缩和舒张，不断地改变胸压和腹压，使内脏得到按摩，毛细血管得以反射性扩张，胸压的规律性变化及呼吸的深浅，使得呼吸器官本身得到充分的血液供应；同时影响自主神经系统对呼吸道平滑肌的调节功能，保持呼吸道的通畅，增加肺泡的张开率，增加肺有效通气量，使气体交换效率提高，从而增加肺部容积和吸氧量。

长期坚持瑜伽呼吸练习，能使呼吸肌变得更加强壮有力，增加肺组织的弹性和胸廓的活动力度，增强机体的有氧代谢能力，使运动时最大吸氧量提高，安静时呼吸加深，呼吸频率降低。规律地练习呼吸法，不仅强化锻炼呼吸系统的机能，而且还具有使人精神焕发、美容养颜的功效。

第3节　瑜伽的基本坐姿、手印和体位

一、瑜伽的基本坐姿

瑜伽坐姿是练习瑜伽必须掌握的基本姿势，分为简易坐、半莲花坐、全莲花坐、金刚坐、英雄坐、狮子座、吉祥坐、至善坐、成就坐、散盘坐（图9-2）。

图9-2 瑜伽的基本坐姿

（一）简易坐

动作要领：坐于垫上，挺直腰背，平坐压实于垫子，把右脚放在左大腿下，再屈左膝，把左脚放在右小腿下，双脚脚心尽量向上，双膝尽量贴向地面，双手自然放在双膝上，脊柱向上伸展，保持双肩和手臂的放松，保持自然呼吸。注意：头、颈、躯干保持在一条直线上。

（二）半莲花坐

动作要领：坐于垫上，弯曲左小腿，将左脚跟放于右大腿根上，弯曲右腿并把右脚放在左大腿下髋部外旋，尽量使双膝贴放在地面上，腰背挺直。

（三）全莲花坐

动作要领：坐于垫上，弯曲右小腿，把右脚放在左大腿上，脚底朝上，把左脚放在右大腿上，脚底朝上，左右腿交叉叠放，下颌微微内收，双手放在双膝上，保持自然呼吸。

（四）金刚坐（雷电坐，钻石坐）

动作要领：双膝并拢跪于垫上，臀部坐在双脚脚跟上，保持背部挺直向上，脚背贴于地面，放松肩部，收紧下巴，双手平放在大腿上或呈祈祷式置于胸前。

（五）英雄坐

动作要领：双膝并拢跪于垫上，再将小腿分开到稍大于一肩宽的位置，膝盖靠拢，将臀部坐于两小腿之间的地面上，脚背部伸直，脚跟夹紧臀部，双手搭放在大腿上，肩部放松，保持均匀呼吸。

（六）狮子坐

动作要领：跪坐于垫上，左右脚脚踝交叉，将脚跟抵在肛门下方，双手放在双膝上。

（七）吉祥坐

动作要领：坐于垫上，屈膝，两腿打开，两脚掌相对，腰部挺直，双腿放松，双手放在双膝上。

（八）至善坐

动作要领：坐于垫上，弯曲左小腿，左脚掌紧靠右大腿，弯曲右小腿，把右脚脚跟放在左脚脚踝上，双手放在双膝上，背部保持直立向上，肩部放松，呼吸匀畅。

（九）成就坐

动作要领：坐于垫上，弯曲左小腿，左脚的脚跟顶住会阴，弯曲右腿，将右脚的脚跟放在左脚上，并尽量贴近会阴部。

（十）散盘坐

动作要领：坐于垫上，身体保持挺直，弯曲左腿，将脚跟靠近会阴处，左脚掌靠近右大腿，脚背触地，弯曲右腿，右脚放于左脚前方，脚背触地，双脚在一个水平面上。

二、瑜伽的基本手印

手印是指瑜伽修炼时手的姿势，又称为印契。手印是古老瑜伽练习方法的一种，是用手指（或脚趾）的各种变化，配合瑜伽的体位、呼吸、冥想练习，以起到刺激手（脚）部的反射区，增强健身效果的作用，并具有一定的象征意义。在做调息练习或者冥想的时候，手印具有重要的意义，不同的手印对身心影响不同，但都有助于净化心灵。瑜伽练习时每一个手指都有重要的象征意义，手的各个部位表现身体、大脑和心灵的状态。示指和拇指的位置象征瑜伽的终极目的，是个体心灵与宇宙本体的结合。在瑜伽中，每一个手指都有象征意义。拇指：代表无处不在的至高神意（自我意识）。示指：代表个体的心灵（智慧智能）。中指：代表纯洁、智慧和平等（挑战压力）。环指：代表活力、运动、激情等（生命力）。小指：代表惰性、懒散、黑暗等（交流联系和沟通）。瑜伽的基本手印包括以下几种（图9-3）。

图9-3　瑜伽的基本手印

（一）智慧手印

动作要领：手掌向上，拇指与示指相扣，其他三指自然伸展。此手印代表把小宇宙能量和大宇宙能量合一，即人与自然合一，可以让人很快进入平静的状态。

（二）大地手印

动作要领：将拇指和环指交接，其余手指自然平伸。有效地刺激体能，对皮肤和发质有很好的调整和改善作用。

（三）生命手印

动作要领：将拇指、环指、小指交接，其他手指自然伸直。可以提高反应力，减轻疲劳感。

（四）流提手印

动作要领：将拇指、小指相扣，其余手指平伸。可以帮助平衡情绪，保持头脑清醒。

（五）双手合十手印

动作要领：双手合十，拇指相扣。此手印可以增加人的专注能力。

（六）秦手印

动作要领：也称为下巴式。手势手掌向下，拇指和示指指端轻贴在一起；作用与智慧手印相同。

（七）禅那手印

动作要领：两手叠成碗状，将拇指尖相连。这是比较古典的手印，意味着空而充满力量的容器。可以平和、稳定精神，有助于记忆力和注意力的提高，让身体更和谐。

（八）莲花手印

动作要领：合掌后，掌根、拇指、小指，三点相触结合，其余六指自然分开，置于胸前。练习此手印，能够帮助打开心灵，接受爱和慰藉。

（九）妙语手印

动作要领：双手掌心相对，双手拇指交叉相扣，示指相抵冲天，其余三指交叉相扣。这个手印可以赶走消极的能量，帮助引导积极的能量流动。

（十）能量手印

动作要领：将拇指、环指和中指交接，其他手指自然伸展。此手印可以帮助排出体内的毒素，调节大脑平衡，让人更有耐心。

三、瑜伽的体位练习

瑜伽的基本体位包括以下几种（图9-4）。

10

11

12

13

14

15

16

17

图 9-4　瑜伽的体位练习

（一）风吹树式

动作要领：站立，双腿并拢，膝盖收紧上提，保持骨盆摆正，吸气时双臂自体侧向上高举过头，呼气时身体上半身向侧倾斜，吸气时手臂带动身体收回，呼气放松，再做反方向练习。

（二）舞王式

动作要领：站立，屈右小腿，右手抓住右脚脚踝，吸气，左手臂顺着左耳方向伸直，以臀部为轴点向前向下弯曲身体上半身，右小腿向后上方蹬，大腿后侧肌肉收紧向上，眼睛看向前方某一固定点，呼气放松，再做反方向练习。

（三）骆驼式

动作要领：跪立，身体上半身直立，大腿垂直于地面，吸气时臀部向前推，扩张胸腔，肩膀展开，向后弯，眼睛看向后方，双手去抓脚跟处，吸气时胸腔带动身体回正，注意后弯时尽量放松腰部。

（四）树式

动作要领：站立，双脚并拢或稍分开，抬起一条腿，脚底贴着另一条腿大腿内侧，脚跟在舒适的范围内靠近腹股沟，脚趾朝下，保持髋部朝向正前方，膝盖朝着外侧，双臂慢慢高举过头，保持肩膀下沉，手肘可以伸直或弯曲，躯干从腰往上延伸，轻轻收腹。

（五）幻椅式

动作要领：山式站立，吸气时双手向上举过头顶，双手合十，呼气时屈膝屈髋，直到大腿平行地面。

（六）站立三式

动作要领：站立，吸气时双手臂放于双耳两侧，保持肩部放松，手臂自然伸展，右腿向后向上抬高，身体保持在同一条直线上，身体呈T形，垂直于左腿，呼气时手臂带动身体收回，还原放松，再做反方向练习。

（七）船式

动作要领：仰卧，双手放于身体两侧，腿部伸直，吸气时腹部收紧身体上半身，向上离开垫子，臀部贴地，大腿、小腿离开垫子，保持几组呼吸，呼气时慢慢放松身体向下仰卧于垫子上，完全放松。

（八）直角式

动作要领：站姿，两手体前合掌并上举过头，上臂贴于双耳耳侧；屈髋，躯干、手臂与地面平行，目视下方，保持几组呼吸，然后还原，吸气时伸展，呼气时前屈。

（九）猫式

动作要领：跪在地上，两膝打开与臀部保持同一宽度，小腿及脚背紧贴在地上，脚掌朝天。挺直腰背，躯干与地面平行。双手手掌按在地上，置于肩膀下面正中位置，手臂应垂直，与地面呈直角，同时与肩膀同宽，指尖指向前方。

（十）鹭式

动作要领：后倾，与地面成45° 角，双手按在地上协助支撑身体，腹部收紧做整个身体的平衡。呼气时，锁紧脚跟，双脚以45° 角撑展蹬直，躯干与双脚形成一个“V”形。双手提起并向前伸直与地面平行，凝聚躯干力量，挺直腰背和胸腔，双脚并拢夹紧，保持自然呼吸。

（十一）犁式

动作要领：背部朝下躺在地面上，缓缓地抬起双腿，与地面垂直，保持这个姿势10秒，再把双腿伸过头顶，保持双腿伸直，脚趾碰到地面。

（十二）眼镜蛇式

动作要领：俯卧，双手放胸前地面，收缩臀部和大腿，慢慢地抬起头、胸，脊柱一节节地抬起，肘关节可稍弯，上身离开地面。

（十三）鱼式

动作要领：仰卧，两腿伸直并拢平放在地上，将两手臂伸直贴近身体两侧，用两肘撑地使背部离地，然后抬高下巴，让头部后仰并让头顶靠地，保持两手及肘关节靠近身体并紧贴地面，上半身呈反弓形。头顶靠地，脸部朝后，挺起胸部，两肩打开向两侧，肩胛骨夹紧。

（十四）蝗虫式

动作要领：俯卧，慢慢抬头，两腿快速抬起，抬到最高处，注意两腿保持并拢与笔直状态，保持这个姿势5～6秒。

（十五）战斗式

动作要领：两腿平行张开，一腿膝盖弯曲，另一腿向一侧伸直，两臂侧平举打开。

（十六）三角伸展式

动作要领：两腿分开，右手握住右脚踝，左手上举，左右手打开成180°，手臂上下呈一条直线，抬头，看左手的方向。还原后，重复另一侧。

（十七）站立锁腿式

动作要领：两手握住右脚踝向上伸直右腿，稳定身体，将脊柱和胸腔向上延展，双肩保持平行。

（十八）侧鸽子式

动作要领：坐于垫上，左腿屈膝贴近地面，右腿弯曲，右小腿上抬，脚背放于右臂肘弯，双肩向两侧打开，左右手手指相互扣在一起。

（十九）顶峰式

动作要领：两膝、两脚分开与胯同宽，手臂和大腿都与地面垂直，吸气时，手掌下压，抬高髋部和臀部，挺直双腿，脚趾点地，脚跟上提。呼气时，重心后移至双腿，自然地呼吸。身体应形成山峰那样的三角形，臀部是最高点，保持脚跟上提。

（二十）蛙式

动作要领：俯卧，下巴点地，双臂于体侧贴地，掌心朝上，屈双膝，脚尖指向臀部方向，上身向上抬，屈肘，呼气时，双手向后抓住脚背，并尽量将双脚压向臀部外侧的地面，上身放松，下巴点地，手臂放松，双腿微微抬起，保持数秒，身体还原。

（二十一）新月式

动作要领：右脚向前跨一步，两手伸直上举，过头顶合十，保持数秒，身体还原，换左脚向前进行反侧练习。

（二十二）扭转幻椅式

动作要领：幻椅式准备，呼气时双手于胸前合十，吸气时右侧身体向上翻转，左侧肘关节放于右膝外侧，眼睛看向右侧，保持5个呼吸，呼气时身体还原正中，吸气时左侧身体向上翻转，右侧肘关节放于左膝外侧，眼睛看向左侧，保持5个呼吸，呼气时身体还原正中，吸气时双膝伸直，呼气时双手向下还原。

四、瑜伽的锻炼价值

（一）增进健康，预防疾病

规律地练习瑜伽，能增进健康，预防和缓解失眠、消化不良、脊椎问题等久坐族常见的亚健康状态，增强体质，改善神经系统、内分泌系统、心血管系统、呼吸系统和运动系统的功能，增强免疫功能及调节心理状态，能降低血脂、血压和血糖水平，提高身体机能，从而有效地预防和治疗心脑血管疾病、糖尿病等慢性病。瑜伽强调合理饮食和积极思维，有利于形成良好的生活习惯，养成健康的生活方式。

（二）精神饱满，积极乐观

长期坚持瑜伽练习不仅可以拉伸、增强全身的肌肉，还能提升内部器官和组织的循环功能，显著地减轻体重、改善身体形态。瑜伽能够促使身心畅通，提升或恢复元气，达到冷静头脑、稳定情绪的作用。当人变得健康后，心灵会变得更加豁达、更加坚强，自然更能面对生活中种种无形的压力和挫折。将这份作用伸延到日常生活里，人际关系也会变得更加和谐，对周遭的一切也会更宽容、更自在。

（三）改善心血管系统，治疗疾病

瑜伽呼吸法能缓解机体疲劳，促进新陈代谢，旺盛精力，提高工作效率，有助于美容养颜，培养优雅气质，调节、改善血液循环系统和内分泌系统的机能。瑜伽调息法可以调节体内的能量，为脑部提供更多的氧气，令整个精神状态变得平静和积极，瑜伽可辅助治疗某些慢性疾病，有利于病后康复、孕妇产后恢复、运动后体能恢复等，特定的瑜伽练习有助于缓解女性生理期的痛经问题。

（四）塑造形体，纠正不良身体姿态

瑜伽体位法，能增强柔韧性、力量和平衡等运动能力，使身体各部位协调发展，有益于塑造形体，预防和纠正早期的弓背、脊椎侧弯等身体形态问题；有助于缓解压力，平和心境，培养专注力，提升幸福感，可以作为其他运动的补充，灵活关节，锻炼一般运动较少涉及的小关节和肌肉群。

自　测　题

1. 瑜伽的呼吸有哪些？
2. 瑜伽的基本坐姿和手印有哪些？

（黄丽群）

第10章
游　泳

学习目标

1. 掌握1～2种游泳技能。
2. 熟悉水性的基本方法。
3. 了解和学会水上救护方法。

第1节　游泳运动概述

一、游泳运动的简介

游泳是一种凭借自身肢体动作与水的相互作用，在水中活动或游行的有意识的技能活动。游泳运动一直与人类的生存、生产、生活紧密联系，是人类赖以生存的基本技能。游泳技能简单易学，无身体对抗，是一项全身协调发展的运动，深受大众的喜爱。

经常参与游泳锻炼，有利于增强人体的心肺功能；游泳时水与皮肤产生的摩擦可以有效放松皮肤神经，促进皮肤的血液循环。同时掌握游泳技能，在关键时刻可以自救，也可以在他人落水遇险的时候实施救援。

二、游泳运动的分类和竞赛项目

（一）游泳运动的分类

游泳运动分为竞技游泳、实用游泳两大类。

（二）游泳运动的竞赛项目

游泳运动的竞赛项目很多，内容广泛。游泳竞赛包括了竞技游泳、花样游泳、跳水、水球四大部分，在国际大赛中已经分化成4个独立的竞赛项目。竞技游泳包括蛙泳、仰泳、蝶泳、自由泳4个泳姿；实用游泳的内容有反蛙泳、侧泳、踩水、潜泳、武装泅渡等。

游泳比赛项目有蛙泳、仰泳、蝶泳、自由泳、个人混合泳、自由泳接力、混合泳接力、男女混合接力、100m个人混合泳、4×50m自由泳接力等。

第2节　蛙　　泳

一、蛙泳概述

蛙泳是竞技游泳姿势之一，也是最古老的泳姿。人体俯卧于水面，两臂在胸前对称直臂侧下屈划水，两腿对称屈伸蹬夹水，似青蛙游水，所以得名蛙泳。蛙泳较省力，易持久，实用价值大，同时，也是游泳初学者的学习项目。

二、蛙泳基本技术

（一）身体姿势

游动时，腿部在水里做“收、翻、蹬、夹”动作，手臂划水配合肩部、头部、有规律地出水换气再入水，上身有规律地起伏；一次腿部手部动作后，身体随惯性往前漂浮，呈俯卧姿势。

（二）腿部动作

蛙泳前进的动力主要依靠腿部动作的蹬水产生，腿部动作由收腿、翻腿、蹬腿和滑行4个步骤组成，因此蛙泳技术的好坏与腿部动作质量有着直接的关系（图10-1）。

1. 收腿　收腿时屈膝、屈髋，同时两膝慢慢分开，当大腿前收与躯干成130°～140°角时，开始翻腿。

2. 翻腿　两脚外翻，脚尖朝外，脚掌朝上，两膝关节靠拢，其距离应小于两脚间距离。

3. 蹬腿　蹬腿时，两脚用力向两侧、向后做快速弧形蹬夹水动作。

4. 滑行　蹬腿动作完成后，两脚并拢伸直，身体随惯性往前滑行。

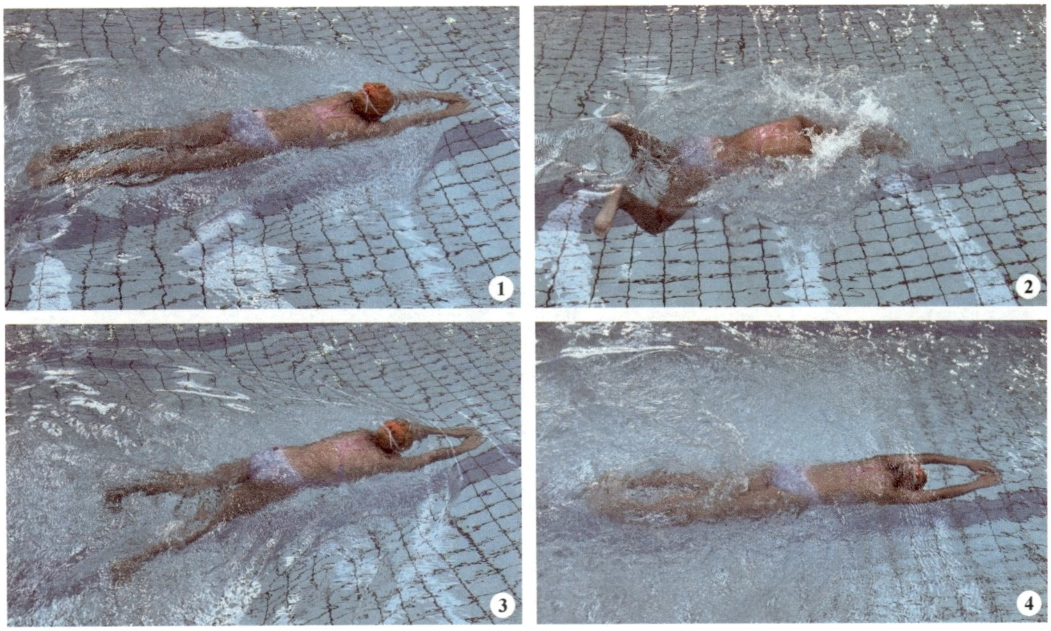

图10-1　蛙泳腿部技术

（三）手部动作

蛙泳的手部动作也能产生一部分动力，同时手部动作与呼吸的配合也尤为关键。手部动作包括准备姿势、划水、抱水、移臂4个步骤（图10-2）。

1. 准备姿势　两臂前伸，拇指相靠，指尖向前，掌心向下，身体保持流线型姿势，全身放松，俯卧在水中。

2. 划水　两手小臂向两侧后下方划水，指尖往下，掌心往后；在此过程中肘关节的高度比手掌高，形成一个架肘动作；当两个手掌划水至肩部的平行面时，做抱水动作。

3. 抱水　两手掌往胸部靠拢，然后前臂再靠拢，利用前臂的靠拢动作形成一个抱水动作，产生动力，抬头换气。

4. 移臂　换气后，双手前臂在水中前伸，头入水，直到手部伸直恢复至准备姿势。

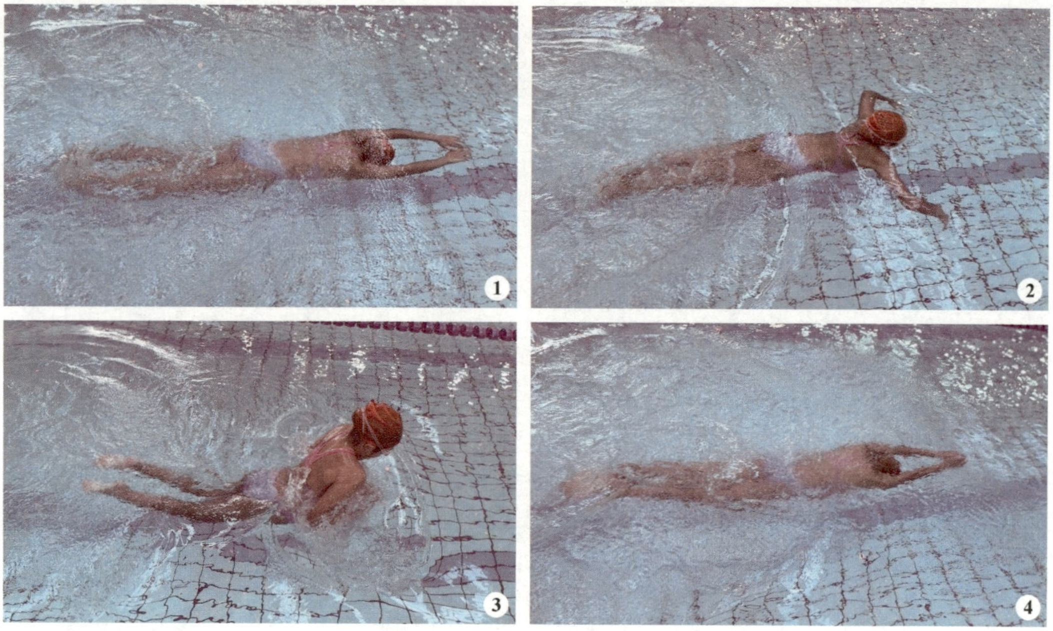

图10-2 蛙泳手部技术

（四）完整动作配合技术

一次完整的蛙泳配合技术通常采用1次蹬腿、1次划臂、1次呼吸（1：1：1）配合技术。游蛙泳时，准备动作俯卧在水面，两腿自然伸直，手划下时开始收腿，收手时抬头吸气，两臂前移时，两脚向后蹬夹水，再恢复准备动作，进行下一次循环。

第3节 自由泳（爬泳）

一、自由泳概述

自由泳又称爬泳，在水中的姿势为俯卧姿态，在水中的动作特点：两手臂左右轮流划水，划水之后依次在水面出水入水，类似于动物的爬行动作；腿部动作为在水里呈鞭打状依次打水。

二、自由泳基本技术

（一）身体姿势

游动时，身体俯卧于水中，手部、躯干、腿部伸直，呈流线型，换气时，头部可选择左侧、右侧单侧换气，也可选择左右两侧轮流换气（图10-3）。

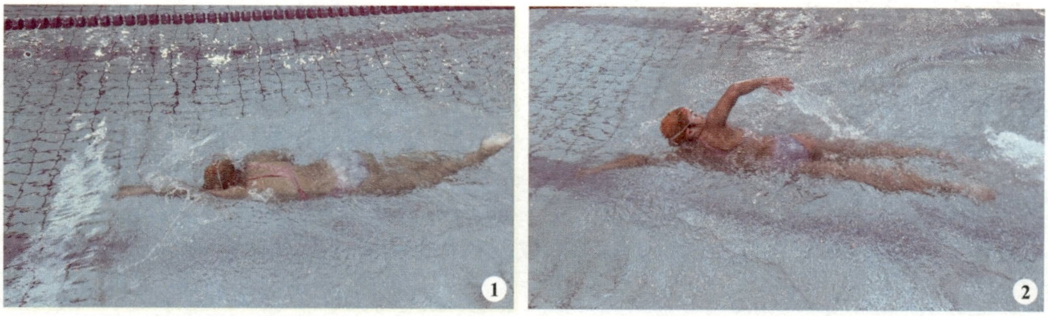

图10-3 自由泳身体姿势图

（二）腿部动作

自由泳腿部动作可以保持身体在水面的平衡，也能为游泳前进提供一定的动力。打腿时，由腰部发力，以髋关节为轴，大腿带动小腿、脚掌，呈鞭打状双脚交替打水，两腿之间留有一拳距离，脚掌内扣，踝关节与脚背成180° 平面；打水时两脚掌上下的移动的距离为30～40cm，膝关节收腿角度不超过60° 。

（三）手臂动作

手臂动作不仅能保持身体平衡，也能产生强大的前进动力，产生动力的同时为转头换气取得更多更好的时机，一个完整的手部动作包括入水、抱水、推水、出水、水上移臂5个步骤（图10-4）。

图10-4 自由泳手臂动作图

1. 入水 接水上移臂动作后，手掌在头部前方一拳距离先入水，掌心向下，肘关节再往前伸直，小臂、大臂依次入水。

2. 抱水 手臂完全入水后，屈肘，小臂先动，手掌向下向后压水，手掌不超过人体中线（以人体纵切面为参考），在此过程中肘部高度始终比小臂高，当手掌抱水到与肘关节同一平面时，准备继续向后推水。手掌抱水的路线是从入手位置开始，经过头部至胸部、第三根肋骨位置。

3. 推水 此过程手掌产生的阻力比较大，对手臂的力量和身体平衡能力要求比较高。接抱水动作后，以肩为轴，大臂带动小臂、手掌往后推水。手掌掌心至推水结束时始终向后，指尖方向由斜对地面变成垂直地面；肘关节随着手掌位置的改变而改变屈肘角度，手掌由肋部推水至臀部到手臂放松出手，整个抱水、推水动作，开始于头部前手掌下压，经过脸部、胸部、腹部、臀部，呈一个“S”形动作路线。

4. 出水 推水动作结束后，手掌处于大腿外侧位置，掌心向上，指尖在斜后方方向。以肩为轴，屈肘，大小臂同时有节奏地出水。

5. 水上移臂 接出水动作后，以肩为轴，大臂带动肘关节向外、向上提拉前臂和手掌，掌心转向外侧，小臂继续前伸直到头部上方两拳位置，掌心向下，手掌入水，再到前臂、大臂入水。

第4节 仰　泳

一、仰泳的概述

仰泳，又名背泳，是一种人体仰卧在水中的游泳姿势。仰泳包括反蛙泳和反爬泳，因为脸面在水面上，呼吸很方便，但是游泳者看不到在往哪里游，容易游错方向。

二、仰泳基本技术

（一）身体姿势

仰泳时，身体仰卧于水中，头部略高于躯干；双腿轮流打水，两手臂有节奏轮流交替划水，身体随着手臂的出水、入水有节奏地左右转动，但角度不能太大，头部则保持不动（图10-5）。

图10-5　仰泳身体姿势

（二）手部动作

1. 入水 入水时大臂、小臂、手指依次接触水，手掌掌心向外。

2. 划臂 包括抱水、推水两个步骤，抱水动作开始时，屈腕，掌心向后，大臂带动小臂、手掌划水，当手掌划至与肘关节同一水平面时，开始推水，此时大臂慢慢贴近肋部，以肘关节为圆心，以小臂和手掌为半径继续推水，轨迹为一截圆弧，推水结束，手掌贴近大腿，掌心向着大腿。

3. 出水与移臂 出水时，拇指先出水面，手臂、手指沿着身体的平面移动，以肩为原点，以手臂手掌为半径划半圆，当手臂手掌移动到肩部正上方时，转换掌心向外继续移臂，入水时小指先接触水，同时身体稍稍向下压。

4. 腿、臂与呼吸的配合　手脚动作与呼吸的配合频率为6∶2∶1，即6次腿部动作，2次手部动作，1次呼吸。

（三）腿部动作

以髋关节为支点，由腰部发力，顺着大腿、小腿，把力量传递到踝关节、脚掌打水，腿部呈鞭打状打水，与自由泳的腿部技术细节类似。打腿时，两脚脚掌内扣，讲究"下压上踢"，即向上打腿时脚背绷直踢水，向下打腿时，腿底下压，也能产生一部分动力，两腿在水下的移动距离为30～40cm最佳（图10-6）。

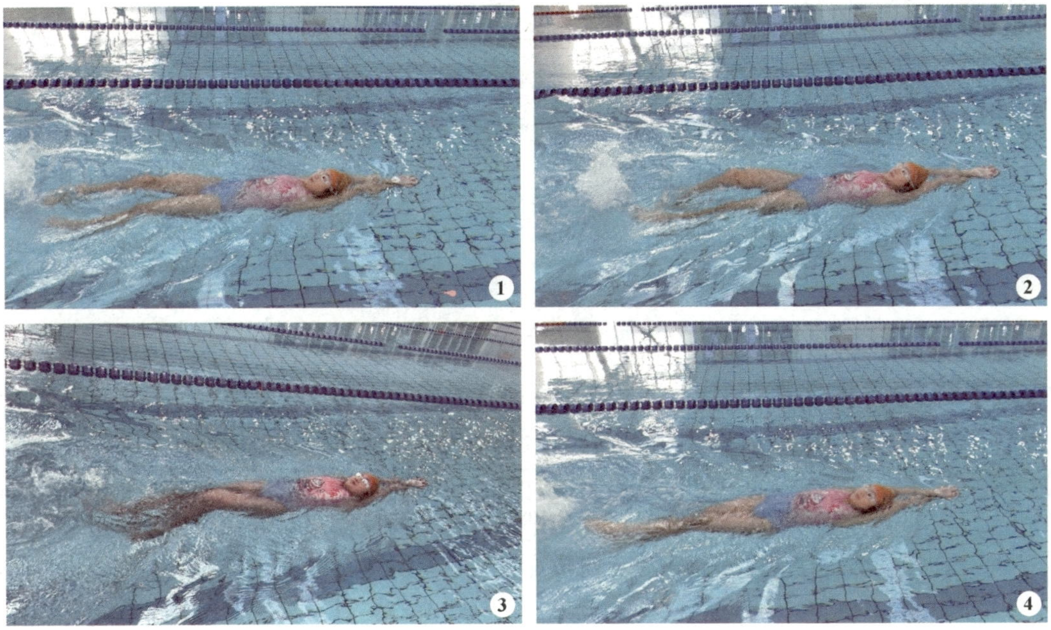

图10-6　仰泳腿部技术

第5节　蝶　　泳

一、蝶泳的概述

蝶泳在4种竞技游泳姿势中是最年轻的一种泳式，它是从蛙泳技术中派生出来的。开始时的蝶泳实际上是手臂做蝶泳划水，而腿仍是蛙泳蹬腿的蝶式蛙泳。由于手臂动作的外形好像蝴蝶飞舞，所以称为蝶泳。

二、蝶泳基本技术

（一）身体姿势

蝶泳是一种需要全身主要关节、部位都积极主动参与的游泳姿势。与其他3个竞技泳姿不同，蝶泳时手臂和头部、腰、臀、大腿、小腿以波浪的形式有节奏地改变相对位置，上下起伏于水里、水面。

（二）手臂技术

相对于其他泳姿手部动作，蝶泳手臂的动作幅度大，正确地掌握和使用蝶泳手臂动作能产生较大的前进动力。蝶泳手臂技术是双手同时完成入水、划水、推水、出水、移臂等环节，双手在水下分别形成一个“S”形的路线（图10-7）。

图10-7 蝶泳手臂技术

1. 入水 手臂在肩部的延长线上同时入水，手掌先接触水，掌心斜向两侧，入水时从拇指再到示指、中指、环指、小指依次入水，入水后，大臂小臂伸直，手掌掌心向下。

2. 划水 以肘关节为支点，慢慢屈肘，在屈肘的过程中，手掌往外向下向后划水，并且始终保持肘部比小臂和手掌更接近水面，手掌的变化路线为屈肘开始时，两手掌向外，指尖朝向前斜下方，当两手掌外划的距离比肩宽时，继续架肘，手掌掌心向后，指尖朝下，向后划水，当两手划至腹下时，进入推水阶段。

3. 推水 衔接划水的最后阶段，双手在腹部下方，双手向髋关节两侧推水，直至手臂完全伸直。推水过程中，手掌掌心一直向后，双手的运动路线是从腹下至髋关节、腿部外侧，形成一个“八”字，当两手伸直后，掌心朝上贴近于大腿外侧。

4. 出水与移臂 提肘出水，双手手掌慢慢变成掌心往后，指尖朝下，肩部发力，大臂带动小臂，手掌在水面上前移。当手臂手掌移至肩部水平面时，双手加速往前，大臂推动小臂往肩部延长线伸直靠拢，此过程中手掌掌心方向由完全向后变成斜向后方，再到肩部延长线的完全向下，然后再衔接入水动作。

（三）腿部技术

蝶泳腿部技术类似于自由泳的腿部技术，在自由泳的基础上，蝶泳打腿时双脚一起做功于水，以髋部为支点开始发力，带动臀部、大腿、膝关节、小腿、踝关节、脚掌等身体部位呈波浪线打腿。打腿时，两脚掌内扣呈“内八字”形状，两腿之间根据脚掌内扣后留有自然距离即可，腿部下打时提臀，使臀部露出于水面；向上打水时，大腿主动发力上移，接近水面时屈膝，衔接下一次打腿动作。打腿过程中，腹部与大腿最大的屈伸角度在150°～180°，屈膝角度不超过60°。下打是产生大动力的主要动作，因此下打时要保证脚背向下向斜后方向做功，下打完成时双腿伸直主动上提，使脚底、大小腿产生比较小的阻力（图10-8）。

图10-8 蝶泳腿部技术

（四）配合技术

蝶泳的呼吸与腿、手部的配合比例一般为1∶2∶1，即1次换气，2次打腿动作，1次手臂动作，两次打腿的力量不同，一般是第一次打腿较轻，第二次较重。完整的技术动作步骤为：第一次打腿产生动力，第二次加重打腿力度，打完第二次腿时，开始划臂，在推水与移臂的过程中完成抬头换气环节，再进入下一周期的技术动作。

第6节 游泳安全知识

一、游泳基本要求

（一）游泳时机的选择

游泳并不是在所有的时间段都能参加的，需要选择适当的时机，才能达到锻炼身体的理想效果，如果时机选择不当，也有可能危害健康或者危及生命。以下为4种不适宜立刻下水游泳的情况。

1. 饮酒后不宜游泳。
2. 剧烈运动或重体力劳动后不宜游泳。
3. 饥饿时不宜游泳。
4. 吃饱后不宜游泳。

（二）充分做好准备活动

准备运动能有效调度身体各个器官及系统的活跃度，让安静状态的全身细胞进入运动状态，克服呼吸和血液循环的惰性，提高身体能量代谢的速度和水平，让身体机能预热，满足运动的需求。

每个运动项目的热身运动不尽相同，游泳项目的准备运动要突出全身关节的热身，一般可以选择慢跑、拉伸、徒手操和游泳动作模仿练习。热身完毕，在下水前可用水轻轻拍打脸部、胸部、后背、腿部和膝关节等，使身体对水温有一定的感知。

（三）掌握好游泳时间与运动负荷

游泳时间的长短要根据天气、游泳环境和个人身体情况而定。在室外泳池或者自然水域，气温比较高时，游泳的时间可以较长；如果气温比较低，则要严格掌控游泳时间，避免出现一些不良反应，如嘴唇发紫发黑、抖颤，出现这些症状要马上上岸休息。参与游泳锻炼，也要根据个人锻炼目的来进行选择和计划，以锻炼个人的心肺功能和减肥为目标的游泳锻炼，主要是以长距离慢速锻炼为主；以锻炼肌肉爆发力为目的的游泳锻炼，则以快速短距离高强度训练为主。游泳结束后，应当适时地冲洗一下身体，最好用热水冲洗，可以快速为身体保温，穿好衣服后也可以选择一些柔韧性练习，放松肌肉。

二、自我救护

游泳过程中难免会遇到一些意外事情，如因体力或心理紧张出现的抽筋、体力不支、与他人碰撞、呛水、陷入漩涡、水浪等。出现以上情况首先要保持冷静，先自我救护，再寻求他人帮助。

因此，掌握一些救护知识，可以有效地避免严重事故的发生。

（一）手指抽筋

游泳时，如果遇到手指抽筋，先放松全身，可以踩水或者仰泳，使身体漂浮在水中，同时手掌握拳，然后全力张开，如此重复多次即可缓解；如果没有缓解，则需要呼叫救生员或者向他人救助，上岸后再处理，确保人身安全。

（二）大腿抽筋

大腿抽筋发生时，首先不能紧张，使身体仰卧在水面上，先实施自我救护，单手抱紧大小腿，使大小腿折叠于胸前，腿再用力前伸，重复多次可以有效缓解抽筋情况；在自我救护的同时可以大声呼唤，寻求他人的帮助。

（三）小腿或脚趾抽筋

出现小腿或者脚趾抽筋时，先让身体仰卧于水中，用手握住抽筋的脚趾或者拉住抽筋的小腿，使抽筋的部位肌肉长度恢复到正常水平，持续到抽筋有所缓解或完全消除，与此同时应想方设法上岸解决才是最安全可靠的。

（四）呛水处理办法

呛水多数是水进入鼻腔和咽喉的一种意外情况，呛水时不要过分紧张，身体不能乱动，闭上眼睛，用力把呛进鼻腔的水吐出或者是吞咽，之后让身体仰卧于水面上，张大嘴巴调整呼吸，一般会有所缓解；或者在呛水时憋住一口气，使身体浮起来，在水中举手呼救。

三、救助溺水者

1. 发现溺水求助者，未成年人应先立即大声向四周的成年人寻求帮助，不要贸然跳水或靠近施救，可先将救生圈、木板等漂浮物抛向求救者，再根据个人实际能力和现场情况决定是否自行下水施救。

2. 万不得已下水施救时，要从溺水者背后接近他，先将其头部拖出水面，施救者双臂架在溺水者腋下并采取仰浮或侧浮的方式将其拖到岸上，再立即进行陆上救治，并积极寻求他人帮助，同时联系医院急救。

3. 千万不要从正面靠近溺水者，因为出于求生本能，溺水者会死死抓住可以抓住的任何东西。万一被抓住了，应该松手下沉，先离开溺水者，然后再施救。

4. 常见陆上救治方法为心肺复苏，牢记三步：抠嘴排污、肩背倒立倒水或俯卧倒立倒水、人工呼吸与胸外按压。

自测题

1. 蛙泳腿部技术的要领是什么？
2. 自由泳的身体姿势有什么要求？
3. 游泳的救护方法主要有哪些？

（李志良）

第11章 民族传统体育

学习目标

1. 掌握民族传统体育规定的套路动作。
2. 熟悉民族传统体育的基本知识和健身作用。
3. 了解武术运动防治疾病、强身健体的机制。

第1节 武 术

一、武术概述

武术是中国传统体育项目。目前武术在运动形式上分为套路运动、搏斗运动和功法运动三大类。武术在我国具有极其广泛的群众基础，是我国劳动人民在长期的社会实践中不断积累和丰富起来的一项宝贵的文化遗产。武术套路是以踢、打、摔、拿、跌、击、劈、刺等动作按照一定顺序组成的徒手和使用器械的各种攻防格斗单练或对练的整套练习形式。搏斗运动是在一定的条件下，按照一定的规则进行斗智、较力的对抗性活动，包括散打、太极推手、短兵、长兵等。功法运动主要是指为增强攻防能力和健康需要而进行的专门基本功训练，通常分为内功和外功，或分为动功和静功。本章将主要介绍长拳、太极拳、八段锦、五禽戏的教法示例。

二、武术的分类

按其特点，武术通常可以分为拳术、器械练习、对练、集体表演和攻防技术五大类。

（一）拳术

拳术是徒手练习的套路运动，主要包括南拳、长拳、咏春拳、形意拳、象形拳、八卦拳、通臂拳等。

（二）器械练习

器械练习是手持器械练习的套路运动，主要包括短器械、长器械、双器械、软器械。刀、剑是短器械的代表，枪、棍是长器械的代表。

（三）对练

对练是指两人或两人以上进行的攻防假设性实战练习，包括徒手对练、器械对练、徒手与器械的对练等。

（四）集体表演

集体表演是6人以上的徒手或器械集体演练，要求队形整齐、动作协调统一。

（五）攻防技术

攻防技术是指两人按照一定规则进行搏斗，有推手、散手，短兵器、长兵器等。

第 2 节　武术基本动作和基本功

武术的基本动作包括手型、手法、步法、腿法、平衡和跳跃。基本功是指武术基础训练的内容，以获得和运用武术技法必备的各种能力。

一、武术的基本动作

（一）手型

1. 拳（图 11-1） 四指并拢卷握，拇指紧扣示指和中指第 2 指节。

2. 掌（图 11-2） 四指伸直并拢，拇指弯曲紧扣于虎口处。

3. 勾（图 11-3） 五指的指尖捏拢一起，屈腕。

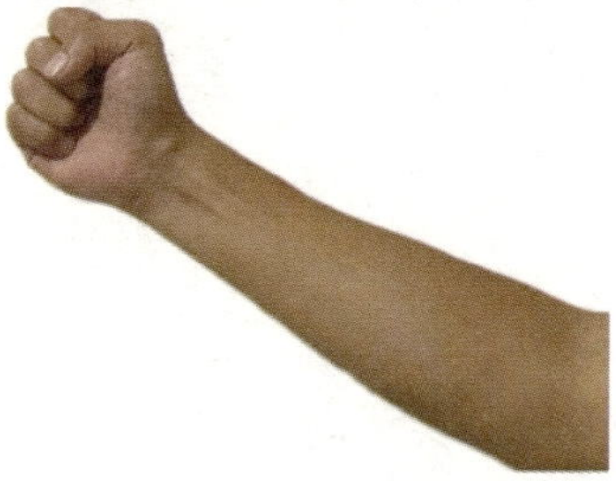

图 11-1　拳

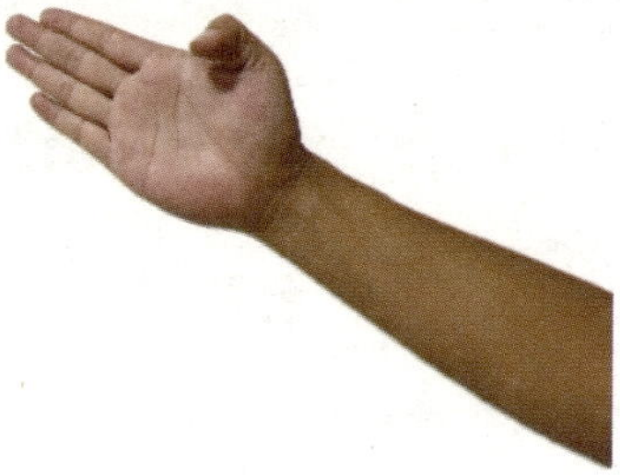

图 11-2　掌

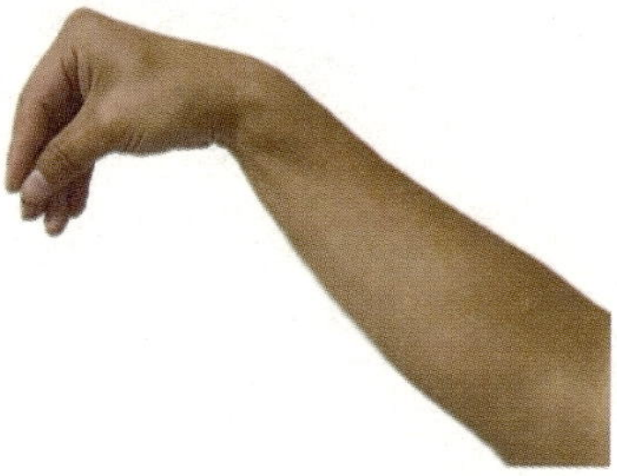

图 11-3　勾

（二）手法

1. 冲拳 分为平拳和立拳两种，平拳拳心向下，立拳拳眼向上。

预备姿势：两脚与肩同宽，左右开立，两拳抱于腰间，拳心朝下。

动作说明：挺胸、收腹、直腰，目视前方。

2. 推掌

预备姿势：两脚与肩同宽，左右开立，两拳抱于腰间，拳心朝下。

动作说明：推掌以外沿为力向前推出，目视前方。

3. 亮掌

预备姿势：两脚与肩同宽，左右开立，两拳抱于腰间，拳心朝下。

动作说明：掌心向上，抖腕、亮掌与转头同时完成，动作流畅。

（三）步法

1. 马步

动作说明：双脚开立约与肩同宽，屈膝半蹲，正视前方，两手抱拳收于腰间。

动作要领：头正、挺胸、立腰。

2. 弓步

动作说明：一腿膝关节弯曲成 90° 左右，全脚掌着地，屈膝半蹲；另一腿伸直，全脚掌着地。上体正对前方，与地面垂直，两手抱拳收于腰间。

动作要领：挺胸，立腰；前腿弓，后腿绷。

3. 虚步

动作说明：挺胸，塌腰，脚跟向外蹬，膝不过脚尖。

动作要领：立腰，虚实分明。

4. 仆步

动作说明：一腿屈膝全蹲，全脚掌着地，膝与脚尖稍外展；另一腿平仆，全脚掌着地，脚尖内扣。

动作要领：开髋，全脚掌着地。

二、武术的基本功

（一）肩功

肩功是为了增加肩关节的柔韧性和力量。动作包括压肩、单臂绕环和双肩绕环等。

1. 压肩

预备姿势：两脚自然开立，与肩同宽。

动作说明：双手抓握肋木，上体前俯并做下压肩动作。

2. 单臂绕环

预备姿势（以右肩绕环为例）：左弓步站立，左手扶按右膝，右臂垂于体侧。

动作说明：向后绕环时，右臂由下向前绕环一周。向前绕环时，右臂由下向后向前绕环一周。练习时，可以左右臂交替进行。做左绕环时，换右弓步站立。

3. 双肩绕环

预备姿势：身体自然站立，两肩垂于体侧。

动作说明：以肩关节为轴，两臂分别向前和向后做直臂绕环。

（二）腰功

腰功练习是为了增强腰部的灵活性和协调上下肢体的能力。动作包括涮腰、俯腰和甩腰。

1. 涮腰

预备姿势：两脚开立，略宽于肩，两臂自然垂于体侧。

动作说明：身体前俯，两臂向左下方伸出，以髋关节为轴，两臂经向前、向右、向后、向左翻转绕环。练习时，左右方向交替进行。

2. 俯腰

预备姿势：两脚开立，略宽于肩，两臂伸直上举。

动作说明：腰向后弯曲，抬头、挺胸、塌腰，双手撑地使身体呈桥形。

3. 甩腰

准备姿势：开步站立，两臂伸直上举。

动作说明：两腿伸直，以腰、髋关节为轴，上体左前右后屈伸和甩动，两臂也跟随着甩动。

（三）腿功

腿功练习的目的是发展腿部柔韧性、灵活性和力量等。动作包括正压腿、侧压腿、后压腿、仆步压腿、竖叉、正踢腿、外摆腿和扶地后扫腿等。

1. 正压腿

预备姿势：面对一定高度的物体，距离一步，并步站立。

动作说明：左脚抬起，脚跟放在物体上，脚尖勾起，两手扶按在左膝上或两手抓握左脚。两腿伸直，立腰、挺胸，上体前压，并向下方做振压动作。练习时，两脚交替进行。

2. 侧压腿

预备姿势：侧对一定高度的物体，距离一步，并步站立。

动作说明：右腿支撑站立，左腿抬起，脚尖勾起。脚跟放在物体上。左掌立于右胸前。两腿伸直，立腰、挺胸，上体侧倒，右臂带动上体向左振压。练习时，左右腿交替进行。

3. 后压腿

预备姿势：背向物体，与物体保持一步距离，并步站立。

动作说明：右腿支撑站立，左腿向后延伸。两腿伸直，立腰、挺胸，头随着上体后仰，上体向后下振压。练习时，左右腿交替进行。

4. 仆步压腿

预备姿势：开步站立。

动作说明：右腿屈膝下蹲，左腿向左伸直，两脚紧压地面。伸直抬头，重心往前压。练习时，左右腿交替进行。

5. 竖叉

预备姿势：身体直立。

动作说明：两臂立掌侧平举，两腿前后伸直分开呈直线。左腿后侧着地，脚尖勾起。立腰挺胸，身体直立。练习时，两腿交替进行。

6. 正踢腿

预备姿势：身体直立，两臂侧向平举，立掌。

动作说明：左腿上前半步，左腿支撑，右脚尖勾起向额头上方猛踢，目光平视，收腹。练习时，两腿交替进行。

7. 外摆腿

预备姿势：身体直立，两臂侧向平举，立掌。

动作说明：左脚向左前方上半步，左腿支撑。右脚尖勾紧，向左侧踢起，向右侧上方外摆，目光平视，挺胸塌腰。可用右掌在右侧上方迎击右脚面。练习时，两腿交替进行。

8. 扶地后扫腿

预备姿势：身体直立，两臂自然垂于体侧。

动作说明：两脚开立呈弓步，上体前俯，左腿屈膝全蹲，右腿伸直，呈右仆步姿势，向右转并前俯。

第3节　初级长拳

一、初级长拳概述

（一）初级长拳的概念

初级长拳是竞技长拳的基础套路，其动作简单，舒展大方，造型优美，包含了武术套路中各式各样的动作，可以锻炼练习者的速度、力量及反应、跳跃等能力。

（二）初级长拳的动作名称

1. 预备动作　预备势；虚步亮掌；并步对拳。

2. 第一段　①弓步冲拳；②弹腿冲拳；③马步冲拳；④弓步冲拳；⑤弹腿冲拳；⑥大跃步前穿；⑦弓步击掌；⑧马步架掌。

3. 第二段　①虚步栽拳；②提膝穿掌；③仆步穿掌；④虚步挑掌；⑤马步击掌；⑥叉步双摆掌；⑦弓步击掌；⑧转身踢腿马步盘肘。

4. 第三段　①歇步抡砸拳；②仆步亮拳；③弓步劈拳；④换跳步弓步冲拳；⑤马步冲拳；⑥弓步下冲拳；⑦叉步亮掌侧踹腿；⑧虚步挑拳。

5. 第四段　①弓步顶肘；②转身左拍脚；③转身右拍脚；④腾空飞脚；⑤歇步下冲拳；⑥仆步抡劈拳；⑦提膝挑掌；⑧提膝劈掌弓步冲拳。

6. 结束动作　①虚步亮掌；②并步对拳；③还原。

二、初级长拳的基本动作

（一）预备动作

1. 预备势（图11-4）

两脚并步，脚尖向前站立；两臂自然垂于身体两侧，双手并掌贴于腿外侧；眼睛平视前方。

动作要领：头正颈直，下颌微收，挺胸、收腹、塌腰、夹腿。

图11-4　预备势

2. 虚步亮掌（图11-5）

（1）退步砍掌　身体重心后移，右脚向后撤步呈弓步；右掌向胸前上方划弧，掌心向上，左臂屈肘，左掌收至腰际，掌心向上；目视右掌。

（2）后移穿掌　左腿重心后移，右腿微屈；左掌从右臂上向前上弧线穿出伸直，掌心向上，同时右掌收至腰侧，掌心向上；目视左掌。

（3）转头亮掌　身体重心后移，左脚向右后移，脚尖点地，呈左虚步；左臂向后下方划弧呈勾手，勾尖向上，右手向后、向右、向前上划弧，屈肘抖腕，在头前上方呈亮掌（即横掌），掌心向前，掌指向左；目视左方。

动作要领：三个动作流畅连贯。呈虚步时，身体重心落于右腿，右大腿与地面平行，注意保持上体正直。

图11-5　虚步亮掌

①退步砍掌；②后移穿掌；③转头亮掌

3. 并步对拳（图11-6）

（1）提膝亮掌　右腿蹬直，左腿提膝，脚尖里扣；身体保持直立。右掌经体侧上举，掌心向上；左掌提至腰际。

（2）上步穿掌　左脚向前迈步，身体重心前移；左臂屈肘，左勾手变拳经左肋向前伸，右臂外旋向前下落于左掌右侧，两掌同高，掌心向上。

（3）上步后摆掌　右脚向前上一步，身体重心稍前移；两臂下垂向后摆。

（4）并步转头对拳　左脚向右脚并步，两臂向外、向上经胸前屈肘下按，两掌变拳，拳心向下，停于小腹前；目视左侧。

动作要领：并步后挺胸、塌腰。对拳、并步、转头要同时完成。

图11-6 并步对拳

①提膝亮掌；②上步穿掌；③上步后摆掌；④并步转头对拳

（二）第一段

1. 弓步冲拳（图11-7）

（1）上步格挡　左脚向左上迈一步，脚尖斜向前方，右腿微屈，呈半马步；同时左臂向左格挡，拳眼向上，拳与肩同高，右拳收至腰际，拳心向上；目视左拳。

（2）蹬地冲拳　右腿蹬直呈左弓步；右拳旋转呈立拳向前冲出，高与肩平，拳眼向上，同时左拳收至腰际，拳心向上；目视右拳。

动作要领：呈弓步时，右腿蹬直，脚跟不要离地。冲拳时，转腰顺肩。

2. 弹腿冲拳（图11-8） 身体重心前移至左腿，右腿屈膝提起，脚面绷直，猛力向前弹出伸直，右膝高度与腰平；左拳旋转呈立拳向前冲出，右拳收至腰侧，拳心向上；目视前方。

动作要领：弹腿和冲拳动作要协调一致，弹出的腿要有爆发力，力点达脚尖。

3. 马步冲拳（图11-9） 右脚向前落步，脚尖里扣，右脚脚跟后辗，上体左转，两腿下蹲呈马步；右拳呈立拳向前冲出，高与肩平，同时左拳收至腰际；目视前方。

动作要领：呈马步时，大腿接近水平，脚跟外蹬，挺胸、塌腰，冲拳配合转体动作发力。

图11-7 弓步冲拳

①上步格挡；②蹬地冲拳

图11-8 弹腿冲拳

图11-9 马步冲拳

4. 弓步冲拳（图11-10）

（1）转体格挡 右脚尖外撇向斜前方，呈半马步，上体右转90°；右臂屈肘向右格挡，拳眼向上，拳与肩同高；目视右拳。

（2）蹬地冲拳 左腿蹬直呈右弓步；左拳向前冲出，右拳收至腰际，拳心向上；目视左拳。

动作要领：呈弓步时，左腿蹬直，脚跟不要离地。冲拳时，转腰顺肩。

5. 弹腿冲拳（图11-11） 身体重心前移至右腿，左腿屈膝提起，脚面绷直，猛力向前伸直弹出，与腰平或高于腰；右拳呈立拳向前冲出，左手抱拳收于腰际，拳心向上；目视前方。

动作要领：弹腿和冲拳动作要协调一致，弹出的腿要有爆发力，力点达脚尖。

图11-10 弓步冲拳

①转体格挡；②蹬地冲拳

图11-11 弹腿冲拳

6. 大跃步前穿（图11-12）

（1）收腿挂掌 左腿屈膝收腿，上体微前倾；右拳变掌内旋，以手背向左下挂至左膝外侧；目视前下方。

（2）上步后摆掌 左脚向前落步，身体重心移至前脚，两腿微屈；右掌继续向后挂，左拳变掌，向后下摆掌伸直；目视左后方。

图11-12　大跃步前穿

①收腿挂掌；②上步后摆掌；③跃步上摆掌；④仆步抱拳

（3）跃步上摆掌　右腿屈膝向前提起，左腿立即猛力蹬地向前跃出，跳起后双小腿后背，身体右转；两掌向前向上划弧摆起；目视前方。

（4）仆步抱拳　右腿落地全蹲，左腿随即落地向前铲出呈仆步；右掌变拳抱于胸前，左掌由上向右、向下划弧呈立掌，停于右胸前；目视左脚。

动作要领：跳起后在空中要挺身背腿；跃步要远，落地要轻，落地后立即接做下一个动作。

7. 弓步击掌（图11-13）　右腿猛力蹬地，上体左转，重心移向左脚呈左弓步；左掌经左脚面向后划弧至身后呈勾手，左臂伸直，勾尖向上，右拳由腰际变掌向前推出，掌指向上，掌外侧向前；目视右掌。

8. 马步架掌（图11-14）

（1）转体穿掌　身体重心移至两腿中间，上体右转，左脚脚尖里扣，呈马步；右臂向左侧平摆，稍屈肘，同时左勾手变掌由后经左腰际从右臂内向左上穿出，右掌心均朝上；目视左手。

（2）转头亮掌　上体继续右转；右掌立于左胸前，左臂向左上屈肘抖腕亮掌于头部左上方，掌心向前上方；头部右转，目视右方。

动作要领：亮掌的抖腕动作和转头同时完成，发力要干脆；马步同前。

图11-13　弓步击掌

图11-14　马步架掌

①转体穿掌；②转头亮掌

（三）第二段

1. 虚步栽拳（图11-15）

（1）提膝转体　右脚蹬地，屈膝提起，左腿伸直站起，以前脚掌为轴向右后转体180°；右掌由左胸前向下经右腿外侧向后划弧后呈勾手，勾尖向后，左臂随体转动并外旋，使指尖朝右；目视前方。

（2）虚步栽拳　右脚向右落地，身体重心移至右腿上，下蹲呈左虚步；左掌变拳下落于左膝上，拳眼向里，拳心向后，右勾手变拳，屈肘架于头右上方，拳心向前；头迅速左转，目视左方。

2. 提膝穿掌（图11-16）

（1）转头盖掌　右腿稍伸直；右拳变掌收至腰际，掌心向上，左拳变掌由下向左上划弧盖压于头上方，掌心向前；头转向右方。

（2）提膝穿掌　右腿蹬直，左腿屈膝提起，脚尖内扣；右掌从腰际经左臂内向右前上方穿出，掌心向上，左掌收至右胸前呈立掌；目视左方。

动作要领：（1）与（2）动作连贯完成，支撑腿与右臂充分伸直。

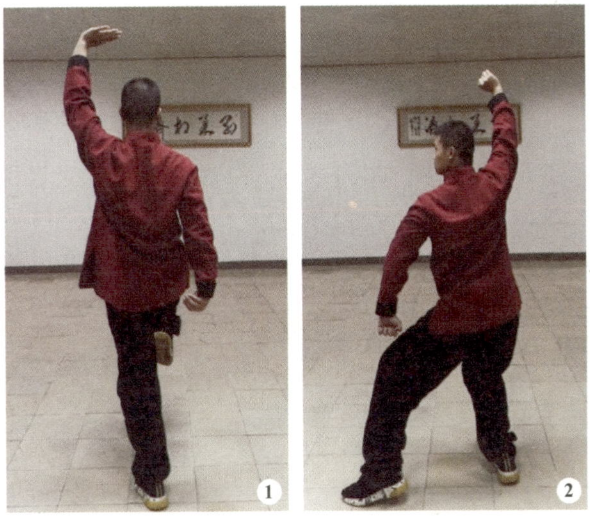

图11-15　虚步栽拳

①提膝转体；②虚步栽拳

图11-16　提膝穿掌

①转头盖掌；②提膝穿掌

3. 仆步穿掌（图11-17）　右腿全蹲，左腿向左后方铲出呈左仆步，脚尖内扣；右臂不动，左掌由右胸前向下经左腿内侧向左脚面穿出；目随左掌转视。

4. 虚步挑掌（图11-18）

（1）弓步前穿　右腿蹬直，身体重心前移至左腿，呈左弓步；左掌随身体重心前移继续向前上方穿掌，右掌稍下降；目随左掌转视。

（2）虚步前挑　右脚向左前方上一步，脚尖点地，左腿半蹲，呈右虚步，上体向左转180°；在右脚上步的同时，右掌由后向下、向前上挑起呈立掌，指尖与腰平，左掌由前向上、向后划弧后呈立掌；目视右掌。

动作要领：上步要快，虚步要稳。

5. 马步击掌（图11-19）

（1）掳手抱拳　右脚落实，脚尖外撇，身体重心稍升高并右移；右掌俯掌向外掳手，左掌变拳收至腰际。

（2）上步横击　左脚向前上一步，以右脚为轴向右后转体180°，两腿下蹲呈马步；左拳变掌从右臂上呈立掌向左侧击出，力达掌根，右掌变拳收至腰际；目视左掌。

图 11-17　仆步穿掌

图 11-18　虚步挑掌

①弓步前穿；②虚步前挑

动作要领：右手做捞手时，先使臂稍内旋、腕伸直，手掌向下向外转，接着臂外旋，掌心经下向上翻转，同时抓握成拳。收拳和击掌要同时进行。

6. 叉步双摆掌（图 11-20）

（1）转头下摆掌　身体重心稍升高、右移；右拳变掌，同时两掌由下向右摆，掌指均向上；目视右掌。

（2）叉步上摆掌　右脚向左腿后插步，前脚掌着地，上身拧紧；两臂继续由右向上、向左摆，停于身体左侧，均呈立掌，右掌停于左肘窝处；目随双掌转视。

动作要领：两臂要划立圆，幅度要大，摆掌与后插步协调一致。

图 11-19　马步击掌

①捞手抱拳；②上步横击

图 11-20　叉步双摆掌

①转头下摆掌；②叉步上摆掌

7. 弓步击掌（图 11-21）

（1）转身按掌　两腿不动，身体右转；右掌向上、向右划弧，掌心向左，左掌收至腰际，掌心向上；头转向右前方。

（2）退步击掌　左腿后撤一步，呈右弓步；右掌向下、向后伸直摆动后呈勾手，勾尖向上，左掌呈立掌向前推出；目视左掌。

动作要领：退步和推掌协调一致，推掌发力前左腿要蹬住地面。

图11-21　弓步击掌
①转身按掌；②退步击掌

8. 转身踢腿马步盘肘（图11-22）

（1）转体抡臂　两脚以前脚掌为轴向左后转体180°，身体重心移向左脚；在转体的同时，左臂向上、向前划半立圆，右手变掌，右臂向下、向后划半圆；目随左手转视。

（2）顺势抡臂　上动不停，两脚不动；右臂由后向上、向前划半立圆，左臂由前向下、向后划半立圆；目视前方。

（3）亮掌正踢腿　上动不停，身体重心移至左脚，重心升高；右臂向下呈反臂勾手，勾尖向上，左臂向上呈亮掌，掌心向前上方；右腿伸直，脚尖勾起，向额前正踢腿。

（4）落步拧身　右脚主动向前下压落地，脚尖里扣，上体微向左拧转；右手不动，左臂屈肘下落至胸前，肘平抬，左掌心向下；目视左掌。

（5）马步盘肘　上体左转90°，两腿下蹲呈马步；同时左掌向前、向左平掳，变拳后收至腰际，右勾手变拳，右臂伸直，由体后向右、向前平摆，至体前时屈肘，肘尖向前，高与肩平，拳心向下；目视肘尖。

动作要领：两臂抡动时要划立圆，动作连贯。盘肘要快速有力，右肩前顺。

图11-22 转身踢腿马步盘肘

①转体抡臂；②顺势抡臂；③亮掌正踢腿；④落步拧身；⑤马步盘肘

（四）第三段

1. 歇步抡砸拳（图11-23）

（1）转头抡拳　身体重心稍升高，右脚尖外撇；右臂由胸前向上、向右抡直，左臂摆至体侧，两拳拳心相对；目随左拳转视。

（2）转体抡摆　上动不停，身体重心升高，两脚以前脚掌为轴，向右后转体180°；随身体转动，右臂向下、向后抡摆，左臂向上、向前抡摆。

（3）歇步砸拳　紧接上动，两腿全蹲呈歇步；左臂随身体下蹲向下平砸，力达拳背，拳心向上，臂部微屈；右臂伸直向上举起；目视左拳。

动作要领：抡臂动作要连贯，划成立圆。歇步要两腿交叉全蹲，左腿大、小腿靠紧，臀部贴于左小腿外侧，膝关节在右小腿外侧，脚跟提起；右脚尖外撇，全脚掌着地。

图11-23 歇步抡砸拳

①转头抡拳；②转体抡摆；③歇步砸拳

2. 仆步亮拳（图11-24）

（1）回身横击掌　左脚由右腿后抽出向后一步，左腿蹬直，右腿半蹲，呈右弓步；上体微向右转；左拳收至腰际，拳心向上；右拳向下经胸前向右横击，拳眼向上，力达掌沿；目视右掌。

（2）提膝穿掌　右脚蹬地屈膝提起，上体右转；左拳变掌从右掌上向前穿出，掌心向上；右掌回收，平放至左胸前，掌心向上。

（3）仆步亮掌　右脚向右落步，屈膝全蹲，左腿伸直，呈仆步；左掌向下、向后划弧后呈勾手，勾尖向上；右掌向右、向上划弧后，抖腕呈亮掌，掌心向前，臂微屈；头随右手转动，至亮掌时，目视左方。

动作要领：仆步时，左腿充分伸直，脚尖里扣，右腿全蹲，两脚脚掌全部着地。上体挺胸塌腰，稍左转。

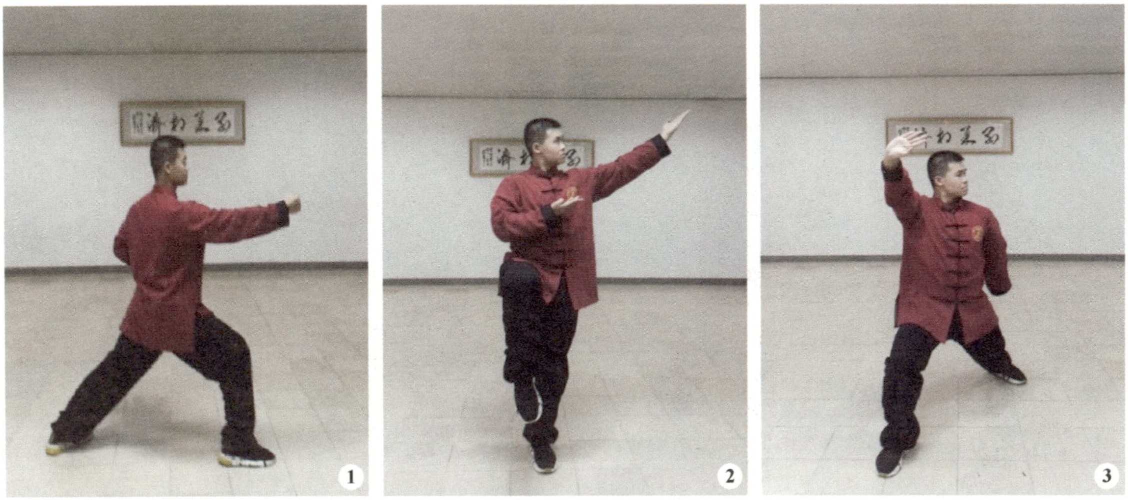

图11-24　仆步亮掌

①回身横击掌；②提膝穿掌；③仆步亮掌

3. 弓步劈拳（图11-25）

（1）上步掳手　右腿蹬地立起，左腿收回并向左前方上步；右掌变拳收至腰际，拳心向上；左勾手变掌由下向前上经胸前向左做掳手，掌心横向外；目视左手。

（2）上步挥摆　右腿经左腿前方向左绕上一步，左腿蹬直呈右弓步；左手向左平掳后再向前挥摆，虎口朝前，在左手平掳的同时，右拳向后平摆，拳眼向上。

（3）弓步劈拳　身体重心前移，两腿呈弓步；右拳向上、向前做抡劈拳，力达拳背，拳高与肩平，拳眼向上；左掌外旋接扶右前臂；目视右拳。

动作要领：左、右脚上步稍带弧形。

图11-25　弓步劈拳

①上步掳手；②上步挥摆；③弓步劈拳

4. 换跳步弓步冲拳（图11-26）

（1）缩身挂掌　身体重心后移，左脚稍向后移动，上体微前弓；右拳变掌，右臂内旋以掌背向下划弧挂至左肘内侧，左掌背贴靠右肘外侧，掌心向前；目视左下方。

（2）提膝拧身　右腿自然上抬，上体稍向左扭转；右掌挂至体左侧，左掌留在右腋下；目随右掌转视。

（3）震脚按掌　右脚以全脚掌用力向下震跺，与此同时，左脚急速离地向后勾起，同时上体右转；伴随转体，右手由左向上、向前掳盖，而后变拳收至腰际，左掌伸直向上经头上方向前，肘关节平屈，掌心向前；目视左掌。

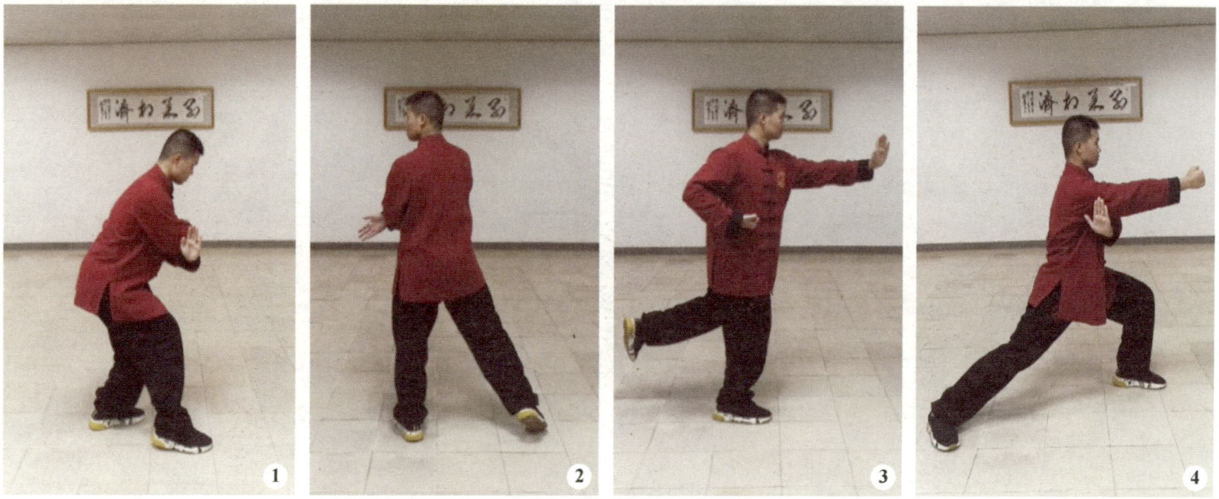

图 11-26　换跳步弓步冲拳

①缩身挂掌；②提膝拧身；③震脚按掌；④弓步冲拳

（4）弓步冲拳　左脚向前上步，右腿蹬直呈左弓步；右拳从左手手背上向前冲出（立拳），拳高与肩平；左掌回收藏于右腋下，掌背贴靠腋窝，掌指向上；目视右拳。

动作要领：换跳步动作要连贯、协调；震脚时腿要弯曲，全脚掌着地；左脚离地不要太高。

5. 马步冲拳（图 11-27）　左脚蹬转，脚尖内扣，上体右转 90°，身体重心移至两腿中间，呈马步；左掌变拳向左冲出，拳眼向上；右拳收至腰际，拳心向上；目视左拳。

6. 弓步下冲拳（图 11-28）　右腿蹬直，左腿弯曲，上体稍向左转，呈左弓步；左拳向下经体前划弧向上架于头左上方，拳面向上；右拳自腰部向左前斜下方冲出，拳眼向上；目视右拳。

图 11-27　马步冲拳

图 11-28　弓步下冲拳

7. 叉步亮掌侧踹腿（图 11-29）

（1）十字交叉　上体稍右转；左掌由头上下落于右手腕上，右拳变掌，两手手腕处交叉呈十字，手掌小指侧向前；目视双手。

（2）叉步亮掌 左脚蹬地并向右腿后插步，以前脚掌着地；左掌由体前向下、向后划弧后呈勾手，勾尖向上，右掌由前向右、向上划弧抖腕亮掌，掌心向前；目视左方。

（3）侧踹腿 身体重心移至右腿，左腿屈膝提起，向左上方猛力踹出，脚尖勾紧；上肢姿势不变；目视左侧。

动作要领：叉步时上体稍向右倾斜，腿、臂的动作要协调。侧踹高度不能低于腰，大腿内旋，着力点在脚跟。

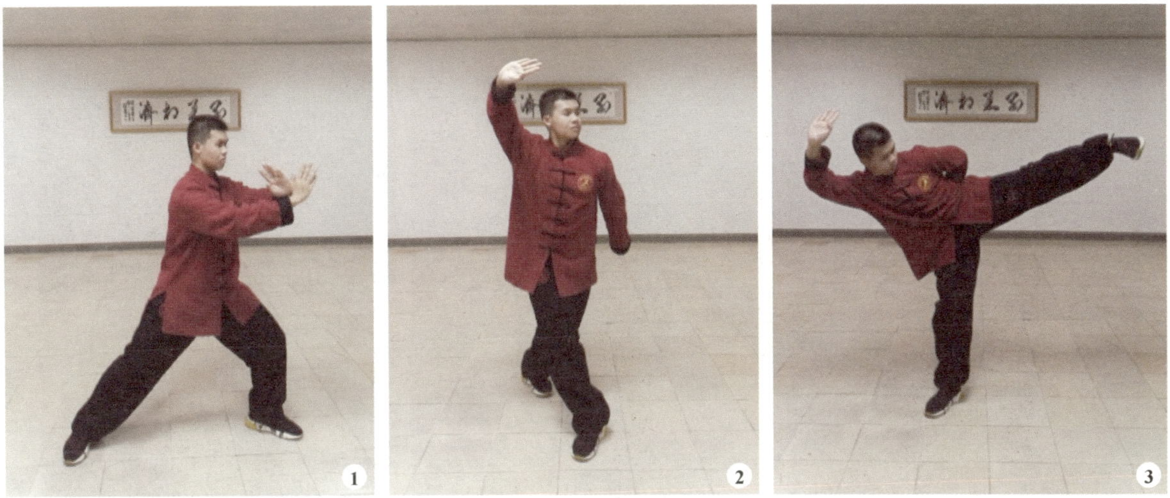

图11-29 叉步亮掌侧踹腿

①十字交叉；②叉步亮掌；③侧踹腿

8. 虚步挑拳（图11-30）

（1）落步左挑拳 左脚在左侧落地；左勾手变拳由体后向左上挑，拳眼向上；右掌变拳稍后移，拳心向后。

（2）提膝前挂拳 上体左转180°，微含胸前俯；左拳继续向前、向上划弧上挑；右拳向下、向前划弧挂至右膝外侧，拳眼向上；目视右拳。

（3）虚步右挑拳 右脚向左前方上步，脚尖点地，身体重心落于左脚，左腿下蹲呈右虚步；左拳向后划弧收至腰际，拳心向上；右拳向前屈臂上挑，拳眼斜向上，拳与肩同高；目视右拳。

动作要领：挑拳发力与脚尖点地同时完成；虚步大腿接近水平。

图11-30 虚步挑拳

①落步左挑拳；②提膝前挂拳；③虚步右挑拳

（五）第四段

1. 弓步顶肘（图 11-31）

（1）缩身下挂　身体重心降低，左脚踏实，上身微含胸前俯；右臂内旋向下直臂划弧以拳背下挂至右膝内侧，左拳不变；目视前下方。

（2）提膝摆臂　左腿蹬直，右腿屈膝上抬，上体右转；左拳变掌，右拳不变，两臂向前、向上划弧摆起；目随右拳转视。

（3）跳换步一　上动不停，左脚蹬地起跳，身体腾空；两臂继续划弧至头上方。

图 11-31　弓步顶肘

①缩身下挂；②提膝摆臂；③跳换步一；④跳换步二；⑤弓步顶肘

（4）跳换步二　右脚先落地，右腿屈膝，左脚向前落步，以前脚掌着地；同时两臂向右、向下屈肘停于右胸前，左掌变拳，右掌心贴靠左拳面；目视左方。

（5）弓步顶肘　左脚向左上一步，右腿蹬直，左腿屈膝呈左弓步；同时右掌推左拳，以左肘尖向左顶出，肘高与肩平；头随顶肘动作转向左方，目视左方。

动作要领：交换步时不要过高，但要快。两臂抡摆时要呈圆弧。

2. 转身左拍脚（图 11-32）

（1）转身抡臂　以两脚前脚掌为轴向右后转体 180°，随着转体，右臂向上、向右、向下划弧抡摆，同时左拳变掌向下、向后、向前上抡摆。

（2）左拍脚　身体重心移至右脚，左腿伸直向前上迅速踢起，脚面绷平；左掌变拳收至腰际，拳心向上，右掌由体后向上经头上向前拍击左脚面；目视右手。

动作要领：右掌拍脚时手指稍横，拍脚要准而响亮。

图11-32　转身左拍脚

①转身抡臂；②左拍脚

3. 转身右拍脚（图11-33）

（1）左掌后摆　左脚主动向前下压落地；左拳变掌向下、向后摆，右掌变拳收至腰侧，拳心向上。

（2）右拍脚　身体重心移至左脚，右腿伸直向前上迅速踢起，脚面绷平；左掌由后向上经头上向前拍击右脚面；目视左手。

动作要领：接转身左拍脚的上步动作要连贯；其余要领与转身左拍脚相同。

图11-33　转身右拍脚

①左掌后摆；②右拍脚

4. 腾空飞脚（图11-34）

（1）落脚上步　右脚主动向前下压落地，身体重心迅速移至右腿；上肢姿势保持不变。

（2）起跳击掌　右脚向前摆起，右腿屈膝继续前上摆；同时右拳变掌向前上摆起，左掌先上摆而后下降拍击右掌背。

（3）空中拍脚　左腿保持屈膝上提，右腿继续上摆，脚面绷平；右手拍击右脚面，左掌由体前向后侧上举，目视右手。

动作要领：蹬地要向上，不要太向前冲，左膝尽量上提。拍脚要在腾空时完成，右臂伸直呈水平。

图 11-34　腾空飞脚

①落脚上步；②起跳击掌；③空中拍脚

5. 歇步下冲拳（图 11-35）

（1）半马步按掌　左脚先落地，右脚随后向前落地呈半马步；右掌下落前伸，掌心向下；左掌变拳收至腰侧，拳心向上；目视右手。

（2）歇步下冲拳　身体右转 90°，两腿全蹲呈歇步；右掌抓握、外旋变拳收至腰际，左拳由腰际向前下方冲出，拳眼向上；目视左拳。

图 11-35　歇步下冲拳

①半马步按掌；②歇步下冲拳

6. 仆步抡劈拳（图 11-36）

（1）站起抡臂　两腿蹬地，身体重心升高；右臂由腰侧向体后伸直，左臂随身体重心升高向上摆起；目视左拳。

（2）提膝转体　以右脚前脚掌为轴，左腿屈膝提起，上体左转 270°；左拳由前向后下划立圆，右拳由后向下、向前上划立圆。

（3）仆步劈拳　左脚向后落一步，屈膝全蹲，右腿伸直，脚尖里扣，呈右仆步；右拳由上向下抡劈，拳眼向上，左拳后上举，拳眼向上；目视右拳。

动作要领：抡臂时一定要划立圆。

图 11-36　仆步抡劈拳

①站起抡臂；②提膝转体；③仆步劈拳

7. 提膝挑掌（图 11-37）

（1）弓步抡臂　左腿伸直，身体重心前移呈右弓步；同时右拳变掌由下向上抡摆，左拳变掌稍下落，右掌心向左，左掌心向右。

（2）提膝挑掌　左、右臂在垂直面上由前向后各划一立圆，右臂伸直停于头上，掌心向左，指尖向上，左臂伸直停于身后，变反勾手；同时右腿屈膝提起，左腿挺膝伸直独立；目视前方。

动作要领：抡臂时要划立圆。

图 11-37　提膝挑掌

①弓步抡臂；②提膝挑掌

8. 提膝劈掌弓步冲拳（图 11-38）

（1）提膝劈掌　右掌由上向下猛劈伸直，停于右小腿内侧，用力点在小指一侧，左勾手变掌，屈臂向前停于右上臂内侧，掌心向右；目视右掌。

（2）退步搂手　右脚向右后落地，身体右转90°，同时左掌变拳收至腰际，拳心向上，右臂内旋向右划弧做搂手。

（3）弓步冲拳　上动不停，左腿蹬直呈右弓步；右手抓握变拳收至腰际，拳心向上，左拳由腰侧向左前方冲出，拳心向下；目视左拳。

图 11-38　提膝劈掌弓步冲拳

①提膝劈掌；②退步搂手；③弓步冲拳

（六）结束动作

1. 虚步亮掌（图 11-39）

（1）扣膝抱掌　右脚蹬地，身体重心移至左脚，右脚扣于左膝后；两拳变掌，两臂右上左下屈肘交叉于左胸前，掌心向下；目视右手。

（2）退步舞花　右脚向右后落步，身体重心后移，右腿半蹲，上体稍右转；同时右掌向上、向右划弧停于左腋下，左掌向左、向上划弧停于右臂上与右胸前，两掌左上右下；目视左掌。

（3）虚步亮掌　左脚尖稍向右移，右腿下蹲呈左虚步；左臂伸直向左、向后划弧后呈反勾手，右臂伸直向右、向上划弧抖腕亮掌，掌心向前；目视左方。

动作要领：亮掌和转头协调一致。

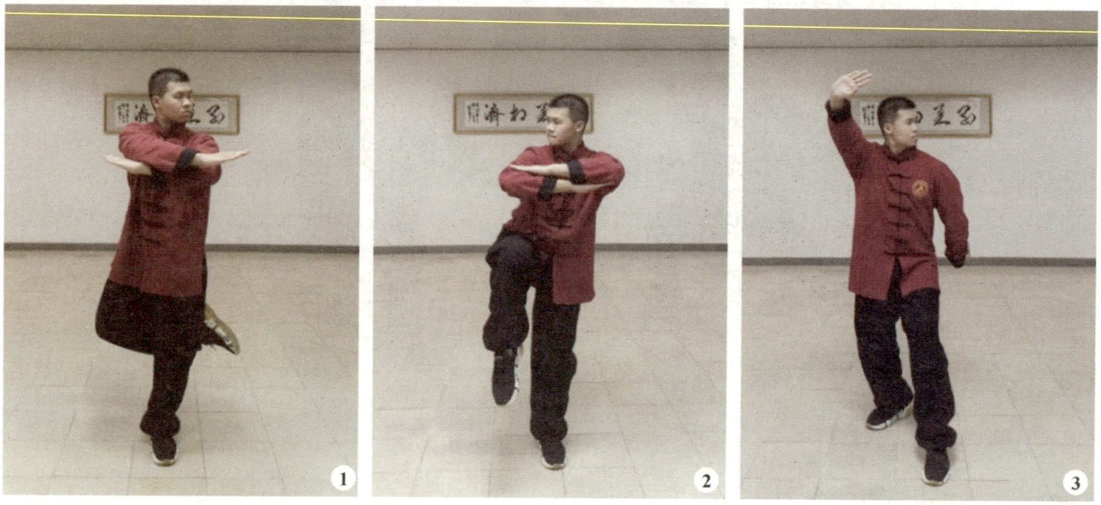

图 11-39　虚步亮掌

①扣膝抱掌；②退步舞花；③虚步亮掌

2. 并步对拳（图 11-40）

（1）退步穿掌　左腿向后撤一步；同时两掌从两腰侧向前穿出伸直，掌心向后；目视前方。

（2）退步后摆掌　右腿后撤一步；同时两臂分别向体后下摆。

（3）并步转头对拳　左脚后退半步向右脚并拢；两臂由后向上经体前屈臂下按，两掌变拳，停于腹前，拳心向下，拳面相对；目视左方。

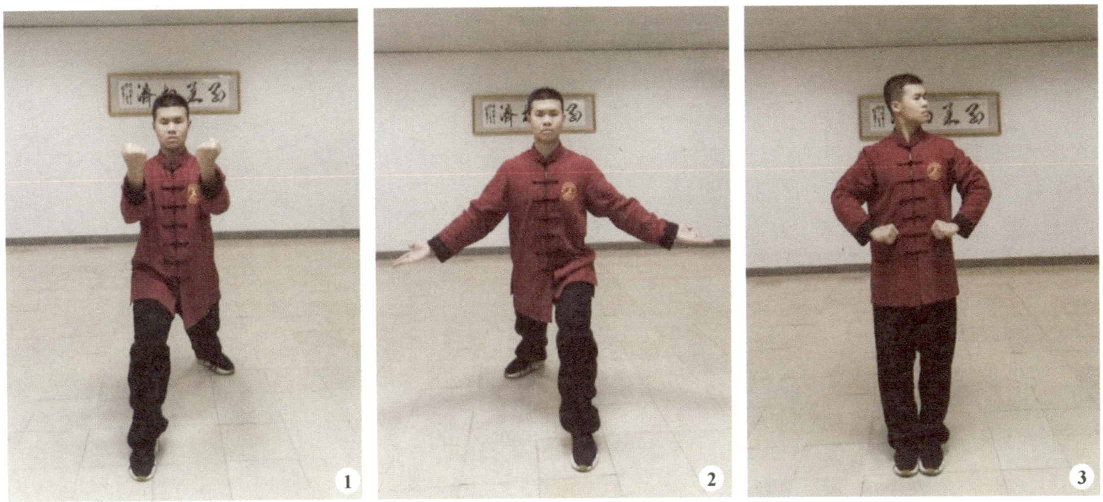

图11-40　并步对拳

①退步穿掌；②退步后摆掌；③并步转头对拳

3. 还原（图11-41） 两拳变掌，两臂自然下垂；头转向正前方，眼睛向前平视。

第4节　太　极　拳

一、太极拳概述

（一）太极拳的概念

二十四式简化太极拳是按照由简到繁、由易到难的原则，构思细腻，编排合理，结构严整，全面完整，有一定的科学性，使武术、保健、治疗疾病三者自然结合，不但能消除三者之间原有的矛盾，还能起到相互促进的作用。

图11-41　还原

（二）二十四式太极拳动作名称

1. 第一组起势；左右野马分鬃；白鹤亮翅。
2. 第二组左右搂膝拗步；手挥琵琶；左右倒卷肱。
3. 第三组左揽雀尾；右揽雀尾。
4. 第四组单鞭；云手；单鞭。
5. 第五组高探马；右蹬脚；双峰贯耳；转身蹬脚。
6. 第六组左下势独立；右下势独立。
7. 第七组左右穿梭；海底针；闪通臂。
8. 第八组转身搬拦锤；如封似闭；十字手；收势。

二、太极拳的基本动作

（一）起势

动作说明：左脚向左一步分开，两脚平行同肩宽。两臂慢慢向前平举，两手高与肩平，与肩同宽，手心向下。上体保持正直，两腿屈膝下蹲；同时两掌轻轻下按，两肘下垂与两膝相对；眼平视前方。

动作要领：起脚时先提脚跟，高不过足踝，落脚时前脚掌先着地，要做到点起点落、轻起轻落。上举两臂时，不可耸肩，不要出现指尖朝下的“折腕”。屈膝时松腰敛臂，上体保持正直，两掌下按时沉肩垂肘（图11-42）。

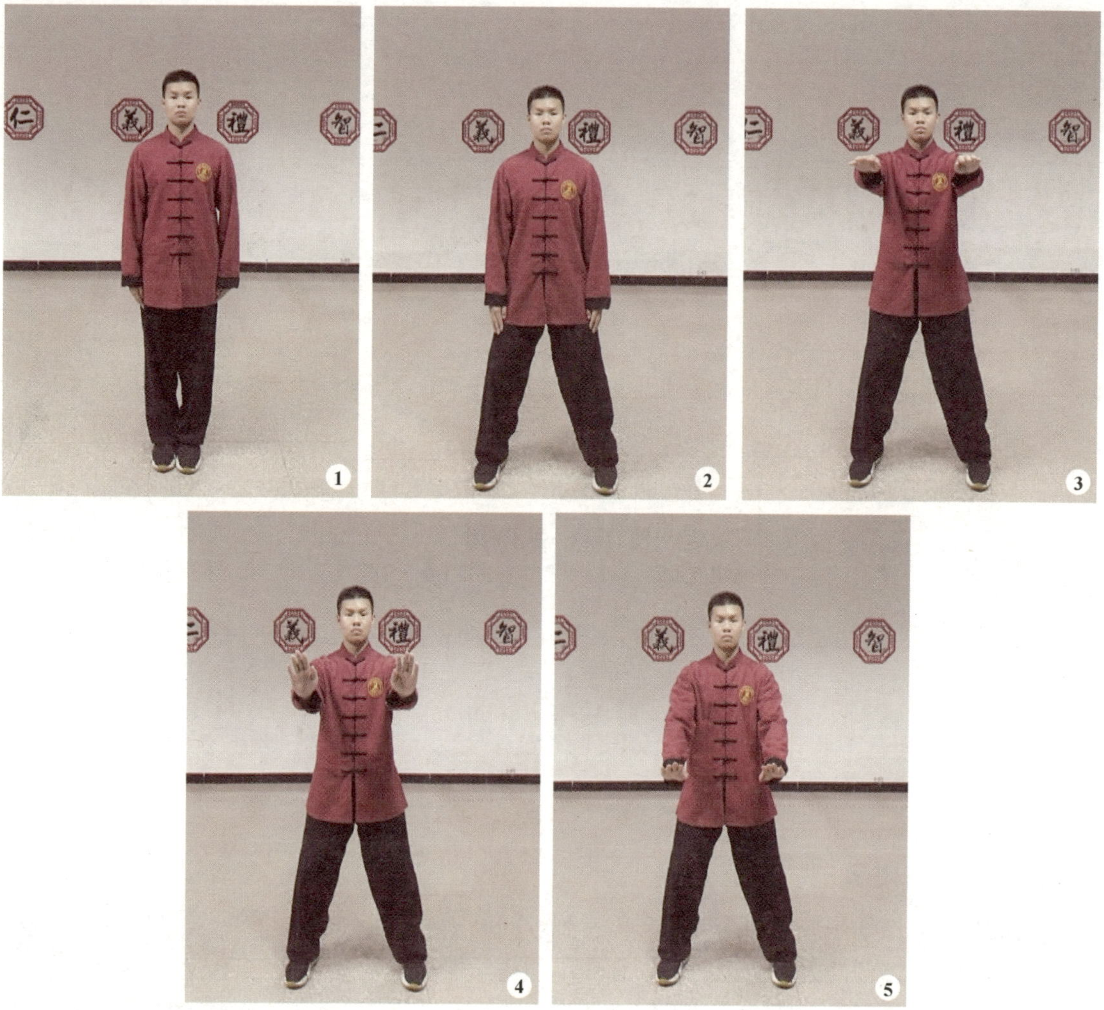

图 11-42 起势

（二）左右野马分鬃

1. 左野马分鬃（图 11-43）

（1）抱球收脚　上体稍右转，右臂屈抱于右胸前，左臂屈抱于腹前，呈右抱球状；左脚收至右脚内侧呈丁步。

（2）弓步分手　上体左转，左脚向左前方迈出一步，呈左弓步；同时两掌前后分开，左手心斜向上，右手按至右胯旁，两臂微屈。

图 11-43 左野马分鬃

2. 右野马分鬃（图11-44）

（1）抱球收脚　身体重心稍向后移，左脚尖翘起外撇；上体稍左转，左手翻转在左胸前屈抱，右手翻转前摆，在腹前屈抱，呈左抱球状；身体重心移至左腿，右脚收至左脚内侧呈丁步。

（2）弓步分手　与左野马分鬃的弓步分手相同，唯左右相反。

3. 左野马分鬃　同前边所述左野马分鬃（图11-45）。

动作要领：弓步时，不可将重心过早前移，造成脚掌沉猛落地，后脚应有蹬碾动作。分手与弓步要协调同步。转体撇脚时，先屈后腿，腰后坐，同时两臂自旋。

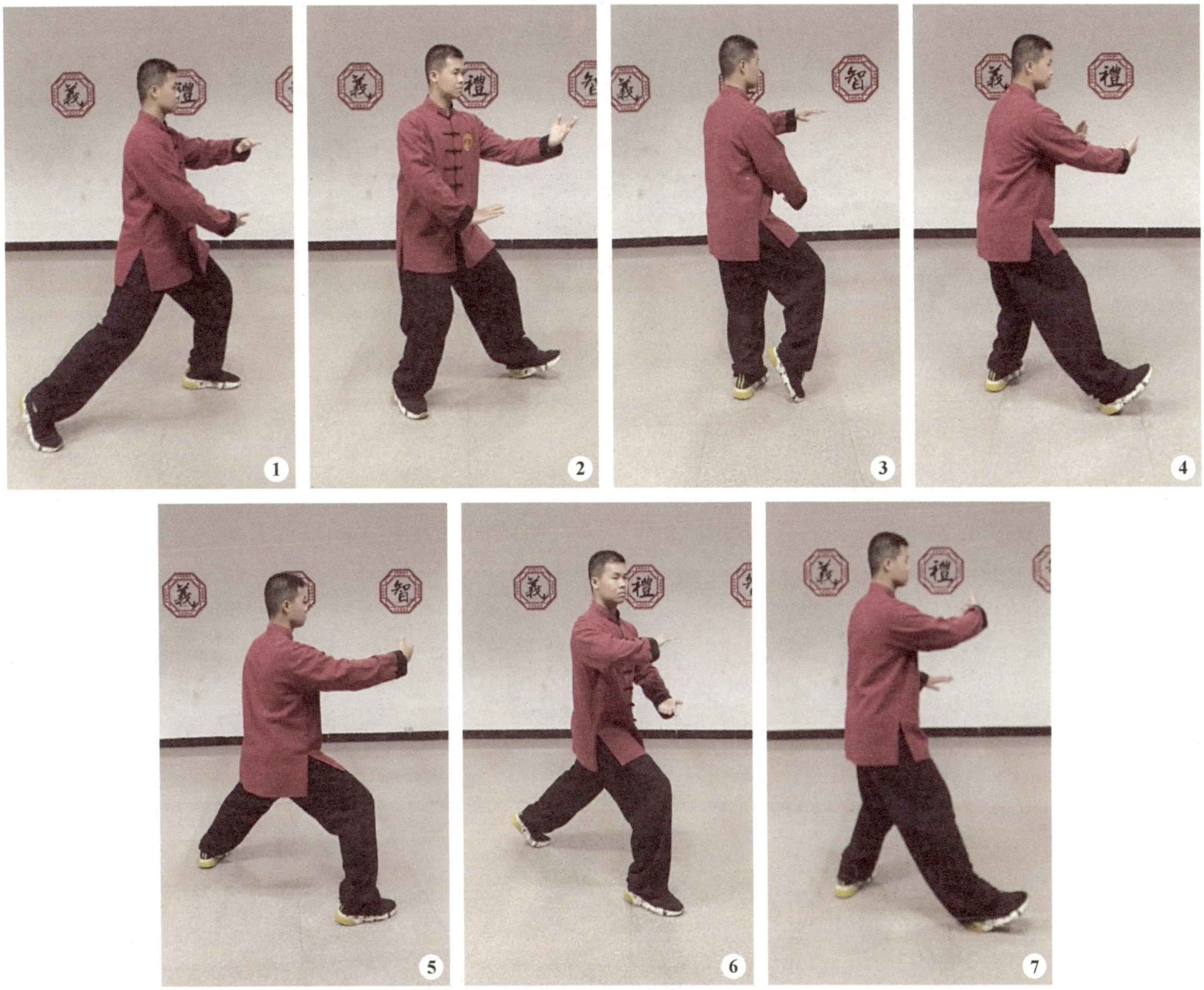

图11-44　右野马分鬃

图11-45　左野马分鬃

（三）白鹤亮翅

1. 跟步抱球　上体稍左转，右脚向前跟步，落于左脚后；同时两手在胸前屈臂抱球。

2. 虚步分手　上体后坐并向右转体，左脚稍向前移动，呈左脚虚步；同时右手分至右前方，掌心向前，左手按至左腿旁，上体转正；眼平视前方。

动作要领：抱球与跟步要同时，转身时身体侧转不超过45°，左脚前移与分手同时完成（图11-46）。

图11-46　白鹤亮翅

（四）左右搂膝拗步

1. 左搂膝拗步（图11-47）

（1）收脚托掌　上体右转，右手至头前下落，经右胯侧向后方上举，与头同高，手心向上，左手

图11-47　左搂膝拗步

上摆，向右划弧落至右肩前；左脚收至右脚内侧呈丁步；眼视右手。

（2）弓步搂推　上体左转，左脚向左前方迈出一步呈左弓步；左手经膝前上方搂过，停于左腿外侧，掌心向下，指尖向前，右手经肩上，向前推出，右臂自然伸直。

2. 右搂膝拗步（图11-48）

（1）收脚托掌　身体重心稍后移，左脚尖翘起外撇，上体左转，右脚收至左脚内侧呈丁步；右手经头前划弧摆至左前肩，掌心向下，左手向左上方划弧上举，与头同高，掌心向前；眼视左手。

图11-48　右搂膝拗步

（2）弓步搂推　同前弓步搂推，唯左右相反。

3. 左搂膝拗步（图11-49）　动作与右搂膝拗步相同，唯左右相反。

动作要领：两手划弧时要以腰带动；推掌时要沉肩垂肘，坐腕舒掌。搂推协调，转身蹬地推掌。

图 11-49　左搂膝拗步

（五）手挥琵琶

1. 跟步展臂　右脚向前收拢半步落于左脚后；右臂稍向前伸展。

2. 虚步合手　上体稍向左回转，左脚稍前移，脚跟着地，呈左虚步；两臂屈肘合抱，右手与左肘相对，掌心向左。

动作要领：两手摆掌时有上挑并向里合之意。合臂时腰下沉，两臂前伸，腋下虚空（图 11-50）。

图 11-50　手挥琵琶

（六）左右倒卷肱

1. 右倒卷肱（图 11-51）

（1）退步卷肱　上体稍右转，两手翻转手心向上，右手随转体向后上方划弧上举至肩上耳侧，左手停于体前；上体稍左转；左脚提起向后退一步，脚前掌轻轻落地；眼视左手。

（2）虚步推掌　上体继续左转，重心后移，呈右虚步；右手推至体前，左手向后、向下划弧，收至左腰侧，手心向下；眼视右手。

2. 左倒卷肱（图 11-52）

（1）退步卷肱　同前退步卷肱，唯左右相反。

（2）虚步推掌　同前虚步推掌，唯左右相反。

3. 右倒卷肱（图 11-53）　同前边所述右倒卷肱。

4. 左倒卷肱（图 11-54）　同前边所述左倒卷肱。

图11-51　右倒卷肱

图11-52　左倒卷肱

图11-53　右倒卷肱

图 11-54　左倒卷肱

（七）左揽雀尾

1. 抱球收脚　上体右转，右手向侧后上方划弧，左手在体前下落，两手呈右抱球状；左脚收呈丁步。

2. 弓步掤臂　上体左转，左脚向左前方迈步呈左弓步；两手前后分开，左臂半屈向体前掤架，右手向下划弧按于左胯旁，五指向前；眼视左手。

3. 转体摆臂　上体稍向左转，左手向左前方伸出，同时右臂外旋，向上、向前伸至左臂内侧，掌心向上。

4. 转体后捋　上体右转，身体后坐，两手同时向下经腹前向右后方划弧后捋，右手举于身体侧后方，掌心向外，左臂平屈于胸前，掌心向内；眼视右手。

5. 弓步前挤　身体重心前移，两腿呈左弓步；右手推送左前臂向体前挤出，两臂撑圆。

6. 后坐引手　上体后坐，左脚尖翘起；左手翻转向下，右手经左腕上方向前伸出，掌心转向下，两手左右分开与肩同宽，两臂屈收后引，收至腹前，手心斜向下。

7. 弓步前按　身体重心前移，两腿呈左弓步；两手沿弧线推至体前。

动作要领：捋时要转腰带手，不可直臂、折腕。挤时松腰、弓腿一致。按时两手沿弧线向上、向前推按（图 11-55）。

图11-55　左揽雀尾

（八）右揽雀尾

1. 转体分手　身体重心后移，上体右转，左脚尖内扣；右手划弧右摆，两手平举于身体两侧；头随右手移转。

2. 抱球收脚　左腿屈膝，重心左移，右脚收成丁步；两手呈左抱球状。

3. 弓步掤臂　同前边所述弓步掤臂，唯左右相反。

4. 转体摆臂　同前边所述转体摆臂，唯左右相反。

5. 转体后捋　同前边所述转体后捋，唯左右相反。

6. 弓步前挤　同前边所述弓步前挤，唯左右相反。

7. 后坐引手　同前边所述后坐引手，唯左右相反。

8. 弓步前按　同前边所述弓步前按，唯左右相反。

动作要领：由左势向右势转化时，左脚尽量里扣。右手随身体右转平行向右划弧时，右手不可随着向右摆动。身体重心移动变化时，上体保持正直，随腰转动（图11-56）。

（九）单鞭

1. 转体运臂　上体左转，左腿屈膝，右脚尖内扣；左手向左划弧，掌心向外，右手向左划弧至左肘前，掌心转向上；视线随左手运转。

2. 勾手收脚　上体右转，右腿屈膝，左脚收成丁步；右手向上、向左划弧，至身体右前方变成勾手，腕高与肩平，左手向下、向右划弧至右肩前，掌心转向内；眼视勾手。

3. 弓步推掌　上体左转，左脚向左前方迈出呈左弓步；左手经面前翻掌向前推出。

图 11-56 右揽雀尾

动作要领：身体重心移动平稳，两腿要虚实分明。做勾手时右臂不要过直。推掌时随上体转动，弓腿，翻掌前推（图 11-57）。

（十）云手

1. 转体松勾 上体右转，左脚尖内扣；左手向下、向右划弧至右肩前，掌心向内，右勾手松开变掌。

2. 左云收步 上体左转，身体重心左移，右脚向左脚收拢，两腿屈膝半蹲，两脚平行向前呈小开立步；左手经头前向左划弧运转，掌心渐渐向外翻转，右手向下、向左划弧运转，掌心渐渐转向内；视线随左手运转。

图11-57　单鞭

3. 右云开步　上体右转，身体重心右转，左脚向左横开一步，脚尖向前；右手经头前向右划弧运转，掌心逐渐由内转向外，左手向下、向右划弧，停于右肩前，掌心渐渐翻转向内；视线随右手运转。

4. 左云收步　同前边所述左云收步。

5. 右云开步　同前边所述右云开步。

6. 左云收步　同前边所述左云收步。

动作要领：以腰为轴，转腰带手交叉划圆。上下肢要协调一致，不可脱节。身体平移，不可起伏（图11-58）。

图11-58　云手

（十一）单鞭

1. 转体勾手　上体右转，重心右移，左脚跟提起；右手向左划弧，至右前方掌心翻转变勾手；左手向下、向右划弧至右肩前，掌心转向内；眼视勾手。

2. 弓步推掌　同前边所述弓步推掌。

动作要领：同边所述前单鞭（图11-59）。

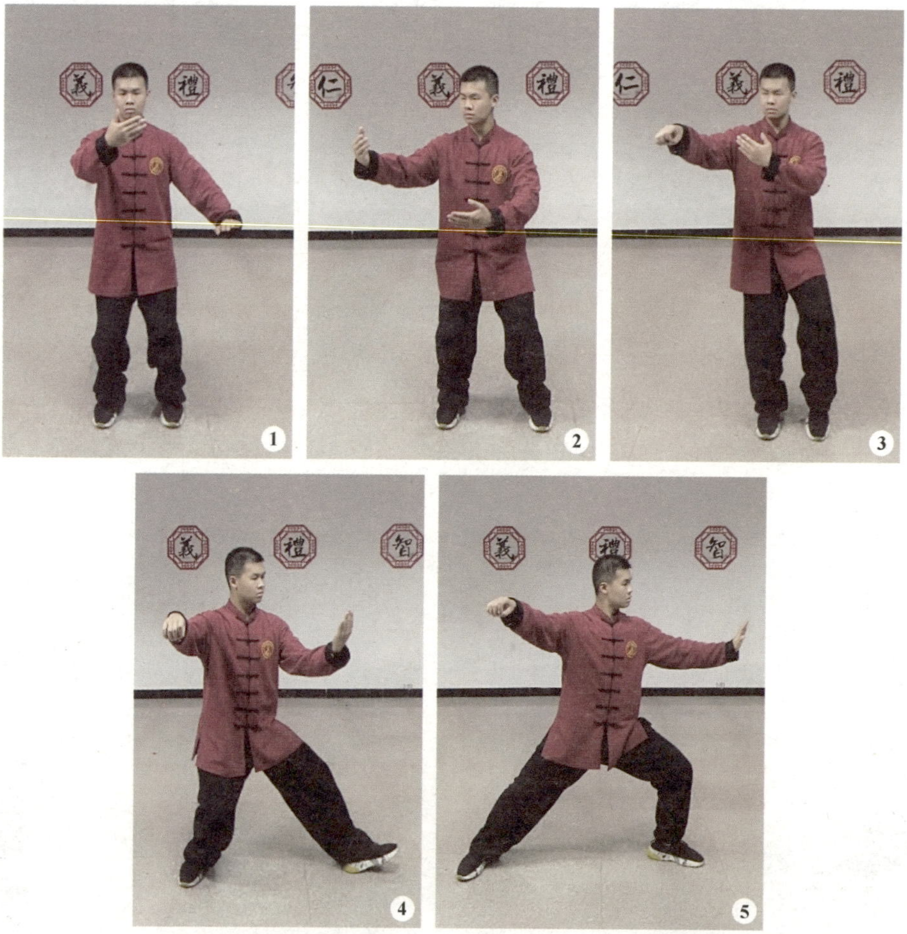

图11-59　单鞭

（十二）高探马

1. 跟步翻手　后脚向前收拢半步；右手勾手松开，两手翻转向上，肘关节微屈。

2. 虚步推掌　上体稍右转，身体重心后移，左脚稍向前移呈左虚步；上体左转，右手经头侧向前推出；左臂屈收至腹前，掌心向上。

动作要领：跟步时上体正直，不可起伏。推手与左脚前移呈虚步同时进行（图11-60）。

图11-60　高探马

（十三）右蹬脚

1. 分手弓步　身体重心前移，双脚呈左弓步；上体稍右转，两手向两侧划弧分开，掌心皆向外；眼视右手。

2. 抱手收脚　右脚呈丁步；两手向腹前划弧相交合抱，举至胸前，右手在外，两掌心皆转向内。

3. 分手蹬脚　两手手心向外撑开，两臂展于身体两侧，肘关节微屈，腕与肩平；左腿支撑，右腿屈膝上提，脚跟用力慢慢向前上方蹬出，脚尖上勾，膝关节伸直，右腿与右臂上下相对；眼视右手。

动作要领：两手胸前交叉，身体稍左转。蹬脚沉腰，两手高不过头。分手撑掌与蹬脚同时完成（图11-61）。

图11-61　右蹬脚

（十四）双峰贯耳

1. 屈膝并手 右小腿屈膝回收，左手向体前划弧，与右手并行落于右膝上方，掌心皆翻转向上。

2. 弓步贯掌 右脚下落向右前方上步呈右弓步；两手握拳经两腰侧向上、向前划弧摆至头前，两臂半屈呈钳形，两拳相对，同头宽，拳心斜向下。

动作要领：弓步的方向与右蹬脚的方向一致。弓步贯拳时肘关节下垂，上体正直（图11-62）。

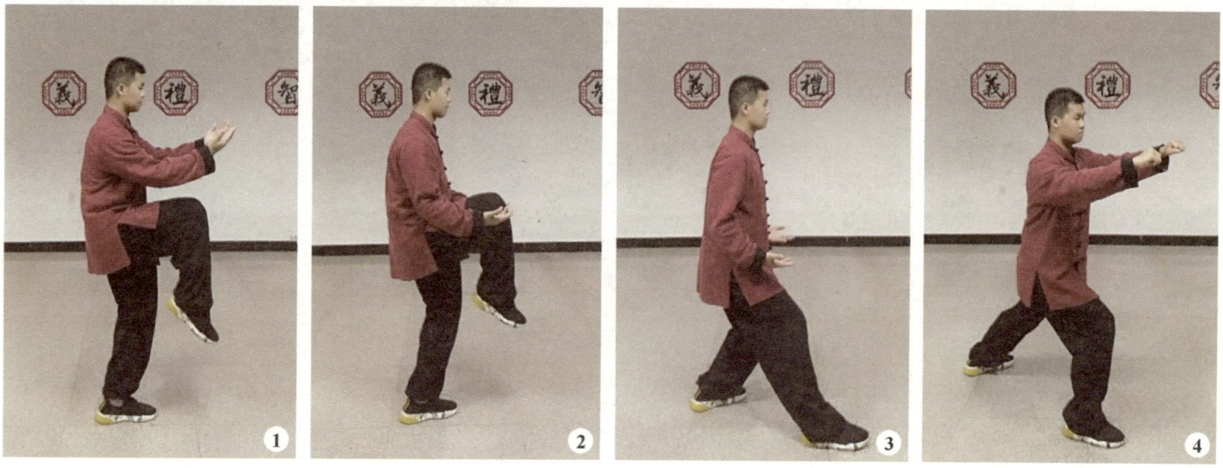

图11-62　双峰贯耳

（十五）转身左蹬脚

1. 转体分手 身体重心后移，左腿屈坐，上体左转，右脚尖内扣；两拳松开，左手向左划弧，两手平举于身体两侧，掌心向外；眼视左手。

2. 抱手收脚 身体重心右移，右腿屈膝后坐，左脚收至右脚内侧呈丁步；两手向下划弧交叉合抱，举至胸前，右手在外，两手心皆向内。

3. 分手蹬脚 同右蹬脚，唯左右相反。

动作要领：转身时，就充分坐腿扣脚，上体保持正直，不可低头弯腰。左蹬脚与右蹬脚的方向要对称（图11-63）。

（十六）左下势独立

1. 收脚勾手 左腿屈收于右小腿内侧；上体右转，右臂稍内合，右手变勾手，左手划弧摆至右肩前，掌心向右；眼视勾手。

2. 仆步穿掌 上体左转，右腿屈膝，左腿向右前方伸出呈左仆步；左手经右肋沿左腿内侧向左穿出，掌心向前，指尖向左；眼视左手。

图11-63 转身左蹬脚

3. 弓步起身 身体重心移向左腿，两腿呈左弓步；左手前穿并向上挑起，右勾手内旋，置于身后。

4. 独立挑掌 上体左转，重心前移，右腿屈膝提起呈左独立步；左手下落按于左胯旁，右勾手下落变掌，向体前挑起，掌心向左，高与眼平，右臂半屈成弧。

动作要领：仆步穿掌时上体不可前倾。由仆步转换独立步时，一定要充分做好两脚的外撇和内扣。独立挑掌时前手肘与膝相对（图11-64）。

图11-64 左下势独立

（十七）右下势独立

1. 落脚勾手　右脚落于左脚右前方，脚前掌着地，上体左转，左脚以脚掌为轴随之扭转；左手变勾手向上提举于身体左侧，高与肩平，右手划弧摆至左肩前，掌心向左；眼视勾手。

2. 仆步穿掌　同左下势独立的仆步穿掌，唯左右相反。

3. 弓步起身　同左下势独立的弓步起身，唯左右相反。

4. 独立挑掌　同左下势独立的独立挑掌，唯左右相反。

动作要领：右脚前掌应落在左脚右前方20cm处。仆步穿掌时，应先把右脚提起后再伸出（图11-65）。

图11-65　右下势独立

（十八）左右穿梭

1. 右穿梭（图11-66）

（1）落脚抱球　左脚向左前方落步，脚尖外撇，上体左转；两手呈左抱球状。

（2）弓步架推　上体右转，右脚向右前方上步呈右弓步；右手向前上方划弧，翻转上举，架于右额前上方，左手向后下方划弧，经肋前推至体前，高与鼻平；眼视左手。

2. 左穿梭（图11-67）

（1）抱球收脚　身体重心稍后移，右脚尖外撇，左脚收成丁步；上体右转，两手在右肋前上下相抱。

（2）弓步架推　同右穿梭弓步架推，唯左右相反。

动作要领：做弓步架推时，手脚方向一致，两掌要有滚动上架与前推。

图11-66 右穿梭

图11-67 左穿梭

（十九）海底针

1. 跟步提手 右脚向前收拢半步，身体重心随之后移，右腿屈坐；上体右转，右手下落屈臂提抽至耳侧，掌心向左，指尖向前，左手向右划弧下落至腹前，掌心向下，指尖斜向右。

2. 虚步插掌 上体左转向前俯身，左脚稍前移呈左虚步；右手向前下方斜插，左手经膝前划弧搂过，按至左大腿侧；眼视右手。

动作要领：右手随转体在体侧划一立圆提于右耳侧。插掌时不可因前俯而弯腰驼背。上下肢动作必须协调同步（图11-68）。

图 11-68　海底针

（二十）闪通臂

1. 提手收脚　上体右转，恢复正直；右手提至胸前，左手屈臂收举，指尖贴近右腕内侧；左脚收至右脚内侧。

2. 弓步推掌　左脚向前上步呈左弓步；左手推至体前，右手撑于头侧，掌心斜向上，两手分展；眼视左手。

动作要领：两手先上提后分开。右手上撑向后引拉。前手、前腿上下相对（图 11-69）。

图 11-69　闪通臂

（二十一）转身搬拦捶

1. 转体扣脚　身体重心后移，右腿屈坐，左脚尖内扣；身体右转，右手摆至体右侧，左手摆至头左侧，掌心均向外；眼视右手。

2. 坐腿握拳　身体重心左移，左腿屈坐，右腿自然伸直；右手握拳向下、向左划弧停于左肋前，拳心向下，左手举于左额前；眼向前平视。

3. 踩脚搬拳　右脚提收至左脚内侧，再向前迈出，脚跟着地，脚尖外撇；右拳经胸前向前搬压，拳心向上，高与胸平，肘部微屈，左手经右前臂外侧下落，按于左胯旁；眼视右拳。

4. 转体收拳　上体右转，重心前移，右拳向右划弧至体侧，拳心向下，左臂外旋，向体前划弧，掌心斜向上。

5. 上步拦掌　左脚向前上步，脚跟着地；左掌拦至体前，掌心向右，右拳翻转收至腰间，拳心向上；眼视左掌。

6. 弓步打拳 上体左转，身体重心前移，两腿呈左弓步；右拳向前打出，肘微屈，拳眼向上，左手微收，掌指附于右前臂内侧，掌心向右。

动作要领：身体右转时，左脚尽力内扣。垫步时勿抬脚过高，迈出时脚尖外撇（图11-70）。

图11-70 转身搬拦捶

（二十二）如封似闭

1. 穿手翻掌 左手翻转向上，从右前臂下向前穿出；同时右拳变掌，也翻转向上，两手交叉举于体前。

2. 后坐收掌 身体重心后移，两臂屈收后引，两手分开收至胸前，与胸同宽，掌心斜相对；眼视前方。

3. 弓步按掌 身体重心前移，两腿呈左弓步；两掌经胸前弧线向前推出，高与肩平，宽与肩同。

动作要领：后坐收掌时避免上体后仰。弓步按掌时两掌由下向上、向前推按（图11-71）。

图11-71 如封似闭

（二十三）十字手

1. 转体扣脚 上体右转，身体重心右移，右腿屈坐，左脚尖内扣；右手向右摆至头前，两手心皆向外；目视左手。

2. 弓步分手 上体继续右转，右脚尖外撇侧弓，右手继续划弧至身体右侧，两臂侧平举，手心皆向外；目视右手。

3. 交叉搭手 上体左转，重心左移，左腿屈膝侧弓，右脚尖内扣；两手划弧下落，交叉上举呈斜十字形，右手在外，手心皆向内。

4. 收脚合抱 上体转正，右脚提起收拢半步，两腿慢慢直立；两手交叉合抱于胸前。

动作要领：转体扣脚与弓步分手要连贯。两手划弧下落时不可弯腰低头（图11-72）。

图11-72 十字手

（二十四）收势

1. 翻掌分手 两臂内旋，两手翻转向下分开，两臂慢慢下落停于身体两侧；目视前方。

2. 并脚还原 左脚轻轻收回，恢复成预备姿势。

动作要领：两手左右分开下落时，要注意全身放松，同时气也徐徐下沉（呼气略加长）。呼吸平稳后，把左脚收到右脚旁（图11-73）。

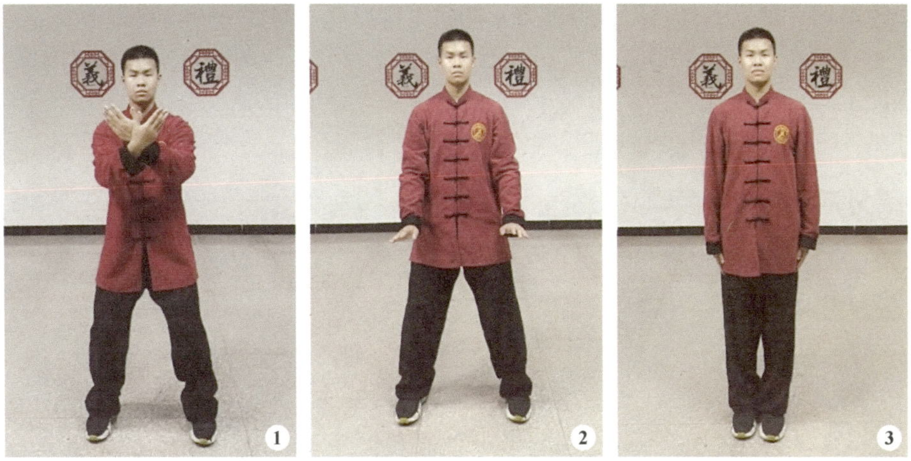

图11-73　收势

第5节　八　段　锦

一、八段锦概述

八段锦作为武术项目的一种，其历史悠长，动作简单易行，健身效果明显，是中华武术文化中的瑰宝，深受人们的喜爱。

二、八段锦的基本动作

预备式（图11-74）：两脚平行站立（约与肩同宽）；全身放松，两臂自然下垂于体侧；随着松腰沉髋，身体重心移至右腿，左脚向左侧开步，脚尖朝前，约与肩同宽，目视前方；两臂外旋，两掌分别向两侧摆起，约与髋同高，掌心向后，目视前方；两腿膝关节略屈，同时两臂内旋，向前合抱于腹前呈圆弧形，与脐同高，掌心向内，两掌指间距约10cm，目视前方。

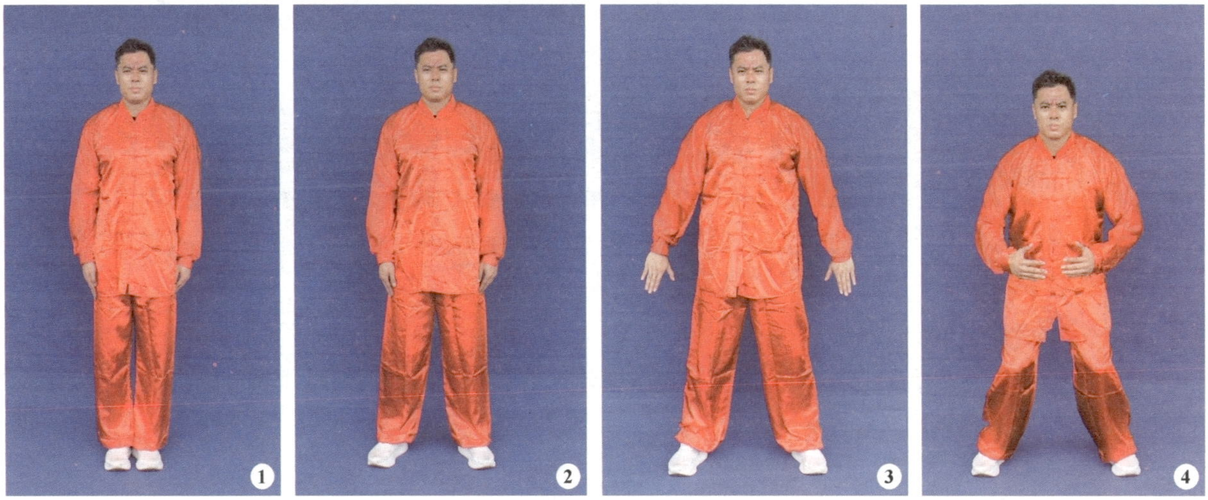

图11-74　预备式

（一）第一式 两手托天理三焦（图11-75）

1. 两臂外旋略下落，两掌五指分开，在腹前交叉，掌心向上，目视前方。

2. 上动不停，两腿徐缓挺膝伸直，同时两掌上托至胸前，随之两臂内旋向上托起，掌心向上，抬头，目视两掌。

3. 上动不停，两臂继续上托，肘关节伸直，同时下颌内收，动作略停，目视前方。

4. 身体重心缓缓下降，两腿膝关节略屈，同时十指慢慢分开，两臂分别向身体两侧下落，两掌捧于腹前，掌心向上，目视前方。

5. 本式托举、下落为1遍，共做6遍。

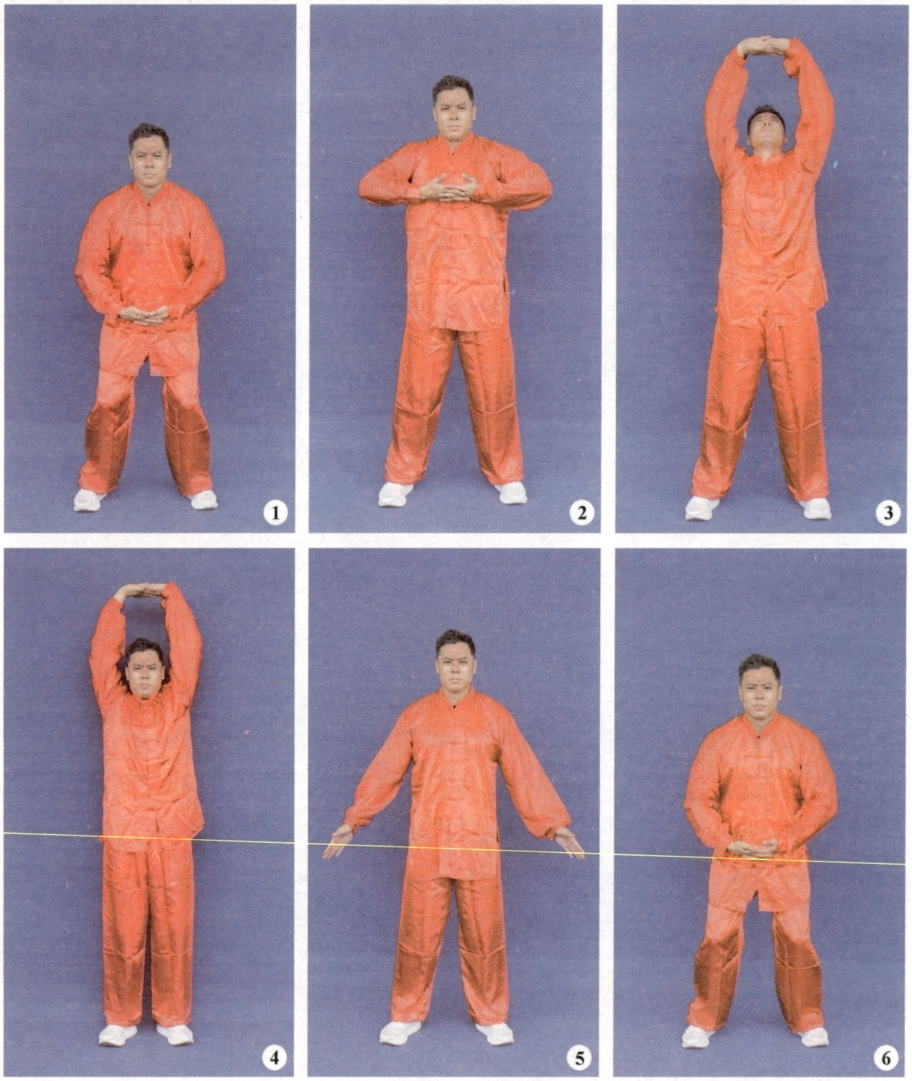

图11-75 第一式 两手托天理三焦

（二）第二式 左右开弓似射雕（图11-76）

1. 身体重心右移，左脚向左侧开步站立，两腿膝关节自然伸直，同时两掌向上交叉于胸前，左掌在外，两掌心向内，目视前方。

2. 上动不停，两腿徐缓屈膝半蹲呈马步，同时右掌屈指呈爪，向右拉至肩前，左掌呈八字掌，左臂内旋，向左侧推出，与肩同高，坐腕，掌心向左，犹如拉弓射箭之势，动作略停，目视左掌方向。

3. 身体重心右移；同时，右手五指伸开成掌，向上、向右划弧，与肩同高，指尖朝上，掌心斜向前；左手指伸开成掌，掌心斜向后；目视右掌。

4. 上体不停。重心继续右移；左脚回收成并步站立；同时，两掌分别由两侧下落，捧于腹前，指尖相对，掌心向上；目视前方。

5. 左右动作相同，方向相反，本式一左一右为1遍，共做3遍。

图11-76　第二式 左右开弓似射雕

（三）第三式 调理脾胃须单举（图11-77）

1. 两腿徐缓挺膝伸直，同时左掌上托，左臂内旋，向上穿经面前，随之外旋，上举至头左上方，

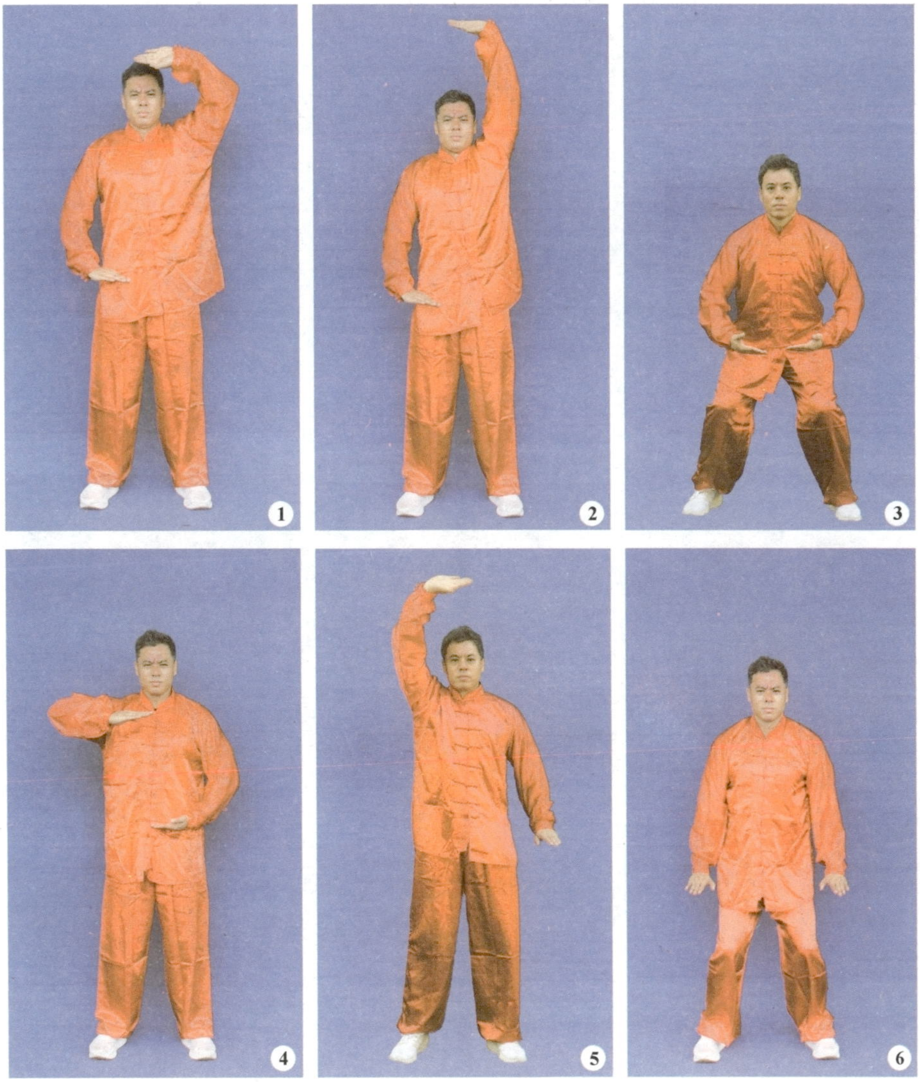

图11-77　第三式 调理脾胃须单举

肘关节略屈，力达掌根，掌心向上，掌指向右；同时右掌略下按，随之右臂内旋，下按至右髋旁，肘关节略屈，力达掌根，掌心向下，动作略停，目视前方。

2. 松腰沉髋，身体重心缓缓下降，两腿膝关节略屈，同时左臂屈肘外旋，左掌经面前下落，最后停于腹前，掌心向上，右臂外旋，右掌向上捧于腹前，两掌指尖相对，相距约10cm，掌心向上，目视前方。右手举按动作同左手，唯方向相反。

3. 本式一左一右为1遍，共做3遍，第3遍最后一动时，两腿膝关节略屈，同时两臂屈肘，两掌下按，落于髋旁，掌心向下，掌指向前，目视前方。

（四）第四式 五劳七伤往后瞧（图11-78）

1. 两腿徐缓挺膝伸直，同时两臂伸直，掌心向后，指尖向下，目视前方。

2. 上动不停，两臂充分外旋，掌心向外，头向右后转，动作略停，目视右斜后方。

3. 松腰沉髋，身体重心缓缓下降，两腿膝关节略屈，同时两臂内旋，按于髋旁，掌心向下，指尖向前，目视前方。

4. 本式一左一右为1遍，共做3遍，第3遍最后一动时，两腿膝关节略屈，同时两掌捧于腹前，指尖相对，掌心斜向上，目视前方。

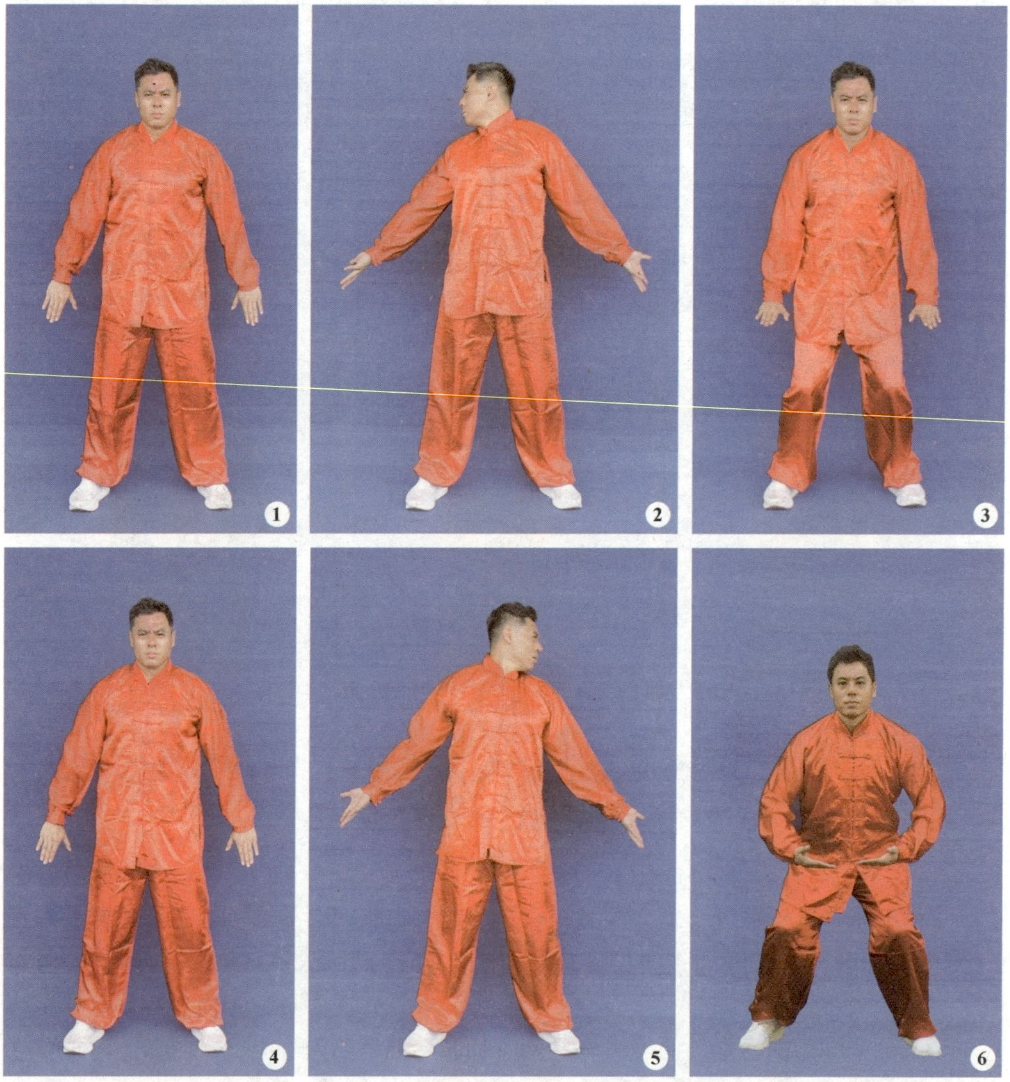

图11-78 第四式 五劳七伤往后瞧

（五）第五式 摇头摆尾去心火（图11-79）

1. 身体重心左移，右脚向右开步站立，两腿膝关节自然伸直，同时两掌上托与胸同高，两臂内旋，两掌继续上托至头上方，肘关节略屈，掌心向上，指尖相对，目视前方。

2. 上动不停，两腿徐缓屈膝半蹲呈马步，同时两臂向两侧下落，两掌扶于膝关节上方，肘关节略屈，小指侧向前，目视前方。

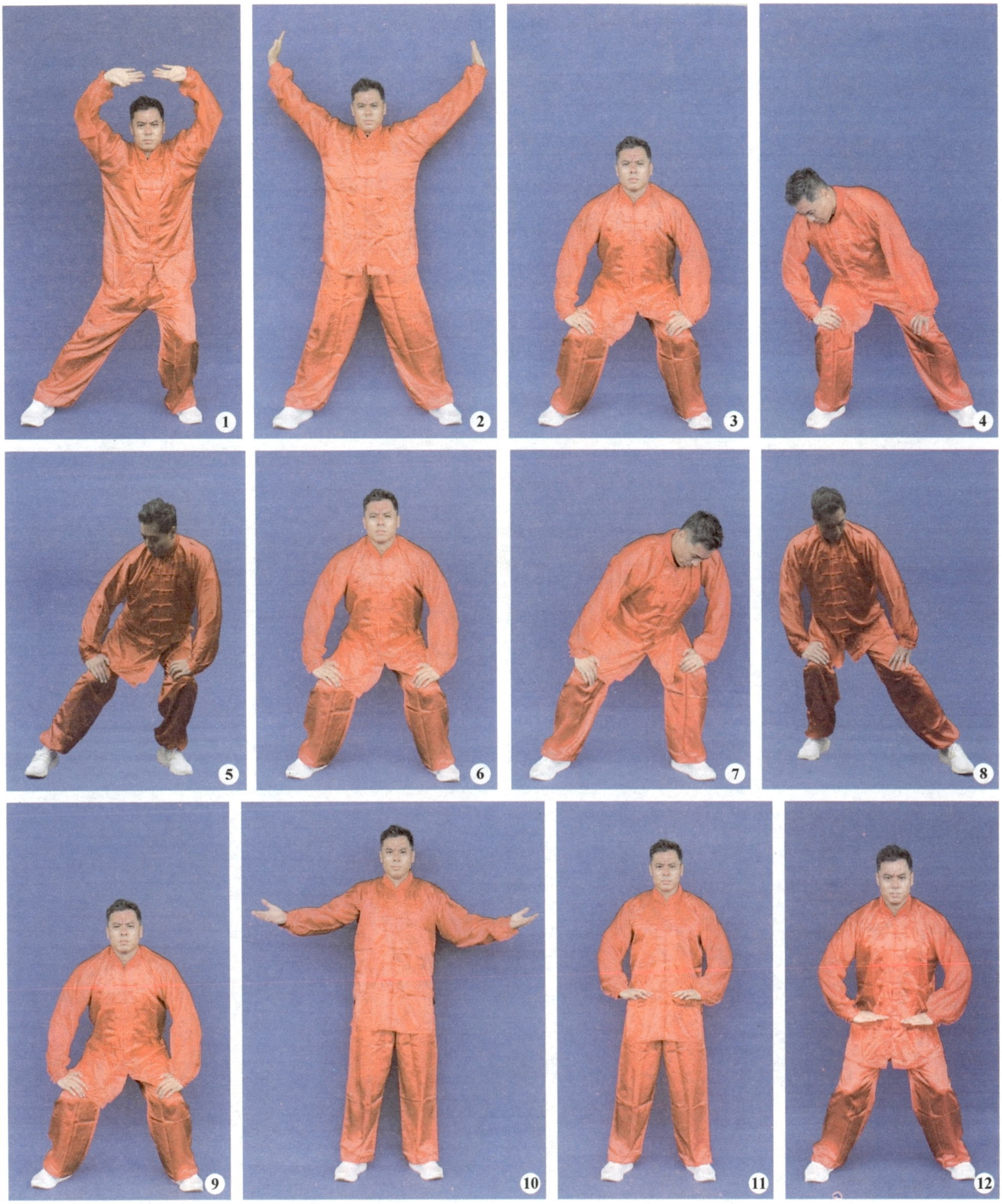

图11-79 第五式 摇头摆尾去心火

3. 身体重心向上略升起，然后右移，上体先向右倾，随之俯身，目视右脚。

4. 上动不停，身体重心左移，同时上体由右向前、向左旋转，目视右脚。

5. 身体重心右移呈马步，同时头向后摇，上体立起，随之下颌略收，目视前方。

6. 本式一左一右为1遍，共做3遍，做完3遍最后一动时，身体重心左移，右脚收回，呈开步站立，与肩同宽，同时两掌向外经两侧上举，掌心相对，目视前方，随后松腰沉髋，身体重心缓缓下降，两腿膝关节略屈，同时屈肘，两掌经面前下按至腹前，掌心向下，指尖相对，目视前方。

（六）第六式 两手攀足固肾腰（图11-80）

1. 两腿挺膝伸直站立，同时两脚脚尖向前，两臂向前、向上举起，肘关节伸直，掌心向前，目视前方。

2. 两臂外旋，至掌心相对，屈肘，两掌下按于胸前，掌心向下，指尖相对，目视前方。

3. 上动不停，两臂外旋，两掌心向上，随之两掌掌指顺腋下向后插，目视前方。

4. 两掌心向内，沿脊柱两侧向下摩运至臀部，随之上体前俯，两掌继续沿腿后向下摩运，经脚两侧置于脚面，动作略停，目视前方。

5. 本式一上一下为1遍，共做6遍，做完6遍最后一动时，松腰沉髋，身体重心缓缓下降，两腿膝关节略屈，同时两掌向前下按至腹前，掌心向下，指尖向前，目视前方。

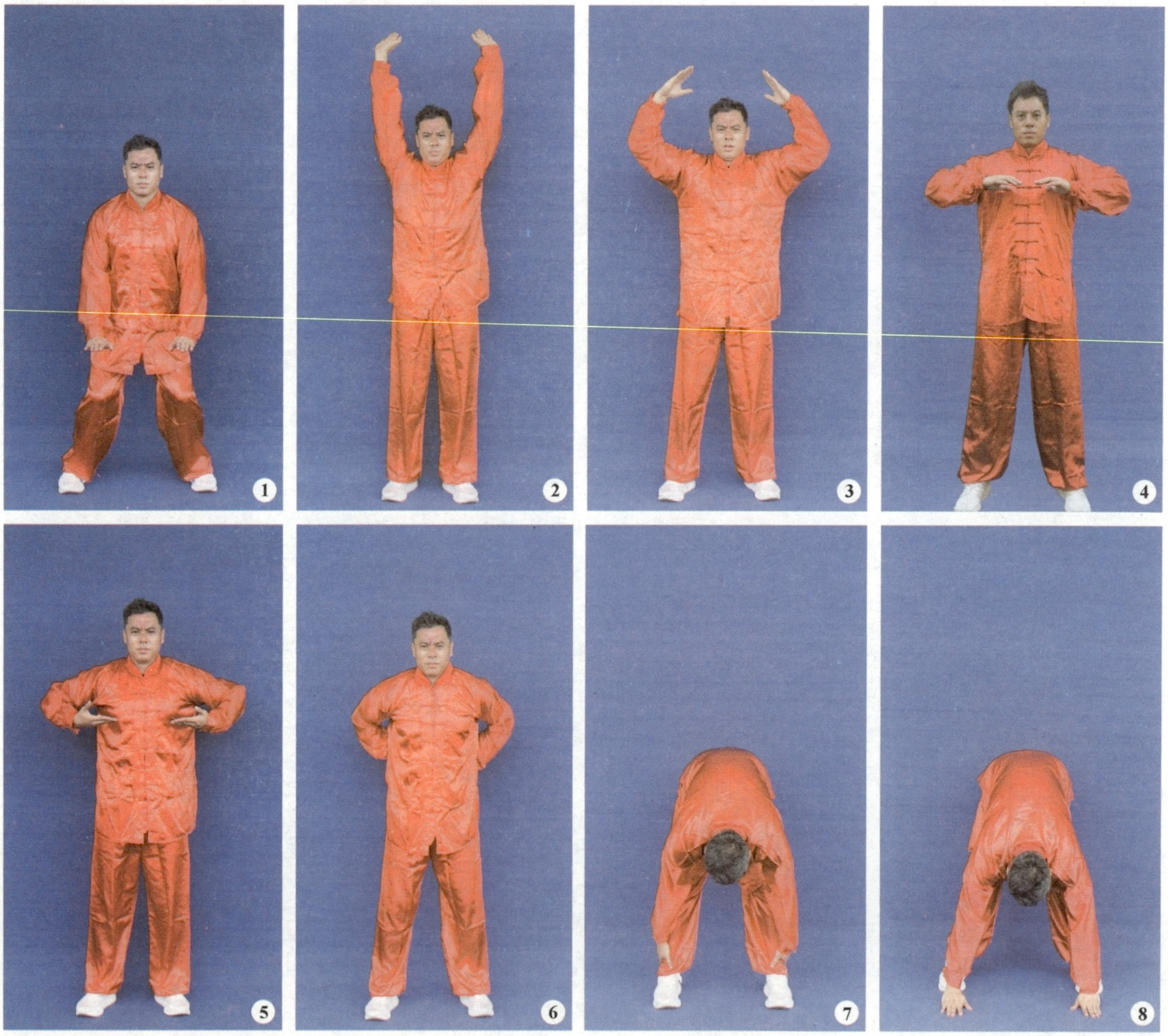

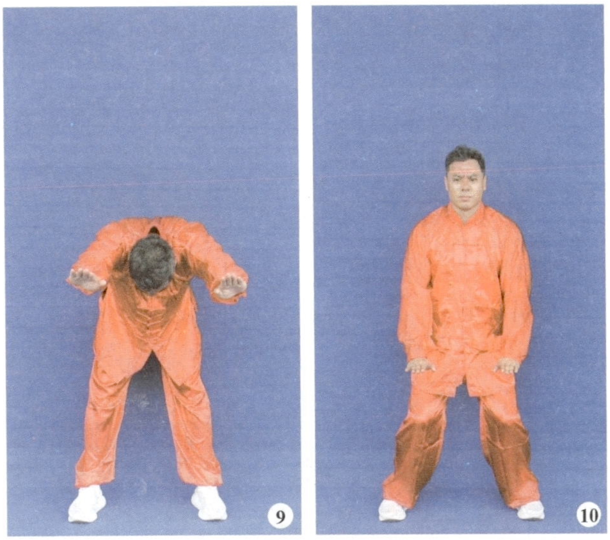

图 11-80 第六式 两手攀足固肾腰

（七）第七式 攒拳怒目增气力（图 11-81）

1. 身体重心右移，左脚向左开步，两腿徐缓屈膝半蹲呈马步，同时两掌握成拳，抱于腰侧，拳眼朝上，目视前方。

2. 左拳缓慢用力，向前冲出，与肩同高，拳眼朝上，目视左拳冲出方向。

3. 左臂内旋，左拳变掌，虎口朝下，目视左掌。

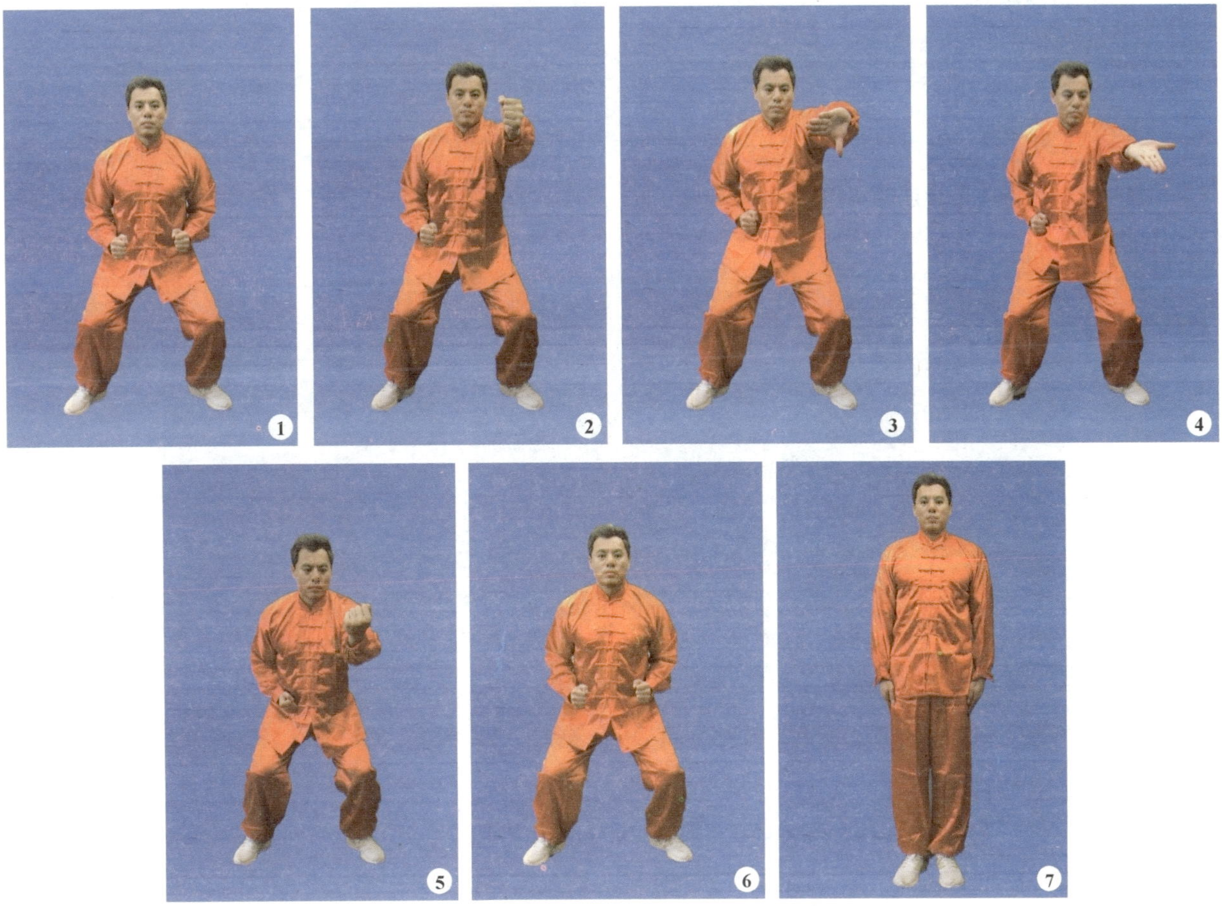

图 11-81 第七式 攒拳怒目增气力

4. 左臂外旋，肘关节略屈，同时左掌向左缠绕，变掌心向上后握拳，目视左拳。

5. 屈肘，收回左拳至腰侧，拳眼朝上，目视前方。右拳动作同左拳，唯方向相反。

6. 本式一左一右为1遍，共做3遍，做完3遍最后一动时，身体重心右移，左脚收回，呈并步站立，同时两拳变掌，自然垂于体侧，目视前方。

（八）第八式 背后七颠百病消（图11-82）

1. 两脚跟提起，头上顶，动作略停，目视前方。
2. 两脚跟下落，轻震地面，目视前方。
3. 本式一起一落为1遍，共做7遍。

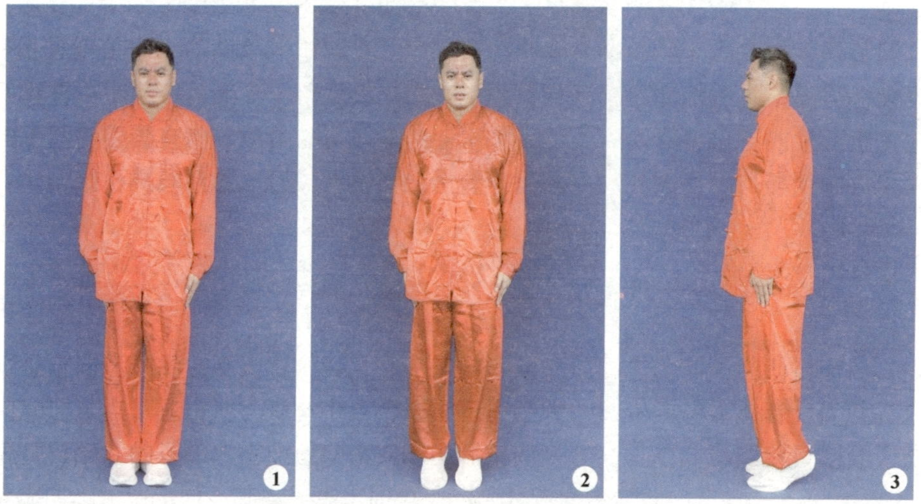

图11-82　第八式 背后七颠百病消

（九）收势（图11-83）

1. 两臂外旋，向两侧摆起，与髋同高，掌心向后，目视前方。
2. 两臂屈肘，两掌相叠，置于丹田处，目视前方。
3. 两臂自然下落，两掌轻贴于腿外侧，目视前方。

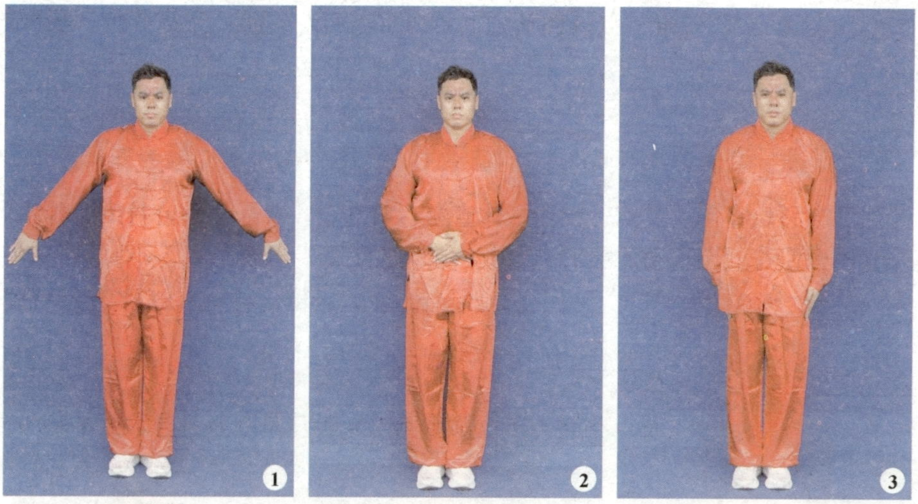

图11-83　收势

第6节　五　禽　戏

一、五禽戏概述

五禽戏是国家正在大力推广的“健身气功”运动项目之一。是我国非常优秀的古传养生术，坚持练习，能够很好地舒展人体的肌肉和关节，提高人的心肺功能，从而达到调心理气、放松神经、健身养生的目的。

二、五禽戏的基本动作

（一）开功势

1. 开步势（图11-84）

（1）两脚开步正身站立，两掌自然垂于体侧。全身放松，头颈正直，下颌微收，舌抵上颚，目视前方。

（2）左脚向左平开一步，两脚平行，稍宽于肩，两膝微屈，松静站立。

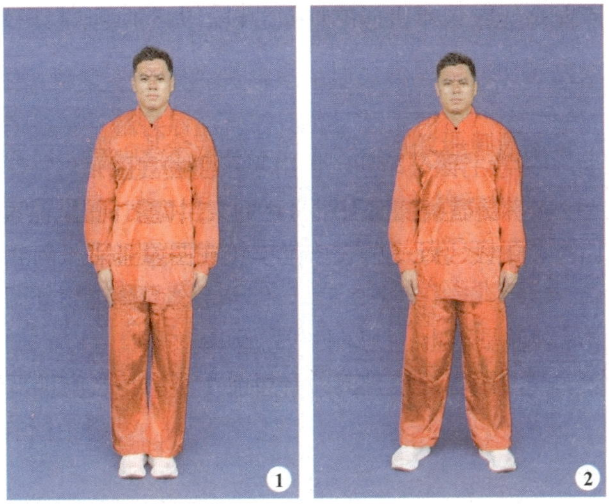

图11-84　开步势

2. 调息势（图11-85）

（1）肘微屈，两臂在体前向上平托，与胸同高。

（2）两肘下垂外展，两掌向内翻转，并缓慢下按于腹前，虎口相对，目视前方。

（3）重复上述（1）～（2）动作2遍后，两掌自然垂于体侧。

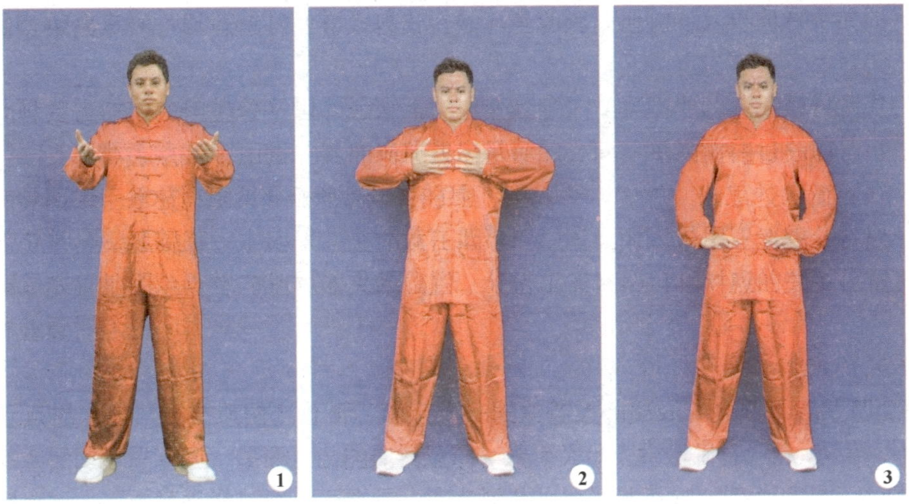

图11-85　调息势

（二）虎戏

1. 手形（图 11-86）

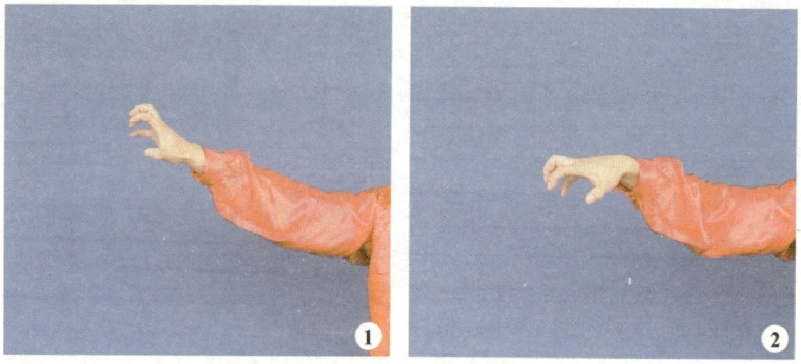

图 11-86　虎爪

“虎爪”是五禽戏“虎戏”的特殊手形。

五指张开，虎口撑圆，五指的第一、第二指关节弯曲内扣，形如虎爪，故名。

2. 虎举势（图 11-87）

（1）两掌掌心向下，十指撑开。

（2）十指弯曲成“虎爪”，目视两爪。

（3）两爪外旋，由小指先弯曲，其余四指依次弯曲握拳。

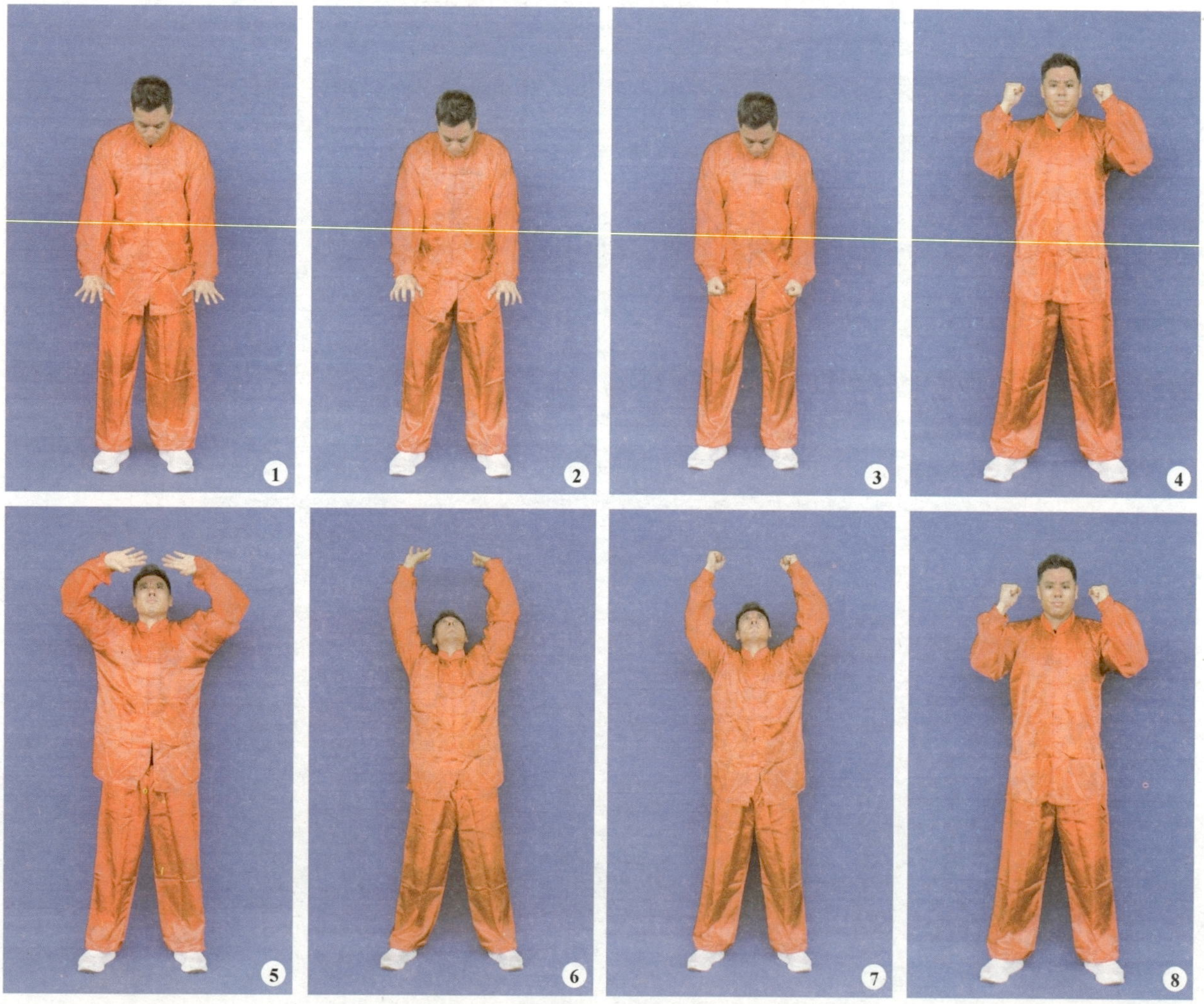

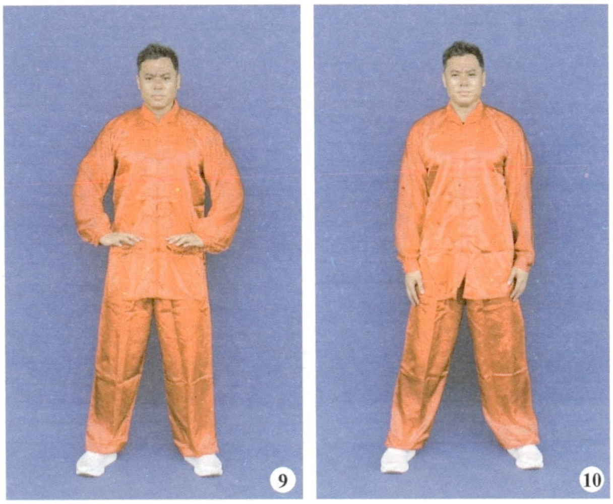

图11-87 虎举势

（4）拳心向里，两拳沿体前缓慢上提；至肩前时，转腕成拳面向上。

（5）十指撑开，举至头上方再弯曲成“虎爪”；目视两爪。两爪缓缓向上托举，直至两臂伸直，虎口向里，爪心向上。

（6）十指外旋握拳，拳心相对。

（7）两拳下拉至肩前时，变掌下按。两掌沿体前下落至腹前，十指撑开，掌心向下，指尖相对，目视前方。

（8）重复上述动作3遍后，两掌自然垂于体侧，目视前方。

3. 虎扑势（图11-88）

（1）接上势。两掌握空心拳，拳心向里，沿身体两侧上提至肩腋前。

（2）两拳向上、向前划弧，张指成掌；继而十指弯曲成“虎爪”，爪心向下。同时，上体前俯，挺胸塌腰，目视前方。

（3）两腿屈膝下蹲，收腹含胸。同时，两爪向下划弧至两膝侧，爪心向下，目视前下方。

（4）随后两虎爪沿两大腿外侧收至肋侧，同时，两腿伸膝。接着，两虎爪握空拳，沿体侧向上提至腋前胸侧，拳眼贴胸侧。

（5）左腿屈膝，缓缓提起。两拳上举。

（6）左脚向前迈出一步，脚跟着地，脚前掌上翘；右腿屈膝下蹲，成左虚步。同时，上体前倾，两拳变“虎爪”向前、向下扑至膝前两侧，爪心向下，目视下方。

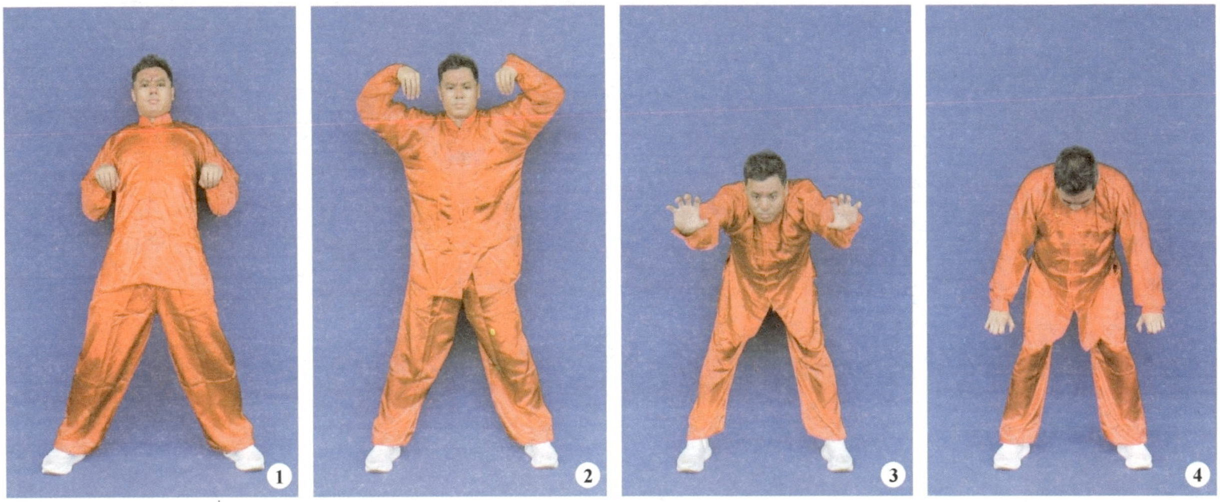

图11-88 虎扑势

（7）随后，上体抬起，左脚收回，开步站立。两“虎爪”自然下落于体侧。

（8）接着做右脚成虚步的动作，方法与上述动作相同，唯左右提膝方向相反。

（9）重复上述（1）至（8）动作一遍后，两掌向身体侧前方举起，与胸同高，掌尖相对，目视前方。

（10）两臂屈肘，两掌内合、下按，自然垂于体侧，目视前方。

（三）鹿戏

1. 手形（图11-89）

鹿角：拇指伸直外张，示指、小指伸直，中指、环指弯曲内扣。

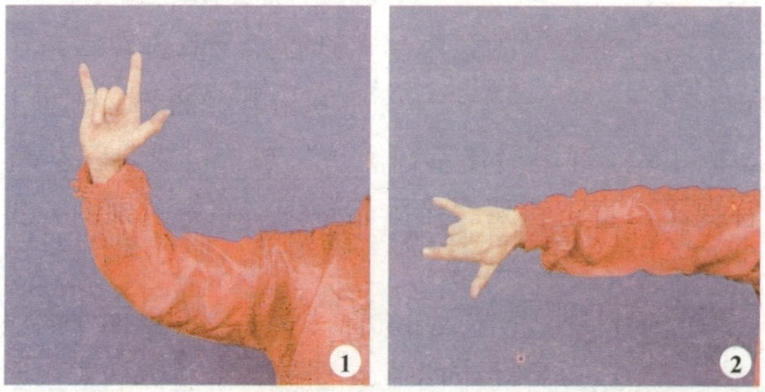

图11-89 鹿角

2. 鹿抵势（图11-90）

（1）正身开步而立，两掌自然下垂、全身放松，自然呼吸。

（2）两腿微屈，身体重心移至右腿；左脚经右脚内侧向左前方迈步，脚跟着地，脚掌上翘，成左虚步。同时，身体稍右转，两掌握空心拳，向右侧摆起，拳心向下，高与肩平。目随手动，转视右拳。

（3）身体重心前移，左脚尖外展踏实；右腿伸直踏实。同时，身体左转，两拳变“鹿角”，向上、向左、向后划弧，掌心向外，指尖向后，左臂弯曲外展平伸，肘抵靠左腰侧；右臂举至头前，向左后方伸抵，掌心向外，指尖向后。目视右脚跟。

（4）随后，身体右转，开始做右侧动作，方法与左侧相同，唯方向相反。

（5）重复上述动作1遍。然后放下两手成掌，自然站立收势。

图11-90　鹿抵势

3. 鹿奔势（图11-91）

（1）由开步势起，左脚向前跨一步，屈膝；右腿伸直，成左弓步。同时，两手握成空心拳，向上、向前划弧至体前，屈腕，高与肩平，与肩同宽，拳心向下，目视前方。

（2）身体重心后移，左膝伸直，左脚全脚掌着地；右腿屈膝，低头，弓背，收腹。同时，两臂内旋，两拳松开成掌前伸，掌背相对，拳变“鹿角”。

（3）身体重心前移，上体抬起，右腿伸直；左腿屈膝，成左弓步。松肩沉肘，两臂外旋，“鹿角”变空心拳，高与肩平，拳心向下，目视前方。

（4）左脚收回变小换步。两拳回落于体侧，目视前方。
（5）接着做右侧动作，方法与左侧相同，唯方向相反。
（6）重复上述动作1遍后，两掌自然垂于体侧，目视前方。
（7）两掌向身体侧前方举起，与胸同高，掌心斜相对，虎口向上，目视前方。
（8）两臂屈肘，两掌内合、下按，经小腹前侧落，自然垂于体侧，目视前方。

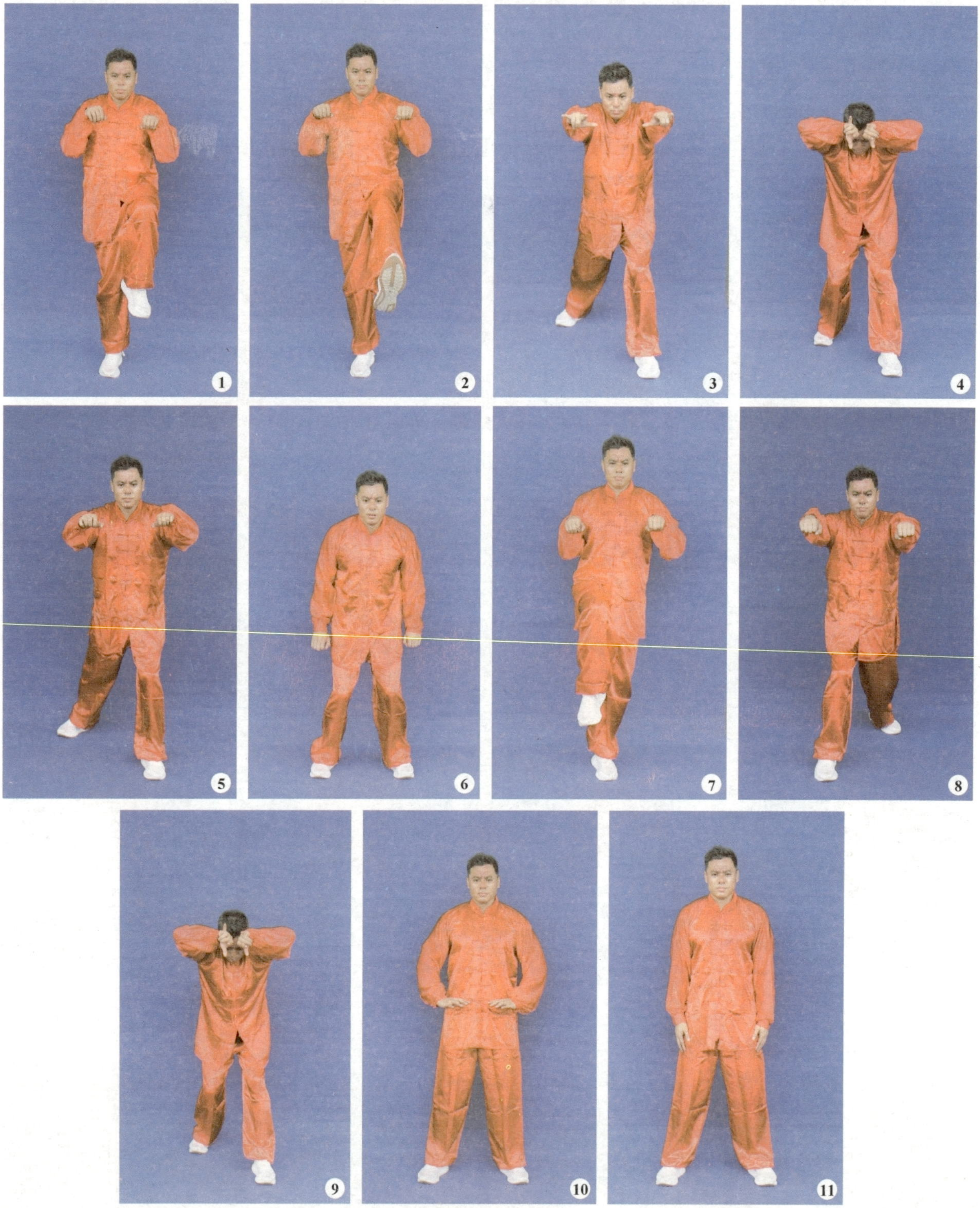

图11-91　鹿奔势

（四）熊戏

1. 手形（图11-92）

熊掌：拇指压在示指指端上，其余四指并拢弯曲，虎口撑圆。

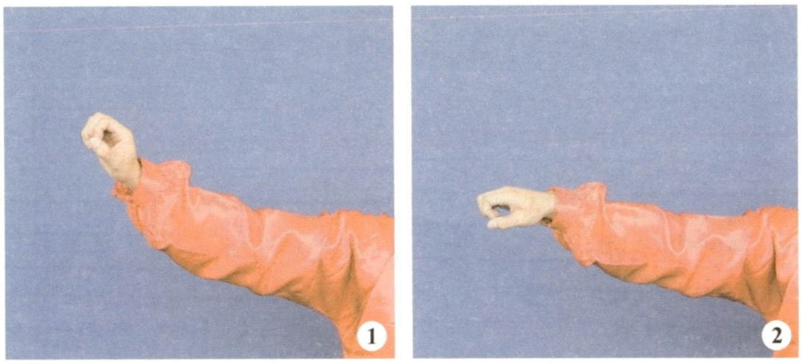

图11-92　熊掌

2. 熊运势（图11-93）

（1）从开步势开始，两拳握空心拳成“熊掌”，拳眼相对，垂于下腹部。

（2）以腰、腹为轴，上体做顺时针摇晃。同时，以两肩膀的摇晃带动两拳随之沿右肋部、上腹部、左肋部、下腹部划圆；目随上体摇晃、环视。重复上述动作一遍。

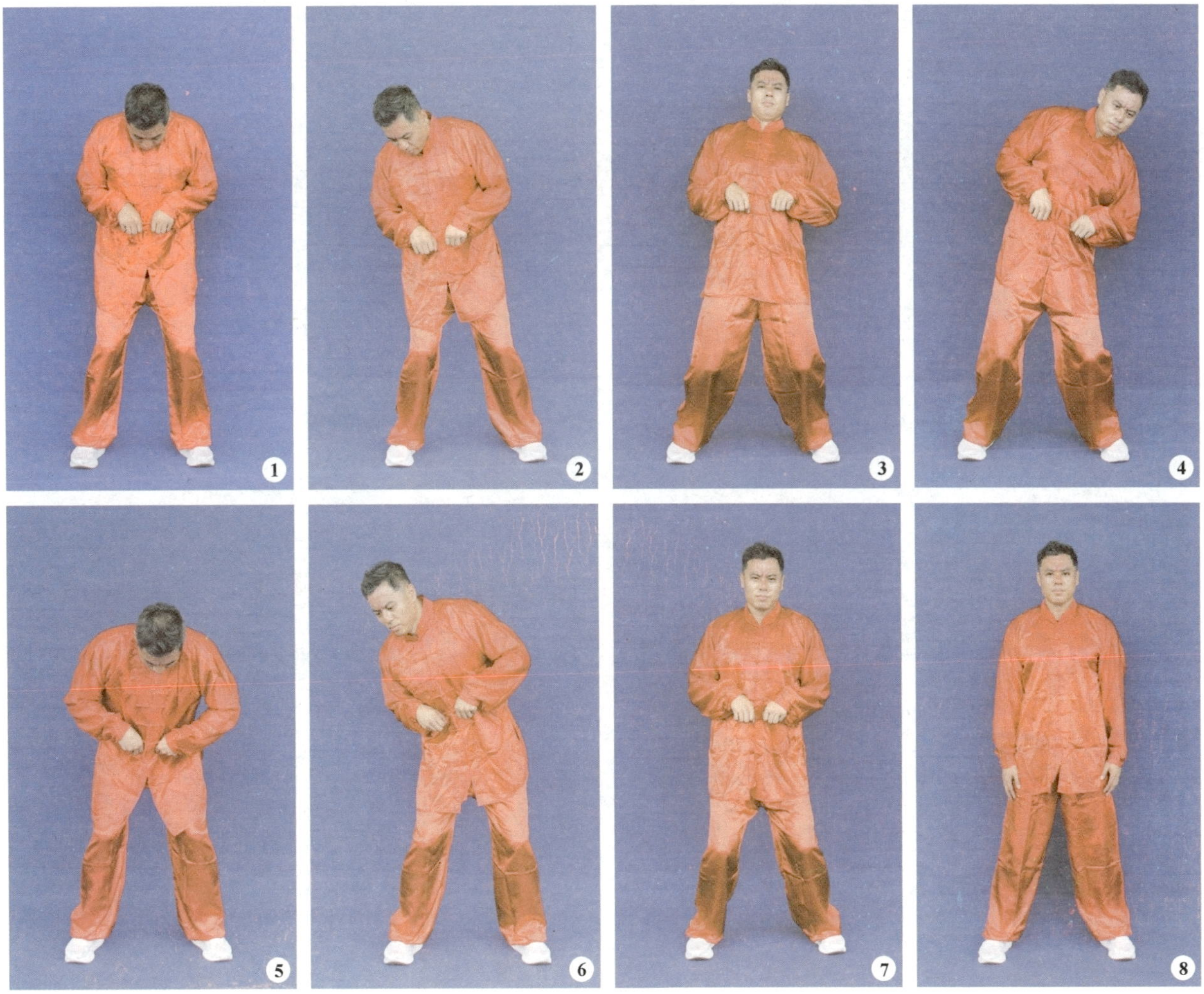

图11-93　熊运势

（3）上体做逆时针摇晃，两拳随之划圆，动作方法同前，唯方向相反。

（4）重复1遍后，两拳变掌下落，自然垂于体侧，目视前方。

3. 熊晃势（图11-94）

（1）从开步势开始，身体重心右移，左髋上提，牵动左脚离地，再微屈左膝。两掌握成“熊掌”向左右提起，目视左前方。

（2）身体重心前移，左脚向左前方落地，全脚掌踏实，脚尖向前。右腿伸直，身体右转。左臂内旋前靠，左拳摆至左膝上方，拳心向左。右拳摆至体后，拳心向后。目视左前方。

（3）身体左转，重心后坐，右腿屈膝。左腿伸直。拧腰晃肩，带动两臂前后弧形摆动。右拳摆至左膝前上方，拳心向右。左拳摆至体后，拳心向后，目视左方。

（4）身体右转，重心前移，左腿屈膝。右腿伸直。同时，左臂内旋前靠，左拳摆至左膝前上方，拳心向左；右拳摆至体后，拳心向后，目视左前方。

（5）换做右势，动作与左势相同，唯方向相反。

（6）重复上述动作1遍后，左脚上步，开步站立。同时，两掌自然垂于体侧。

（7）两掌向身体侧前方举起，与胸同高，掌心向上，目视前方。

（8）屈肘，两掌内合至胸前，再沿体前下按至小腹前，继而下落自然垂于体侧，目视前方。

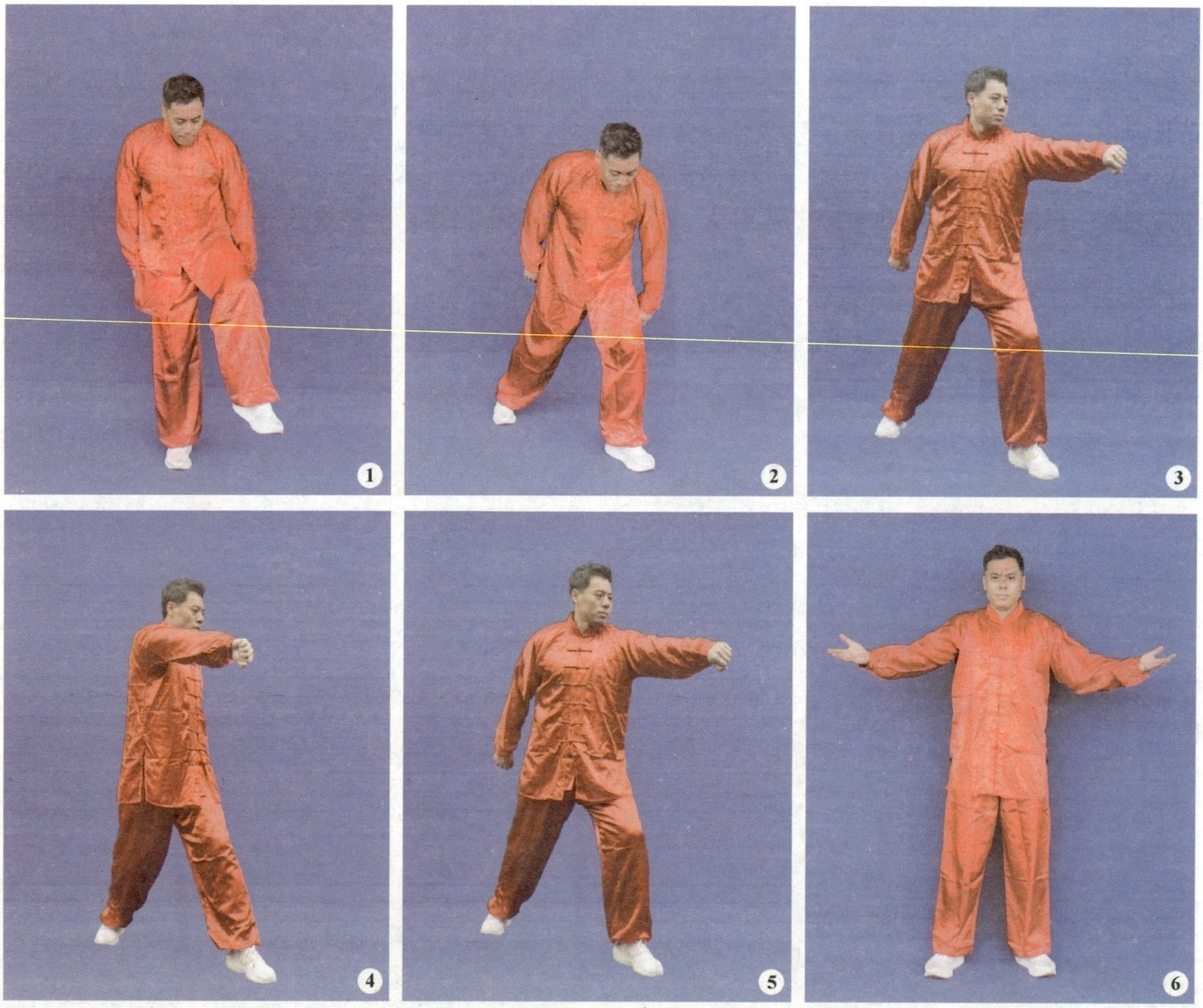

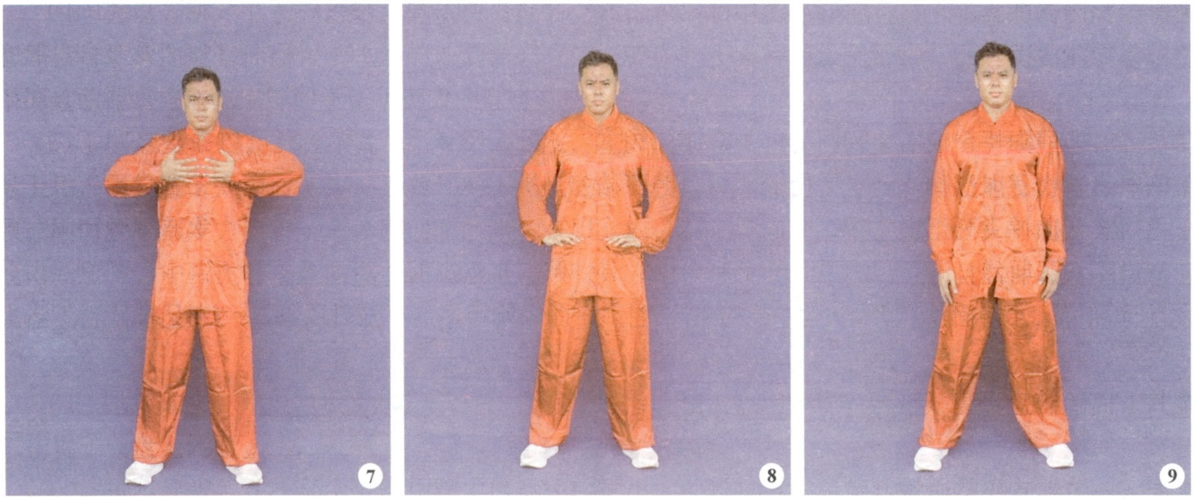

图11-94 熊晃势

（五）猿戏

1. 手形（图11-95）

猿钩：五指指腹捏拢，屈腕成钩状。

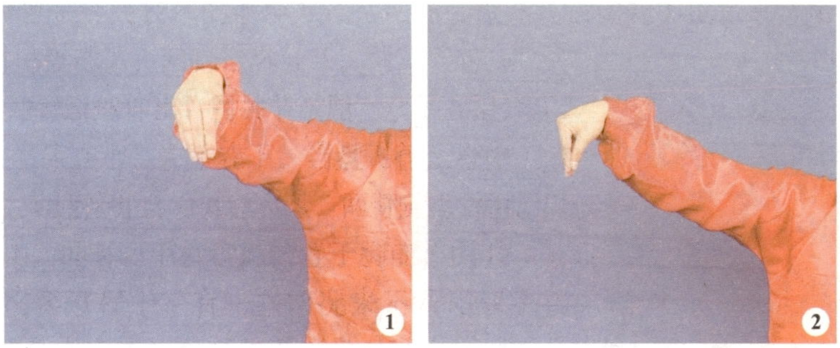

图11-95 猿钩

2. 猿提势（图11-96）

（1）从开步势开始，两掌在小腹前，十指伸直分开，掌心向下。

（2）再屈腕，两手五指分别撮拢捏紧成“猿钩”。

（3）两“猿钩”上提至胸，两肩上耸，收腹提肛。同时，脚跟提起，头向左转。目随头动，转视身体左侧。

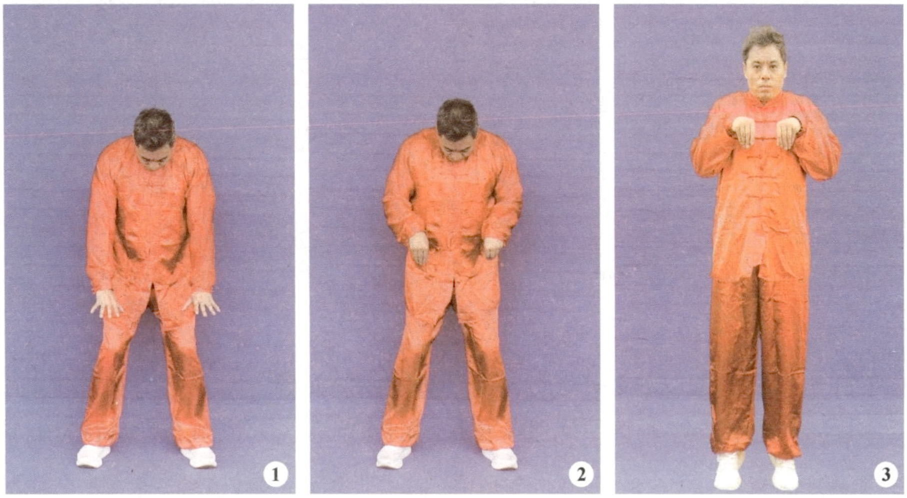

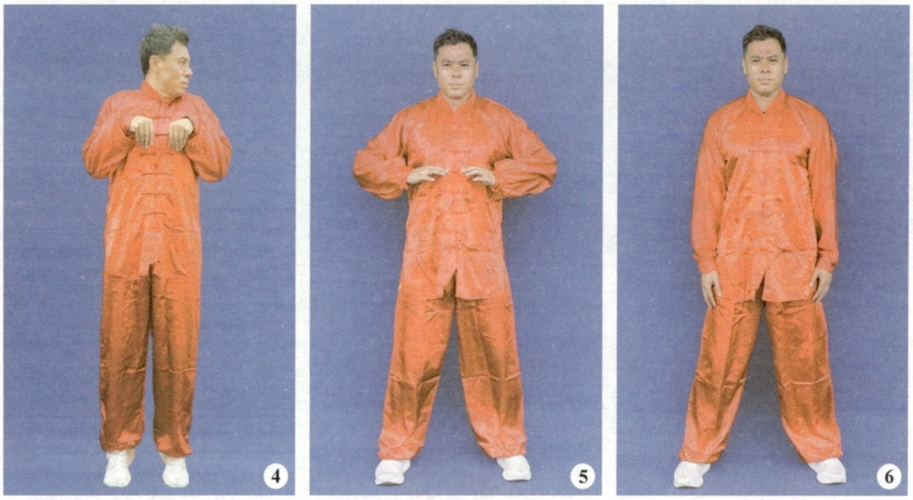

图 11-96 猿提势

（4）头转正，两肩下沉，松腹落臀，脚跟着地。“猿钩”变掌，掌心向下。目视前方。
（5）两掌沿体前下按至小腹前，落于体侧，目视前方。
（6）接着做头右转视动作，练法与上述相同，唯头方向相反。重复上述动作1遍。

3. 猿摘势（图 11-97）

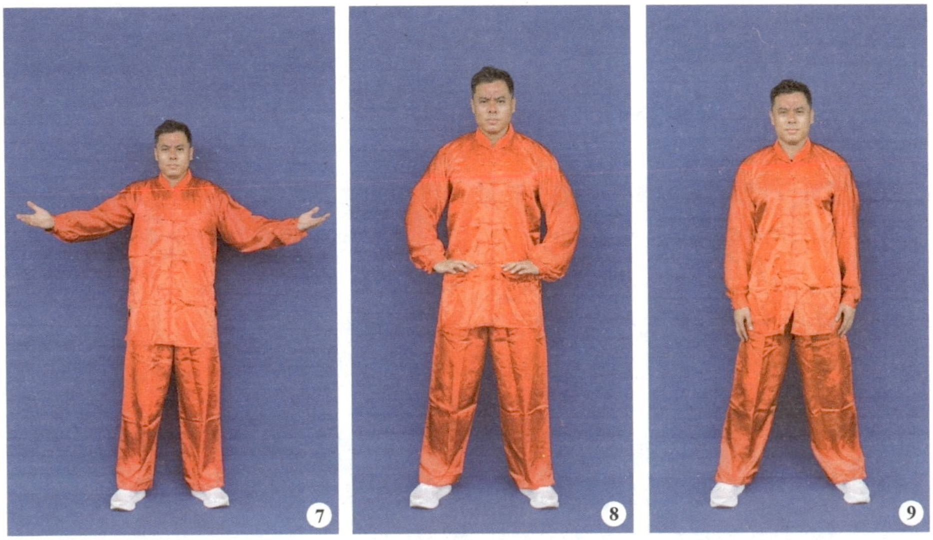

图11-97 猿摘势

（1）从开步势开始，左脚向左后方退步，脚尖点地，右腿屈膝，重心落于右腿。同时，左臂屈肘，左掌成“猿钩”收至左腰侧。右掌向右前方自然摆起，掌心向下。

（2）身体重心后移，左脚踏实，屈膝下蹲；右脚收至左脚内侧。同时，右掌向下经腹前向左上方划弧至头左侧，掌心对太阳穴（在头侧，眉梢与目外眦之间向后约1寸凹陷处）。目先随右掌动，再转头注视右前上方。

（3）右掌内旋，掌心向下，沿体侧下按至左髋侧，目视右掌。

（4）右脚向右前方迈出一大步，左腿蹬伸，身体重心前移，右腿伸直，左脚脚尖点地。同时右掌经体前向右上方划弧，举至右上侧变“猿钩”；左掌向前、向上伸举，屈腕撮钩，成采摘势。

（5）身体重心后移，左脚后落，右脚前翘。两手由“猿钩”变为“握固”，右手回落于体前，左手屈肘收至左耳旁。

（6）随后左腿屈膝下蹲，右脚收至左脚内侧，成右丁步。同时，左手掌指分开，掌心向上，成“托桃”状；右掌经体前向左划弧至左肘下捧托，目视左掌。

（7）换做右侧，与左侧动作相同，唯方向相反。

（8）重复上述动作1遍后，左脚向左横开一步，两腿直立。同时，两掌自然垂于体侧。

（9）两掌向身体侧前方举起，与胸同高，掌心向上，目视前方。

（10）屈肘，两掌内合并下按至小腹前，继续落掌垂于体侧，目视前方。

（六）鹤戏

1. 手形（图11-98）

鹤翅：五指伸直，拇指、示指、小指向上翘起，环指、中指并拢向下。

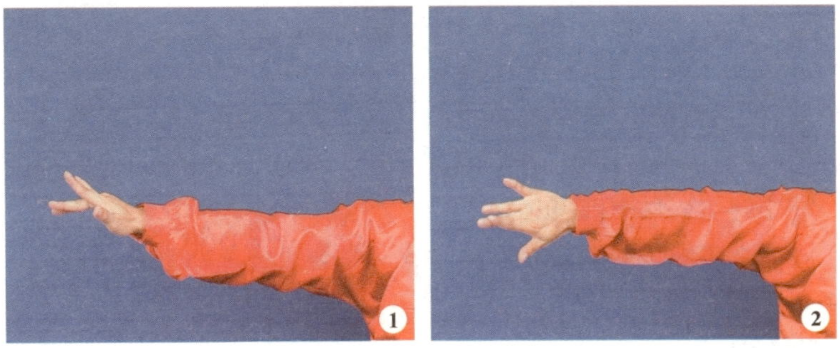

图11-98 鹤翅

2. 鹤伸势（图11-99）

（1）从开步势开始，两腿微屈下蹲。两掌在腹前相叠，左掌心按在右掌背上，指尖均向前。

（2）两掌向上举至头前上方，掌心向下，掌尖向前。身体微前倾，提肩，缩项，挺胸，塌腰，目视前方。

（3）两腿微屈下蹲，同时两掌相叠下按至腹前，目视前方。

（4）身体重心右移，右腿蹬直，左腿伸直向后抬起。同时，两掌左右分开，掌成“鹤翅”，向体侧后方摆起，掌心向上，抬头，伸颈，挺胸，塌腰，目视前方。

（5）然后接练后抬右腿之法，动作与前相同，唯左右相反。

（6）重复上述动作1遍后，右脚下落，两脚开步站立。两掌自然垂于体侧，目视前方。

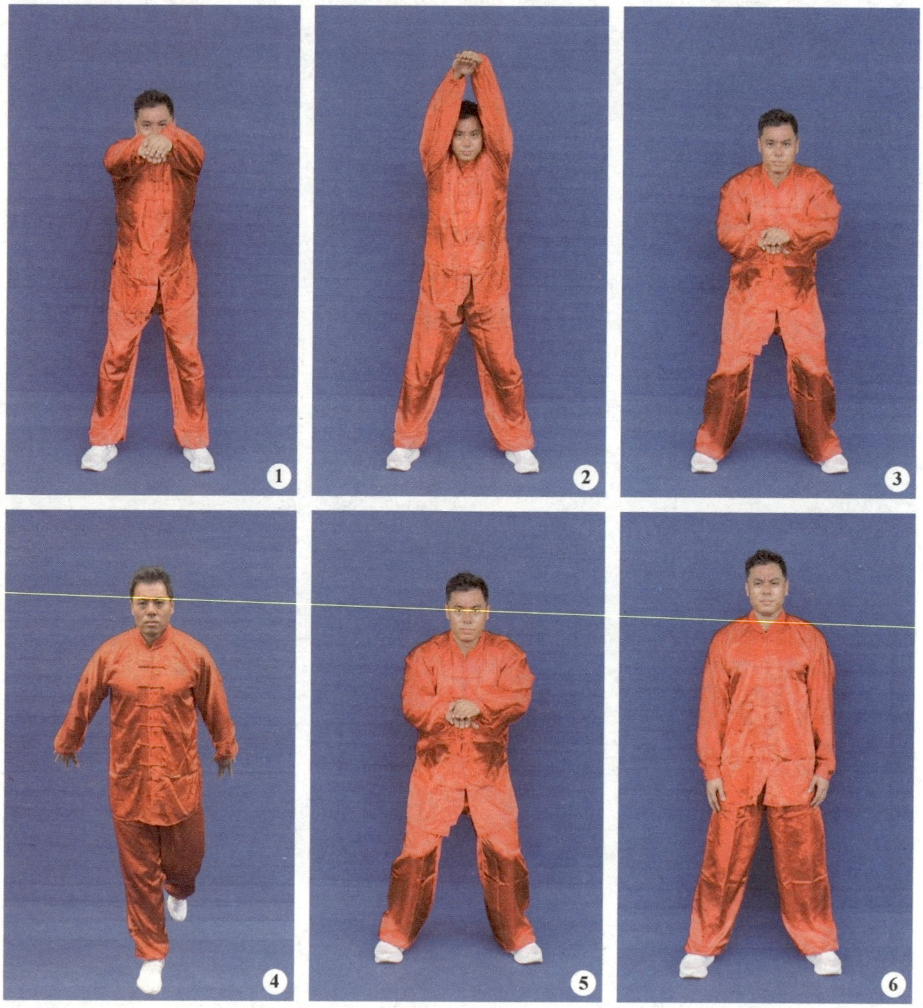

图11-99 鹤伸势

3. 鹤飞势（图11-100）

（1）从开步势开始，两腿微屈。两掌成“鹤翅”合于腹前，掌心相对，目视前下方。

（2）右腿伸直独立；左腿屈膝提起，小腿自然下垂，脚尖向下。同时，两臂成展翅状，在体侧平举向上，稍高于肩，掌心向下，目视前方。

（3）左脚下落，脚前掌着地，两腿微屈。同时，两掌合于腹前，掌心向上。

（4）右腿伸直独立；左腿屈膝提起，小腿自然下垂，脚尖向下。同时，两掌经体侧，向上举至头顶上方，掌背相对，指尖向上，目视前方。

1

2

3

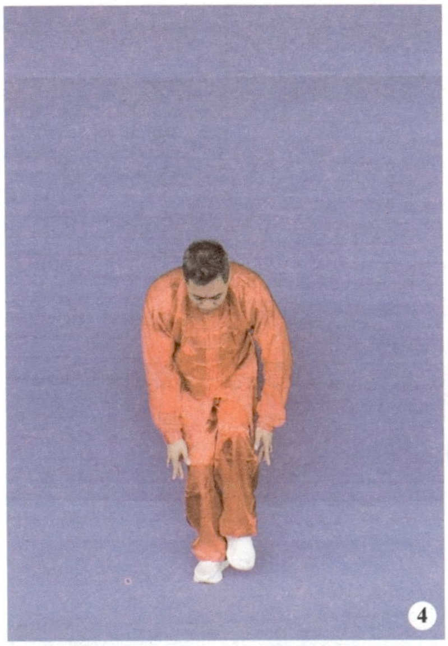
4

5

6

7

8

9

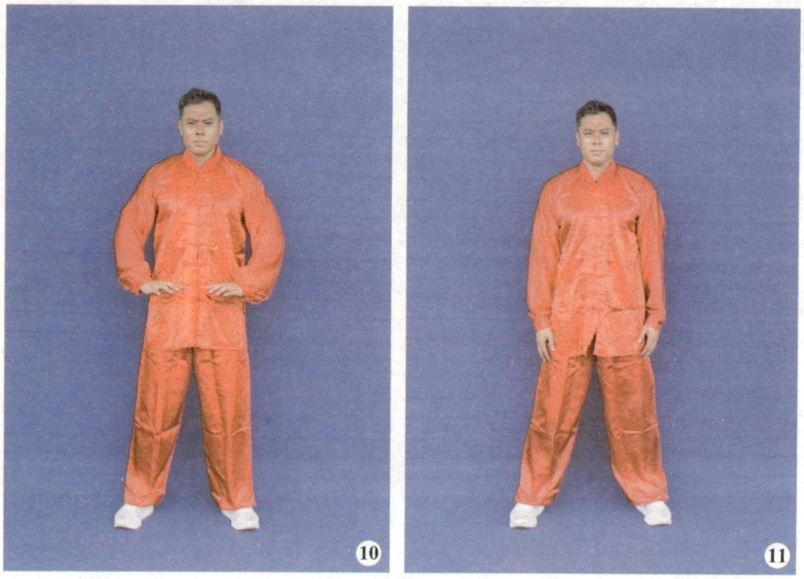

图11-100 鹤飞势

（5）左脚下落，全脚掌着地，两腿微屈。同时，两掌合于腹前，目视前方。

（6）接做右提膝展翅动作，动作与前述相同，唯左右相反。

（7）重复上述动作1遍后，两掌向身体侧前方举起，与胸同高，掌心向上，目视前方。

（8）屈肘，两掌内合并下按至小腹前，继而自然下落垂于体侧，目视前方。

（七）收功势（图11-101）

（1）从开步势开始，两掌经体侧上举至头顶上方，掌尖相对，掌心向下，目视前方。

（2）两掌掌尖相对，沿体前缓慢下按至腹脐前，目视前方。重复上述动作2遍。

（3）两掌缓慢在体前划平弧，掌心相对，高与脐平，目视前方。

（4）两掌在腹前合拢，虎口交叉，叠掌。调匀呼吸，意守丹田。

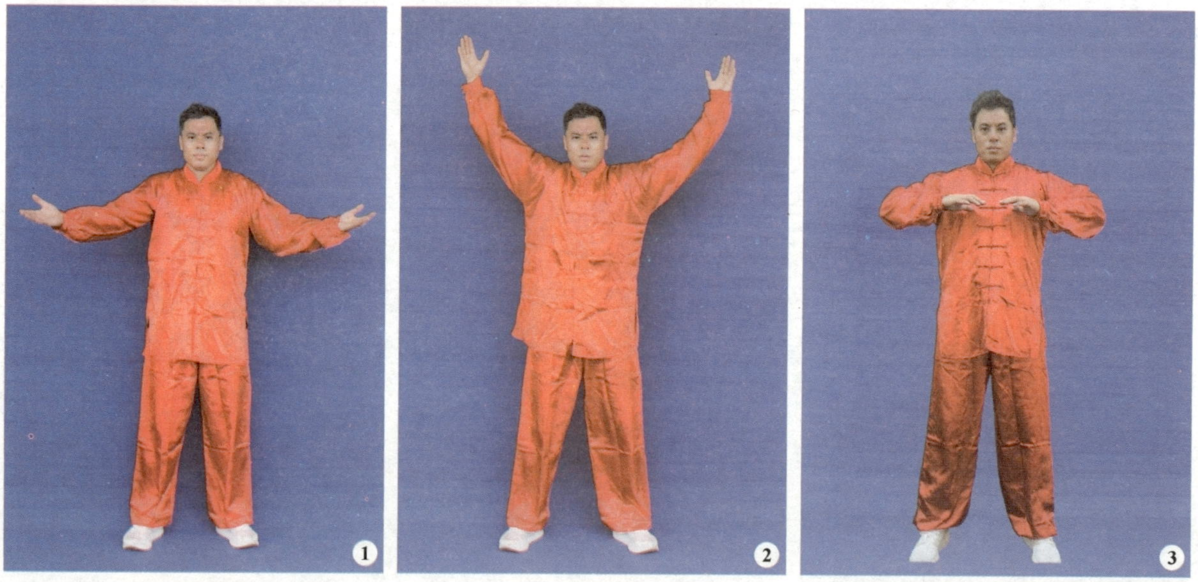

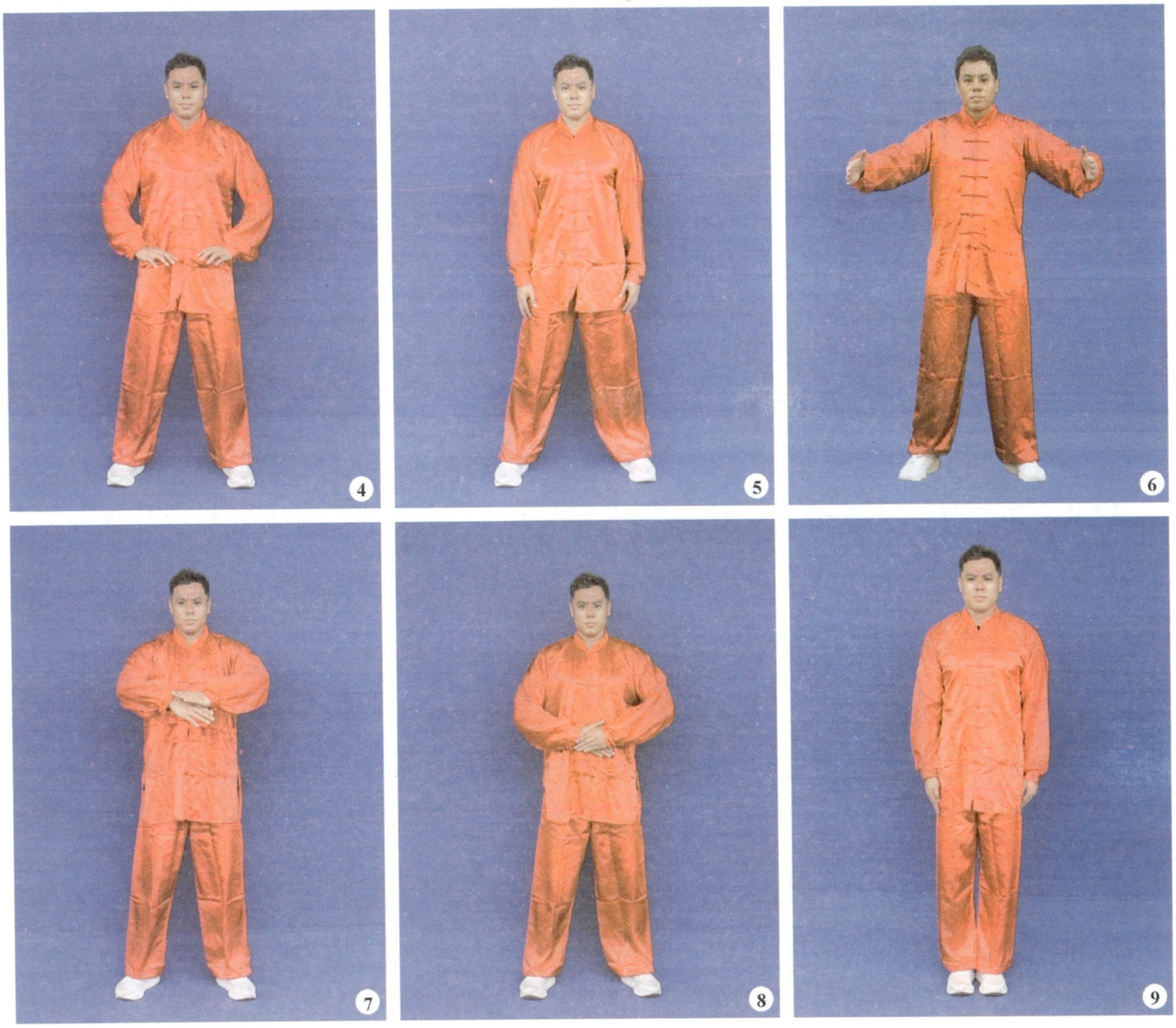

图11-101　收功势

自 测 题

1. 阐述武术的概念。
2. 阐述武术运动的锻炼价值。
3. 简述初级长拳的动作名称。
4. 简述二十四式太极拳动作名称。
5. 简述八段锦的动作名称。
6. 简述五禽戏的动作名称。

（朱时懿　韩智超）

第12章 休闲体育

学习目标

1. 掌握休闲体育的含义。
2. 熟悉休闲体育对身心影响的潜在作用。
3. 了解休闲体育项目的共性。

第1节 定向越野

一、定向越野概述

（一）定向越野的概念

定向越野是定向运动的主要比赛项目之一，定向运动就是要求运动员借助指南针，依照地图上规定的行进方向和通过点，在山地、森林中自行选择行进路线，最先到达终点者为优胜。它是一项结合棋手技能的极富冒险性的运动。按照运动模式，国际定向联合会将定向运动项目划分为徒步定向、滑雪定向、山地定向和轮椅定向。其中徒步定向也被称为“定向越野”。

（二）定向越野的特点

定向越野是一项非常健康的智慧型体育项目，是智力与体力并重的运动。它不仅能强健体魄，而且能增强人独立思考并解决所遇到困难的能力。是一项极富群众性、趣味性、知识性、竞争性和军事意义的新型体育运动。定向越野以其特有的魅力吸引了全世界各个年龄段人们的广泛参与。它的特点主要表现在以下方面：①定向越野作为一项非常重要的世界军事体育项目，拥有自己的世界锦标赛。②定向越野是一项在自然环境中进行的体育项目。它教会你如何在大自然中把握自己的行为，爱护自然。③定向越野是一项花费极少的群众性体育项目。所需的只是一张好的定向地图、一个指北针，可以选择一套紧身而又不影响呼吸与运动的衣裤。定向越野是一项集探险性、趣味性为一体的体育项目，能够给你带来惊险、刺激的人生经历。

（三）定向越野的装备

定向越野的物质条件包括号码布、指北针、检查卡、地图、点签、检查点标志、服装及比赛场地。定向越野是一项受限制小、易开展、易普及的运动，其技巧容易掌握。因此，适合男女老少各种群体，如果你喜爱郊野活动，那么定向越野可以作为选择项目之一。

二、定向越野的基本技术

定向越野的基本技术包括地图信息提取、确定站立点、捕捉点标。

（一）地图信息提取

定向越野比赛，参赛者在出发区领到比赛地图后，很短时间（一般为2分钟）内就要出发。有限时间内，需要做很多准备工作。

1. 浏览全图明确走向 得到比赛地图后，首先要浏览全图，根据标绘的比赛路线，弄清基本走向；同时要明确出发点与终点的关系。若起点和终点设在同一地或相距很近，应实地观察一下终点设置、终点与附近地形的相互关系，便于终点冲刺。

2. 图上分析选准路线 根据图上标明的出发点和第1号点标的位置，进行图上分析，选择最佳运动路线。选择路线的基本原则包括以下几点。

（1）充分利用道路，坚持“有路不越野”的原则。比赛地图现势性强，道路标示较详细。利用道路有利于运动中图地对照，有利于运动中随时明确站立点的图上位置，不容易迷失方向，同时还可省力节时。

（2）起伏不大、树林稀疏、可跑的地段，坚持“选近不选远”的原则。

（3）起伏较大、树林密集、障碍大的地段，坚持“统观全局提前绕”的原则。

3. 标定地图定好方向 为准确、迅速起见，在出发区一般利用指北针标定地图。地图标定后，通过图上出发点与第1号点标的延伸方向就是实地运动的方向。

4. 对照地形选准路线 根据确定的运动方向，迅速进行地图与实地对照，依据实地的地形条件，在能通视的地段内，选择好具体运动路线，与此同时在通视地段的尽头适当位置选好辅助目标，并确定该目标的图上位置。

（二）确定站立点

运动中，参赛者水平不一，采用方法也不尽相同，但都必须注意以下两个基本技术。

1. 随时标定地图 这里所说的“随时”，并不是指任何时候都要将地图的方位与实地方位一致，而是指只要看图，就能快速准确地保证地图方位与实地方位一致。为了节约时间，便于在奔跑中标定地图，最理想的方法是依明显地物、地貌点标定。

2. 随时明确站立点在图上的位置 这里所说的“随时”，也不是随时都用眼睛盯在地图上，而是指奔跑中，任何时候心里都要明确自己在图上的位置，而且只要看图，就能准确地明确站立点的图上位置。即“人在实地走，心在图中移”。

（三）捕捉点标

1. 点标的“捕捉” 在定向越野比赛时，准确通过各点标是评定比赛成绩的基础，能否一次“捕捉”成功又关系到比赛的速度，“捕捉”点标主要有下述几种方法。

（1）定点攻击法 当点标设在明显高大的地物、地貌点上或一侧，运动时先找到这些明显点的实地位置，然后根据点标与明显地物、地貌点的相对方位及距离寻找点标。

（2）偏向瞄准法 当点标设在线状地物上或一侧且运动方向与线状地物的交角较适宜时，可有意向左（或向右）偏离点标，以该线状地物为攻击目标。运动到该地物时，再向右（或向左）沿线状地物寻找点标。

（3）指北针定点法 在地势较平坦、无道路、植被较多、观察不便的地域内寻找点标，一般采用“指北针定点法”，具体方法是利用指北针准确地找出目标的方向，每次前往目标前，可先观察目标周围的地势，加深印象，务求快速及准确地到达目的地。

（4）地貌分析法 地貌有一定起伏，点标设在低小地物附近时，采用“地貌分析法”寻找点标比较理想。主要是根据地图上点标与地貌的关系位置，分析出实地两者相对应的关系位置，并依据这种关系位置来寻找点标。

2. 注意事项

（1）接近点标之前，要在地图上分析、确定下一段最佳运动路线，并熟悉路线两侧的主要地形。目的是减少在点标的停留时间，保证自己能连续运动，避免为他人指示目标。

（2）发现点标，不要盲目做标记，而要看清该点标上的代号是否与点标说明卡上注明的代号相符，因为在一定范围内可能设置多个点标，参赛时必须注意。

（3）一次"捕捉"点标不成功时，应选择合适位置确定站立点，分析自己是否偏离了运动方向。若确认偏离了运动方向，应按迷失方向的方法处理；若确认自己只是局部误判，应在明确站立点之后，再次"捕捉"点标。

找到最后一个点标后，应依据已选最佳路线，加快速度向终点运动，接近终点时作最后冲刺。到达终点后，立即将检查卡交给收卡员，如规定收缴地图和点标说明卡，应连同检查卡一同交给收卡员，并迅速离开终点区。

3. 定向越野的每种颜色都代表不同事物

（1）黑色——人造景观（建筑物、道路、小径）和岩石（大石头、悬崖峭壁）。

（2）棕色——等高线和符号（表示山丘和小坑）；沥青/砾石路面，包括高速公路、主干道、宽行人道、篮球场等。

（3）蓝色——任何有水的地方（湖泊、溪流、泥沼）。

（4）绿色——浓密而难通过的地区（绿色越深，越难通过）。

（5）白色——普通的林区，易通过。

（6）黄色——空旷地，易奔跑。

（7）黄绿色——禁入私人区、果园、花坛。

（8）紫色——路线。

第2节　高尔夫球

一、高尔夫球概述

（一）高尔夫球运动的概念

高尔夫球运动是利用不同的高尔夫球杆将高尔夫球打进球洞的一项运动项目。高尔夫球运动是一项具有特殊魅力的运动，是一种把享受大自然乐趣、体育锻炼和游戏集于一身的运动，是一项健康、历史悠久且极具挑战性的运动，被誉为"时尚优雅的运动"。

（二）高尔夫球运动器材装备

随着高尔夫球运动的传播与发展，其逐渐被全世界所接受，并成为当下一项时尚的户外休闲健身运动。参与这项运动必须具备的器材装备包括球杆、球、球鞋、球帽、手套、球梯、球包、杆头刷、果岭叉、雨伞、标记和服装等高尔夫球用品。高尔夫球和球杆是高尔夫球运动最主要的装备，几百年来高尔夫球和球杆有了相当大的变化，球和球杆的演变反映了科学技术的发展。从第一支木杆，到铁制杆头，再到现在的钛合金杆头；从木质杆身到现在的钢制、碳纤维及硼纤维杆身；高尔夫球也从石头、木制到皮革羽毛制球，到古塔胶球，再到现在的表面充满凹槽由5层不同橡胶聚酯材料制成的球。每一次球具的变革都体现了人类科技的进步。可以说，科技的发展促进了高尔夫球运动水平的发展。随着高尔夫球运动的发展，打球人口的增多也刺激着高尔夫球器材生产商不断加大科技研发的力度，从而开发符合要求的新产品，

1. 高尔夫球杆　主要由杆头、杆身和杆把三部分组成。杆把是球手握杆的部位，杆头是击球的部位。根据杆身的长短和杆头的倾角不同，分成不同的号数。按照用途又分成木杆、铁杆和推杆三大类。最近几年出现了新的类型，即铁木杆，用于代替长铁杆来使用。

2. 高尔夫球　英国圣·安德鲁斯皇家古老高尔夫俱乐部与美国高尔夫球协会制订的高尔夫规则规定，高尔夫球的重量不超过45.93g，直径应该小于4.27cm。从球的解剖角度分为单层球、双层球、三层球、多壳球4种。

由于高尔夫运动有着运动强度较小、运动寿命较长、娱乐趣味性较强等特点，所以它是一项适合

不同年龄、不同性别的人的一项运动。

二、高尔夫球的基本技术

高尔夫球的基本技术包括握杆、击球准备、挥杆、推杆四项。

（一）握杆

握杆是指双手握住球杆的位置和方法，它是高尔夫球运动技术中最基本的一个技术环节。握杆是否正确，是完成正确挥杆击球动作的前提。握杆决定了挥杆过程中各个部分的动作，影响着挥杆击球的效果。正确的握杆，能够让你在挥杆击球的时候，保持方正的杆面，从而获得扎实的触球。

握杆一般选择双手，常见的以右手在上的握杆方法有重叠式握杆、连锁式握杆、自然式握杆。无论哪种握杆，左手握杆的方式是一样的，区别在右手握杆的方式上（相对于右手球员而言，左手球员反之）（图12-1）。

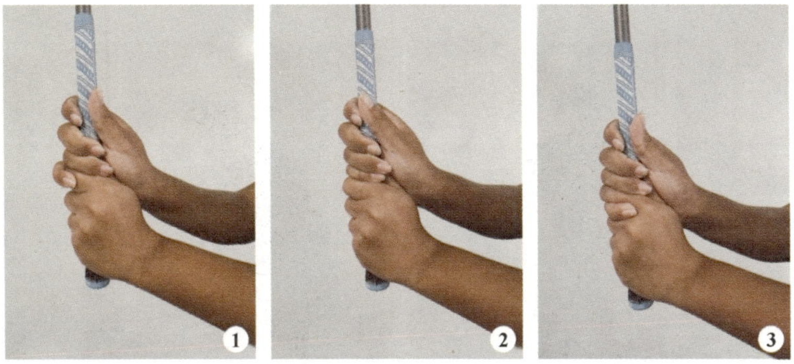

图12-1 握杆姿势

1. 左手握杆要求

（1）先用杆面瞄准目标，使其方向正确。左手自然下垂，手指指向地面。

（2）杆把应位于手掌上部，沿手掌和手指交接处向下经过示指中部。

（3）用左手自然握住球杆，把梢露出2cm，示指第一指节的位置略低于拇指的指尖；拇指放在杆把上部的中央位置，与示指形成“V”字形。

（4）握杆之后，左手背应正对目标，拇指和示指合成的直线指向右耳，由上往下看只能看到前两个指关节。

2. 右手握杆方法

（1）重叠式握杆　这种握杆方式是英国著名球手哈利·瓦顿发明的，因此也被称为瓦顿式握杆法。这是目前最受欢迎的握杆方式。右手的小指重叠放在左手的示指上。右手的示指与拇指形成的“V”字指向右耳，右手拇指根部的肉垫正好合在左手拇指上。采用重叠式握杆法者较多。

（2）连锁式握杆　右手的小指插入左手示指与中指之间，与左手示指互锁在一起。

（3）自然式握杆　两手手掌相向，但不重叠，用十指握住球杆右手的小指与左手的示指相贴。

（二）击球准备

击球准备包括基本站姿、球位与瞄球。掌握了正确的握杆方式，就需要一个良好的站姿。良好的站姿能保证挥杆时身体的良好平衡和支撑，有利于身体的协调用力和杆头释放，是获得理想击球效果的基础。瞄球环节是击球准备的重要环节，决定了击球的方向。

1. 基本站姿　站姿是击球前身体的姿势与双脚的站位（图12-2）。

（1）身体姿势　①双手置于背后站直，两脚打开与肩同宽。②身体前倾30°左右，双手移至身体两侧且双手手掌指向身体前方。重心均匀分布在两脚上（不要过多在脚跟或脚尖上）。③双臂自然下垂，双膝微曲，此时重心仍是均匀分布于两脚上。④双臂不动握好杆，双臂和双手放松而有力度。

（2）双脚站位　根据左脚相对击球线的角度可分为正脚位、开放脚位、关闭脚位。正脚位是左右脚尖垂直于击球线的站位。开放脚位是左脚外展、右脚略前的站法。关闭脚位与开放脚位相反，是左脚尖内扣、右脚略后的站法。3种站位会产生不同的击球结果：正脚位可以使球手的肩、腰、手都能与击球线平行，是正规的标准站位。开放脚位易击打出右曲的球，关闭脚位则相反，易击打出左曲的球。

2. 球位　是做好击球准备姿势后，球摆放的位置。一般情况是：使用1号木杆时，球位对准左脚跟。随着球杆的变短，球位逐渐右移，直到7号铁杆时球位对准到两脚正中间，8、9、P、S号杆球位逐渐向右脚移动。球位的正确摆放位置应该是球杆击球时达到的最低点位置。另外，球位还有前后摆放的位置。一般以球杆的杆把离身体左侧腹股沟一拳的距离为好。

3. 瞄球　是指球手在击球前调整身体的各个部位，在击球瞬间保证杆面正好对准球，以及保证手握球杆沿着目标线正确挥杆。最重要的就是保证球手的身体线与目标线平行。一般是身体线与目标线像两条铁轨一样。瞄球的程序常为在球后方观察目标线，在球前方60.96cm目标线上选一个点作为中间目标点，把球杆头放在球后，杆面对准中间目标点（图12-3）。

图12-2　站位姿势

图12-3　瞄球姿势

（1）寻找目标，假设击球线路，瞄准时，身体包括双脚、膝部、髋部、前臂、肩部及眼睛都应该跟目标线平行。

（2）打球前先确定目标，让杆面对准目标，然后调整站姿，使双脚尖连线、双膝连线和肩膀连线与目标线平行。两臂弯曲并稍稍内扣，上体微微前倾，头颈部保持正直、放松，目视球。

（三）挥杆

挥杆是高尔夫球运动中最重要的动作技术。高尔夫挥杆技术可以分解为引杆、上挥杆、上挥杆顶点、下挥杆、击球、送杆、收杆等7部分（图12-4）。

1. 引杆（起杆）技术　由肩膀带动，双臂与肩膀组成的三角形保持不变，手腕不可翻转，球杆在初始平面上，双手在右脚正上方。杆面转开角度小于45°。

2. 上挥杆技术　头颈部与脊柱保持一体，可以假定身体扭转运动的中心轴即是从头顶部穿过颈、背、腰，最后到达骶尾部的。两眼注视球，头颈部固定，保持正直，不要有任何左右摇摆或扭转，左肩最终回旋至下颏的下方。

（1）从引杆到上杆，挥杆平面变陡，手臂、肩膀的动作带动身体旋转。

（2）左手臂与地面平行，球杆较直立，握把末端指向目标线。

（3）球杆与左手臂的角度大于或等于90°，左手背平直。

（4）正面看肩膀转动约70°，腰部转动到肩膀的一半。

图12-4 挥杆技术

3. 上挥杆顶点技术 上杆部分应包括大部分的转体动作。双肩开始转动，从而让杆身平面更加完整。注意到杆身正指向球的动作，这说明在正确的挥杆平面上。另外，在转身的同时，重心应该向右脚内侧转移。实际上，在上杆至顶点时，大约80%的身体重量转移至右脚。同时，保持右膝的弯曲很重要。

（1）手臂与球杆的角度保持不变。

（2）重心移到右脚内侧，左脚不要离开地面，保持膝盖的角度与瞄球时一样。

（3）此时，胯部转动45°，肩膀转动90°，背部正对目标，背部肌肉紧绷。

（4）左臂伸直，右手肘贴近体侧，右前臂与脊椎轴平行。

4. 下挥杆技术 下挥杆，是指球杆上挥到顶点后，稍作制动，即开始向下挥杆的动作。

（1）由腰部和双腿开始，双腿往左下方蹲，重心移到左脚，腰部反方向少许转动。

（2）带动肩膀、手臂向下运动，手臂和身体紧绷，右肩向下沉。

（3）手臂与球杆角度已变大，手腕开始释放，便于手与杆头同时到达击球位置。

（4）球杆与地面、目标线平行，双手位于右脚正上方。

5. 击球技术 击球时应一直保持手腕的弯曲状态，直到离球30cm的击球区域时才突然甩直释放，使杆头极快速地通过球位将球猛烈地击打出去。

（1）重心位于身体左侧，左腿向身后蹬直，右膝向内弯曲，腰部转动约45°。

（2）脊椎角度与瞄球时相同，双肩连线与目标线平行，头留在球的后方。

（3）双手在球前面，左手背保持平直。

（4）杆面略微开放，与球分离时方正。

6. 送杆技术 送杆是击球后的延续，作用是使击球后由身体、双臂区球杆运动产生的力量得到缓冲，从而维持身体的平衡。

（1）左腿伸直，重心移到左脚，身体继续旋转，胯部向左转动。

（2）肩部几乎与目标线平行，头部保留在击球时的位置。

（3）双臂伸直，右手臂与球杆成一条直线，杆面稍关闭。

7. 收杆技术 送杆完成后的结束动作称收杆。基本的姿势：左腿保持直立，右膝盖触到左膝盖，右脚跟抬起，身体面向目标方向直到球落地为止。

（1）左腿伸直，重心落在左脚，右脚尖着地。

（2）皮带扣须正对目标，右肩比身体其他部分更接近目标。

（3）两手肘的位置与上杆顶点的位置基本相同，左手肘内弯成直角，右手臂横跨胸前球杆斜跨过后背，指向地面。

（四）推杆

推杆技术是球手在球洞区使用推杆将球击入球洞的击打技术。利用反向重叠式或双手交叉式握杆，身体站直，上身自腰部向前弯曲，直到双臂能自然弯曲指向地面，膝关节微屈。推杆击球应该用双肩和两臂来控制，尽可能做到不利用手腕力量，尽量减少身体的移动，努力做到不移动重心或转动臀部。

（五）高尔夫球比赛方式

高尔夫球比赛方式是依照规则从发球区开始使用球杆经一次击球或连续击球将球打入球洞内。比赛方式包括：①按成绩分类：比杆赛、比洞赛。②按参加人数和对抗方式分类：个人赛、一对二比赛、二对二比赛、四球比洞赛、四球比杆赛、三球赛、三人二球赛、四球赛、四人二球赛、最佳球赛、新新贝利亚比赛等。

第3节 飞　盘

一、飞盘概述

（一）飞盘运动的概念

现代飞盘运动是一种投掷盘形器具的运动，是利用手指和手腕发力，使之旋转，在空中飘飞的运动。

（二）飞盘运动的特点

1. 大众性 飞盘运动是一项十分容易参与的运动项目。飞盘由特殊的塑料制成，重量较轻，一般不会给人造成伤害和危险。飞盘的玩法和规则简单易懂，一般学习几小时甚至十几分钟就可以轻松入门，所以不管是儿童还是老人，都可以轻松地参与进来。

2. 安全性 一般兼具安全性和舒适性的休闲运动更容易被大多数人所接受。飞盘运动不仅可以是两个人之间的投接运动，还可以是几十个人同时参与的大型比赛，只要按照比赛规则进行，一般不会发生意外或者受到较大的伤害，并且规则还在安全性方面不断改进，这也是飞盘运动受许多女性朋友喜欢的重要原因。

3. 简易性和灵活性 飞盘运动对场地、器材的要求非常小。一小块空地，甚至在家里的客厅，都可以放松地玩手中的飞盘。而且，飞盘的规则可以随意制定，人少的时候可以进行相互掷盘基础练习，提高掷盘的准确性和稳定性；人多的时候就可以组织比赛，提升技术和战术水平。

4. 健身性 飞盘运动，不仅可以带来欢乐，还具有很好的健身功能。从简单的基础投接到大型的团体比赛，飞盘运动对于提高人的反应灵敏度、平衡能力、爆发力都有很大的帮助，同时对关节的灵活性和身体柔韧性的提升也有十分显著的效果，团体项目还对协调性和团队意识有很好的价值体现。因此，不愿参与强对抗性体育运动的人们，飞盘运动是一个不错的选择。

5. 礼节性 飞盘运动强调的是对他人的尊重，可以通过一起玩飞盘，相互学习，相互帮助，共同遵守规则与运动精神，强调君子风度、责任与和谐的气氛，并加强运动伦理的观念。

二、飞盘的基本技术

（一）掷盘

投掷飞盘基本技术主要有反手投掷、正手投掷、上手投掷、扬手投掷4种类型。

1. 反手投掷 是飞盘投掷中最常用也是最重要的技术（图12-5）。

（1）握盘方法 反手握盘时，拇指握在盘的上侧面，示指握在盘的外侧面，其余3个手指沿盘的侧面向下握在盘的内侧面，飞盘置于拇指与示指第2指关节之间。

（2）握盘要求 在握盘时手指要抓紧盘面，拇指要紧贴盘面，使得飞盘与手成为一体。

（3）掷盘要求 盘出手瞬间要与地面保持平行；发力顺序为：脚步蹬地发力—腿部发力—腰部发力—躯干发力—肩部发力—手臂发力—手腕发力。

图12-5 反手投掷

2. 正手投掷

（1）握盘方法 正手握盘时拇指在飞盘的上面，示指和中指并起伸直放置于飞盘的内侧面，中指第1指关节紧贴飞盘的内侧面，小指和环指自然弯曲或略伸出置于飞盘的外侧面，具体姿势取决于哪种握法更舒适，并没有明确的要求。拇指应自然地弯曲握紧飞盘边缘。拇指第1指关节应放在飞盘的上面，与反手握盘比较明显的区别在于，握盘时不需要飞盘和地面平行（图12-6）。

图12-6　正手投掷

对于初学者来讲，握盘时也可以将示指和中指分开，中指伸直放于飞盘底部，这样做是为了托住飞盘；当练习一段时间后能够掌握握盘平衡时，再将示指与中指并拢起来。

（2）掷盘要求　正手握盘后，面对接盘队友，握盘手的同侧脚向右侧跨步成侧弓步，同时右手屈臂持盘放于右肩侧上方，手腕外展。右脚蹬地发力带动躯干由右向左侧逆时针扭转，同时手臂经上下打开，依次发力，当手腕至腰侧高度时，手腕顺势旋转至飞盘与地面保持平行，掌心由向外变至向侧上方后，发力的同时压手腕，手指压拨飞盘内侧面使其迅速旋转。手指自然伸开，指尖应正对斜前下方，保持2～3秒以控制飞盘出手瞬间的平衡性。上体保持正直或稍向右侧倾斜，眼睛看着传盘目标点。

3. 上手投掷　又称过顶盘，是极限飞盘技术动作中较难掌握的一项技术。掷盘时三个手指夹盘，从头顶将盘掷出。该掷盘法主要在防守人员严密防守下飞盘不能及时从左右两侧传出时采用。它具有飞行速度快、力量大、不容易拦截等特点（图12-7）。

图12-7　上手投掷

(1)握盘方法 上手握盘时，拇指在飞盘的上面，示指和中指并起伸直放于飞盘的内侧面，小指和环指自然弯曲或略伸出置于飞盘的外侧面，具体姿势取决于哪种握法更舒适，没有明确的要求。上手掷盘的握盘方法基本等同于正手掷盘的握盘方法。

(2)掷盘要求 上手握盘后，面对接盘队友，左脚向前跨半步，同时上体向后引成弓形，右手持盘上举，飞盘置于头顶后上方，手腕外展，飞盘底部面朝身体左侧前上方。右脚蹬地发力将身体向上顶，同时腰腹部发力内收，上体微向左前倾，右肩上提，右手臂向前挥臂发力至额头斜前上方，手迅速内屈压腕，中指拨转飞盘内侧面使飞盘迅速顺时针方向快速旋转。出盘后手指自然伸开，手指对应飞盘飞行方向保持2～3秒以控制飞盘出手瞬间的平衡性，在飞行过程中，飞盘盘面朝下，底部朝上。

4. 扬手投掷

(1)握盘方法 完全与反手投掷颠倒，也就是拇指放在飞盘内侧面，示指贴着飞盘外侧面，其余三指置于飞盘上侧面。

(2)掷盘要求 在头部上方运用腕力由后往前振出，此投掷技术是旋转最强投掷方法之一，通常用于花式旋盘的供盘。

(二)接盘

接盘主要有双手接盘、单手接盘两种类型。

1. 双手接盘 在飞盘练习和比赛过程中，双手接盘是最基础也是最稳定的一种接盘方式。对于初学者来讲，双手接盘也是提高技术的最佳方式，这种接盘方式在比赛中也是最常用的。

动作要领：面对掷盘球员，两脚自然分开，稍宽于肩，双腿微屈，身体略前倾，两臂自然伸出，肘关节微屈，双手五指分开，掌心相对置于胸前，右手在上，左手在下，当盘飞行至身体正前方约1m处时，双手主动迎接并合力夹住飞盘，两臂随盘后引，以减缓飞盘的速度和冲力，同时两手将盘握住置于胸前（图12-8）。

图12-8 双手接盘

2. 单手接盘 比赛过程中，有一些情况来不及用双手接盘，只能采用单手接盘来完成接盘，单手接盘对高水平运动员来说是需要掌握的接盘方式。

动作要领：接盘时右手手臂向上伸，五指分开，拇指朝下，其余四指朝上，正对飞盘运行的方向，左脚蹬地发力，右脚向前跨半步，两腿伸直，当手触及飞盘时迅速夹住飞盘，同时手臂迅速下引缓冲飞盘的速度和冲力，置盘于胸腹之间，右脚向后撤半步成基本站立姿势（图12-9）。

图12-9 单手接盘

在比赛中也经常会出现一些比较特殊的传盘，如超过身体高度、宽度或者更低的飞盘，不能采用上述接盘方法进行接盘，此时，需要做出变化，更多地利用身体做出扑救、起跳、倒地等动作去完成接盘。

（三）飞盘比赛规则

团队飞盘（极限飞盘）是一项禁止身体接触、通过自我监管来开展的飞盘运动项目，官方比赛所用飞盘重量为175g。比赛在一块100m长、37m宽的草地上进行，每边各有一个37m宽、18m长的得分区。比赛由两支队伍进行对抗，每队有7名队员在场上，分为公开组、女子组和混合组，其中混合组场上必须有至少3名女队员在场。每一方队伍防守一个得分区。如果一名己方队员在对方防守的得分区中成功接住飞盘，就算得一分。持盘人不可以持盘移动，但可以将飞盘传给任何方向上的队友。一旦拥有盘权的一方传盘没有完成，立即攻防转换，对方队伍可以拿起飞盘并向对面得分区进攻，尝试在对方防守得分区接住飞盘来得分。比赛持续100分钟，目标分通常是15分。

链 接　《关于构建更高水平的全民健身公共服务体系的意见》（节选）

构建更高水平的全民健身公共服务体系，是加快体育强国建设的重要基石，是顺应人民对高品质生活期待的内在要求，是推动全体人民共同富裕取得更为明显的实质性进展的重要内容。支持体育院校加强体育管理、社会体育、休闲体育等相关专业建设。

自 测 题

1. 定向越野的基本技术包括哪些？
2. 高尔夫球的基本技术包括哪些？
3. 飞盘运动的基本技术包括哪些？

（董志振）

主要参考文献

董国兴，甘泉，2015. 五禽戏. 合肥：安徽科学技术出版社.
郭科跃，2008. 大学体育与健康. 郑州：河南人民出版社.
韩秋红，2020. 大学体育与健康课程. 北京：清华大学出版社.
霍瑞明，张衍泽，2016. 健身养生八段锦. 沈阳：辽宁科学技术出版社.
郎松亭，李坚，2018. 体育与健康. 4版. 北京：高等教育出版社.
李连芝，郭章杰，2021. 体育与健康. 2版. 北京：人民卫生出版社.
马霞蕾，2017. 大学体育与健康. 北京：科学出版社.
邱慧芳，2009. 八段锦. 长春：吉林科学技术出版社.
肖威，2002. 大学体育健康理论与实践. 北京：北京体育大学出版社.
许明荣，谢东，2012. 体育运动与健康教程. 桂林：广西师范大学出版社.
杨宇，2016. 华佗五禽戏. 南宁：广西科学技术出版社.
尹峰，董强，2008. 八段锦. 长春：吉林出版集团有限责任公司.
袁浩镛，2016. 高尔夫概论. 重庆：重庆大学出版社.
张永红，2010. 五禽戏. 成都：成都时代出版社.
赵克宁，刘代荣，李康林，2007. 大学体育与健康教程. 北京：中国书籍出版社.